共融・歧視

共融・歧視

香港非華語學生學習中文的真實故事

吳偉強

香港城市大學出版社
City University of Hong Kong Press

圖片提供

除特別註明外，本書圖片均由作者提供。

國際統一書號：978-962-937-645-1

出版

　　香港城市大學出版社
　　香港九龍達之路
　　香港城市大學
　　網址：www.cityu.edu.hk/upress
　　電郵：upress@cityu.edu.hk

Inclusion and Discrimination:

True Stories of Non-Chinese Speaking Students Learning Chinese in Hong Kong
(in traditional Chinese characters)

ISBN: 978-962-937-645-1

Published by

　　City University of Hong Kong Press
　　Tat Chee Avenue
　　Kowloon, Hong Kong
　　Website: www.cityu.edu.hk/upress
　　E-mail: upress@cityu.edu.hk

Printed in Hong Kong

目錄

序言

蔡寶瓊

香港中文大學教育學院客席副教授

「國際大都會」、文明、共融與歧視

　　住在香港的人都習慣了「香港是國際大都會」、「香港是國際金融中心」這類說法。這些話大部分香港人聽起來都有種飄飄然的感覺，總以為既然成長於一個國際城市，那自己也一定是頗具國際視野的人，甚至是文明水平很高的人吧。而且在2020新冠肺炎疫情肆虐之前，中產或以上的香港人都喜歡外遊，所以不少人都覺得自己遊歷廣、見聞多。可是，「國際大都會」的特色是甚麼？一個「文明水平高」的城市，其市民具備甚麼特質？本書以它的正題：「共融·歧視」，點出這兩個重要的概念，正好為讀者解答以上提出的問題。

　　作者吳偉強通過細緻的田野考察功夫，包括在不同的社區和學校作觀察及訪談，也訪問了個別有關人士，為我們描繪香港的非華語少數族裔學生學習中文的努力、掙扎和困難。一個「國際大都會」的理想生活型態是不同文化和族群之間能夠互相認識、尊重，而其中最重要的，就是人人有平等教育和就業機會。這些都是「共融」的必要條件。作者發現，在非華語學生中文教育這環節，少數族裔學生遇到很大困難，而教育當局多年來都不願意制訂有效的中文作為第二語言學習的政策和框架，以致學校、老師、家長和學生都只好單打獨鬥，甚至向現實低頭。在香港這個華語世界，中文運用能力在就業以至生活上至關重要，在缺乏政策支援下，少數族裔學生就注定要與這個「先天缺陷」搏

鬥，而搏鬥的結果往往是不如理想的；只有少數人能憑着驚人的毅力，闖過重重的關卡，找到安身立命之處。香港沒有為少數族裔學童提供平等的中文教育機會，因此談不上有共融的基礎，當然也談不上是一個理想的「國際大都會」。

不過，人的主觀能動力量是不可以低估的。本書難得之處，是能為讀者深入報導不同位置的人物：學校校長、少數族裔社工和教師、家長和學生，如何在困局中努力創造條件，開拓少數族群學生的生存空間。在今天強調主導國族單一認同的大形勢下，本書的故事是很重要的提醒：香港歷史上畢竟是多族群聚居的地方，本來就具備「國際大都會」的條件，只是我們沒有珍惜，也沒有努力過而已。

作者指出，香港的族群歧視有兩個面向。其一是語言，即作者所說的「港式歧視」，表現為對少數族裔人士能操流利粵語的要求。這裏有趣的是：香港粵語在今天的語言層序中只佔次等位置，港式粵語處於掌全球語言霸權的英語之下，也處於享有政治支配地位的普通話之下。所以「港式歧視」也不是處於自覺絕對優勢的層面進行的。另一個族群歧視面向是膚色：較深色皮膚的少數族裔人士會被歧視，就像全球其他地方的種族歧視狀況一樣。本書的一大貢獻，是讓我們覺察到香港的族群歧視如何運作，明乎此，我們就知道要消除歧視，下一步應該往哪個方向努力。

本書有很多少數族裔社區人士、家長、學童，以至教長和老師的第一身的故事，這些有血有肉的真實故事，帶給讀者一個寶貴的視覺。當我們排拒或歧視別人時，我們的心理狀態，往往是針對着一個假想類別而產生的：「他是猶太人」、「她是同性戀

者」、「他是南亞裔人」等。當我們近距離認識一個人，跟他/她做鄰居、同事、同學，甚至交朋友、談戀愛，那我們就以一個人來看待他，不再只當他是一個「類別」而已。述說香港少數族裔的群體和個人的故事，重現他們的立體存在，使我們踏出走向共融的一大步。這是本書另一項重要貢獻。

要建立一個國際大都會，宏觀的政策當然是最關鍵的，個別社群、機構（如學校）和個人在這方面所作的努力作用不大，尤其是在目前所謂「行政主導」的政體下。不過，如上面所說，人的主觀能動力量是不能低估的，我們在推動共融文化這個目標上，個人或小群體還是有發揮空間的。例如書中提到，有大量少數族裔學生的嘉道理中學在校曆表上安排了印度「排燈節」（Festival of Divali）、尼泊爾的「光明節」（Festival of Bhai Tika），和巴基斯坦伊斯蘭的「開齋節」（Festival of Eid），此舉不但向少數族裔學生和家長表達了對各族群文化的尊重，對其他學生來說，也是擴闊他們知識、視野和胸襟的有效方法。只要學校或社區當中有異於主流的少數群體，所有的成員就有難得的機會去學習不同文化、開拓視野。又例如，香港很多中產及以上家庭都僱用外籍傭工，如果僱主能利用這個機會，去認識印尼伊斯蘭教或菲律賓天主教的教義、修行方法和文化，那麼香港人的國際視野和文明水平將會大大提高。機會在眼前，只視乎我們是否覺察到而已。

我們談到「共融」、「國際視野」和「文明水平」，其實歸根結柢，都是聯繫着對人的尊重。我們既尊重人，就不會因他們的種族、階級或性別、性傾向等而歧視他們。同樣，我們尊重人，就會對有異於自己的族群、習俗和信仰等產生興趣，繼而接納和包容他們。本書的選題、理論框架以至研究方法，都是從人出

發，強調教育本來就應該是「人本」的過程。香港非華語學生學習中文的真實故事，還是要從一個人為主體的立足點去聆聽、用心去感受和理解。

這個「人本」價值，就是整部書的立足點吧！

前言

　　本書希望以一個更「在地」的角度，透視「香港非華語學生在學習中文」的過程中與本地文化的「共融」及遇到的「歧視」問題。

　　有關「非華語學生學習中文」的論述，大都以研究報告的形式發表。[1] 不過，大學或非政府機構通常以一種宏觀視野去觀察、發現和解決問題，但當我們面對日常生活種種矛盾和衝突時，這種宏觀大視野難免有隔靴搔癢之感。本文嘗試以故事的形式，呈現非華語學生學習中文的困難。

　　自 2014 年施政報告提出支援非華語學生的教育後，大眾似乎突然意識到非華語學生在香港教育體系的存在。翻閱資料，其實非華語人士早於香港開埠時隨英國人到港，他們的子女也早於百多年前就在香港建立自己的學校，只是香港教育似乎從未從多元文化角度考慮少數族裔學生的需要。

　　教育局於 2014 至 2015 年度推出「中國語文課程第二語言學習架構」（下稱「二語架構」），這個架構沒有課程、教材和考核內容。它是用「小步子」方法，讓學校根據校本情況設計校本課

---

1. 香港大學接受特區政府委託，進行大學—學校支援計劃後，發行一系列語文及文學教學系列。另外，樂施會、平機會發表的研究報告，都是以學校面對少數族裔教育的挑戰和少數族裔就業困難為題。

程和教材。局方至今認為制訂出的「第二語言學習課程」只會是一個較淺易的課程，有違公平原則。可是，局方卻同意用「綜合中等教育證書」（GCSE）豁免非華語學生入讀本地大學，而這個證書只及小學水平，一直為教育界詬病。

據資料顯示，非華語學生報考香港中學文憑試中國語文科的人數正在逐年遞減。[2]就算有土生土長的非華語學生敢於挑戰「死亡之卷」，通常都是鎩羽而歸，脫穎而出者只是鳳毛麟角。至2021年，香港中學文憑試中國語文科再一次改革，由四卷改為兩卷，文言文閱讀理解的成份增加了；這對非華語學生的難度更大了。這情況是否顯示教育局再一次忽視非華語學生通過本地主流中文課程考核的機會？教育局高談「非華語學生參加文憑試中文科考核」的終極目標，卻似乎將會變成空中樓閣。

對於非華語學生學習中文以及融合香港生活的困難，筆者希望用一種更親切的態度，更具人情味的視角，細心聆聽鄰人的真實故事，打開非華語人士與本地華人的對話，讓一眾人士表達對非華語中文教學的意見；這才是溝通和融合的脈絡，也是筆者期望本書可做到的一點貢獻。

---

2. 少數族裔報考香港中學文憑考試的人數持續增加，但報考文憑試中文科的人數持續減少，由2013年佔全部非華語學生21.1%減至2017年9.9%。詳見〈少數族裔學中文聽講讀寫皆難〉，《01周報》。

「兩文三語」[3] 平起平坐？

「兩文三語」雖然是香港特區的語言政策，不過「兩文三語」從來不是處於對等地位。粵語是省、港、澳一帶最強勢的方言；中國的官方語言是普通話；英語更是全球不同族裔溝通最方便的語言。可是，在外國人眼中，粵語不算中文，普通話才是，國內普遍也有同樣的看法。粵語作為香港這個國際金融大都會的語言，地位一直被邊緣化。

不過，香港作為特別行政區，「兩文三語」政策卻是「一國兩制」的具體呈現。曾有前香港特區政府高官指出，「香港特色在於獨特的廣東話，沒有固定顏色、不同地區的獨特味道等。」[4]

另一方面，龍應台（2014）也曾以「中環價值」一詞形容香港價值，當中提及的：「建築氣勢凌人、店鋪華麗光彩、『英語流利』、領口雪白的中產階級在中環的大樓與大樓之間快步穿梭。」正好是「兩文三語」中「英語」地位的準確描述。

不過，「中環價值」絕不可能涵蓋香港生活的全部。有本土文化工作者以「旺角價值」、「捍衛廣東話」作回應，指出「粵語」或「港式中文」的意義：是指一種「參差不齊的雜亂多元化」的生活語言。（古永信，2012，2014）

至於普通話與粵語的關係，除了回歸之初一段蜜月期之後關係一直緊張。教育局一向以「用普通話教中文」作為「遠程目

---

3. 所謂「兩文三語」，是將「書面語」和「口頭語」言分開，兩文指「中文」、「英文」、三語指「粵語」、「英語」、「普通話」。

4. 前民政事務局局長何志平於2004年出席香港理工大學城市文化交流會議致辭，轉見朱耀偉《繾綣香港：大國崛起與香港文化》，頁102。

標」[5]，有個別學校由於錄取不少中港跨境學生，因校情需要而用普通話教中文；又有傳統愛國學校以普通話教中文；也有學校在初中推動「用普通話教中文」，但「用普通話教中文」對香港學生的中文水平未有明顯提升。近年，也有中學轉回以粵語教授中文。

推動「用普通話教中文」的最強理由，無疑是香港回歸中國後，香港學生必須把普通話學好。反過來說，一國兩制，「兩文三語」卻容許香港人以粵語為母語。另一理由，中國內地近年的經濟發展一日千里，到國內工作勢成香港年輕人的出路，所以在求學階段學好普通話也是順理成章的。可是，近年中、港矛盾不斷，粵、普背後的價值始終是矛盾多於和諧。

非華語學生便是在香港這個充滿矛盾和張力的語言政策狀態下找尋出路。有不少非華語學生的英語水平較中文好，但他們的生活卻不如龍應台筆下的「中環價值」；我們見到非華語學生還是必須要學好中文，以便在香港生活。

誰是「非華語學生」？

這節我將解答兩個關鍵問題。第一，非華語學生的定義與意義？第二，非華語學生是香港人嗎？

有關「非華語學生」（Non-Chinese Student, NCS）的定義，香港教育局其實是有界定的，但不甚清晰。第一項界定是學生的

---

5. 見《中國語文教育學習領域課程指引》。

「家用常用語言」不是華語，便可歸類為「非華語學生」[6]；學校的非華語學生符合一定數目，便可接受教育局的撥款資助。

第二項界定是非華語學生在香港接受正式中文課程的時間。具體而言：在接受中小學教育期間，學習中國語文少於六年時間；或是在學校學習中國語文已有六年或以上時間，但期間是按一個經調適並較淺易的課程學習，而有關課程一般並不適用於大部分在本地學校就讀的學生。[7]

若被界定為「非華語學生」，該學生即可得到法例規定的財政支援，也可以得到香港公開考試費用豁免；這兩項支援也是非華語學生身份的意義。

非華語學生是香港人嗎？這是一個身份認同的問題。法律上，有七類人士可以得到香港永久居民資格，都是合法香港居民。[8] 對於非華語學生而言，通常以土生土長，以及在香港居住滿七年便合符香港永久居民資格。

雖然同屬香港人，但不同族裔的習俗以及對學習中文的態度有異，也會導致本地人對少數族裔有不同的接受程度。而身份認同，與共同的語言、共同的習俗、共同的宗教關係密切。本書

---

6. 規劃教育支援時，「家庭常用語言不是中文」的學生均歸納為非華語學生。見教育局《改善非華語學生的中文學與教學校計劃》。

7. 見教育局通告19 / 2012號。

8. 根據《基本法》第24條及《入境條例》附表一，現時符合永久性居民資格的人合計有七類：第一類是在香港出生的中國公民，第二類是在香港曾經連續居住七年的中國公民，第三類是前兩類人士在其他地方所生的中國籍子女，第四類是曾經連續居住七年且以香港為永久居住地的非中國公民，第五類是上一類人士在香港所生的未滿21歲子女，第六類人士是特區成立前只享有香港居留權的人，第七類是特區成立前已經是本港永久性居民且在特區成立後一年半內選擇返港定居的非中國公民。

的研究焦點是「非華語學生學習中文」，能否掌握中文將是非華語學生身份認同的一項重要表徵。可是，由於香港獨特的地位和獨特的語文政策，香港人對「自己人」中文能力水平的要求似乎與非華語學生的中文水平又有點差異，導致非華語學生香港人身份認同的障礙。

從兩條脈絡看「共融」與「歧視」

有人類的地方便有歧視，因為他者與我們有「差別」。對於本地居民而言，他者永遠是外人。他者有不同的膚色，說另一種語言，以不同的方式做菜，崇敬其他宗教，用不同的方式過生活或歡慶；有些差異從外表上就能明顯看見，但也有些差異存在於行為、想法與信仰上。「學習群體生活」是對抗種族歧視的好方法（TB Jelioun, 2018），而學習本地語言更是學習群體生活最基本的功課。

學習本地語言和群體生活的地方無疑是「社區」和「學校」兩條脈絡。

「社區」（Community）指的是非華語家庭所在的地理位置，不少非華語家庭都在香港特定的社區內聚居，並建立自己的社區。在這些社區內，我們可見不少具少數族裔特色的店鋪、寺廟、食肆等。如葵涌的屏麗徑是巴基斯坦裔的小社區；九龍城城南道素有「小泰國」之稱；佐敦近年聚居了很多尼泊爾裔居民，社區內售賣尼泊爾貨品的小商店林立。在這些社區內，少數族裔與本地居民如何相處，將說明他者與本地大眾的共融程度。

「學校」是另一條非華語學生學習群體生活的脈絡。[9]對於非華語學生，一個影響深遠的是「指定學校」政策。雖然，此政策只維持了六年，但不少曾成為指定學校的，至今仍錄取很多非華語學生，甚至超過全校學生總人數一半，在非華語教育業界被稱「高濃度學校」。另外，亦有不少本地主流中學，因各種原因，錄取非華語學生，成為非華語家庭另一種選擇。也有非華語家長為了子女能儘快融入香港的生活，為子女選擇一般的本地文法中學，學校裏只有極少數非華語學生。

不同學校有不同非華語學生的比例，對於他們學習本地語言和學習群體生活自然出現截然不同的效果。我們除了檢視學校內不同族裔學生的互動外，更要檢視香港一般本地家長對學校和非華語學生的態度，這也可以讓我們了解一般香港人對非華語學生的接受程度。

讓教育為弱勢社群之中的更弱勢發聲

非華語學生屬於弱勢社群的一類。不過，非華語學生的「光譜」極闊。所謂「光譜」，泛指非華語學生所屬的族裔、性別、到港年期等。簡單來說，弱勢社群也有強弱之分。

對於弱勢社群來說，教育是一條社會向上流動的階梯，同時也是分隔社會階層的無形之窗。近年我們常在媒體的報導中，見

---

9. 有關Communities in Schools的討論，主要是論述學校內的不同社群，包括：教師、家長、學生、社區領袖等的互動，可詳見Furman等的論述。

到非華語學生透過教育，成功考上大學，前途一片光明。可是，弱勢社群中的更弱勢聲音，我們又聽到多少？

南亞族裔「重男輕女」的傳統習俗根深柢固，女孩子的出路不是升讀大學，不少還是回鄉結婚生子。教育有否為南亞族裔女孩子提供另一種選擇的可能性？從事教育工作的人員又有否為南亞族裔的女生——這群弱勢社群中的更弱勢——發聲？

少數族裔在香港的數目也是不平均分布。印度、巴基斯坦、尼泊爾等南亞族裔在香港的少數族裔中佔比相對是多的，而且三個族裔都有自己族裔的組織或志願團體協助。至於泰國、越南裔，人數相對較少，協助他們的志願團體也較少，所以泰國、越南裔可說是少數族裔中的少數族裔，弱勢社群中的更弱勢。我們對他們的關注是否足夠？

「非華語學生」（NCS）、「特殊教育需要」（Special Educational Needs, SEN），兩者都是近年教育界關注的課題；若同時發生在一位學生身上，他理應得到雙倍的支援，但實際上會否遇到雙重冷待？在非華語學生裏，也有為數不少個案同時是特殊教育需要的學生；他們的求學經歷，也呈現了香港教育對雙重弱勢社群學生協助的力度究竟有多少。

現有的課程能解決問題嗎？

現時針對非華語學生學習中文，並無一套指定的課程。「二語架構」是由現有的中國語文課程學習架構中蛻變出現，以小步子形式，逐步提升非華語學生學習中文的能力。據教育局官員在不同場合重申，「不希望另做一個較淺易的中文課程」。

教育局亦聲稱，學校可因應校本情況，自行設計校本教材，讓非華語學生學習中文，並於高中時準備應考公開考核。教育局亦豁免非華語學生應考DSE（中學文憑試）中文科，並以GCSE（綜合中等教育證書）代替。而非華語學生學習中文的進路，據教育局的建議，可繼續進修GCE A-Level（普通教育高級程度證書）或開設「應用學習中文（非華語學生適用）」。

不過，據考評局和大學撥款委員會的資料顯示，非華語學生只要合符資格，持GCSE資格等同於DSE同級的成績。現時，香港各大專院校都承認這項成績互認安排。非華語學生完成了GCSE中文科便可符合大學入學要求。而GCSE中文的水平，在香港教育界普遍認同只及小學水平。

以教學成效看來，教育局不啻以一個「更淺易的考試」取代一個所謂「較淺易的中文課程」。這樣，教育局只是解決了非華語學生升學機會的問題，但對提升非華語學生的中文水平以及日後在香港的生活機會，並無幫助。

本書的理論架構簡述

本書透過多個故事呈現香港非華語學生學習中文時遇到的歧視和融合現象。除了講故事，筆者也希望為香港教育研究的理論架構作出一點點貢獻。在本書的論述過程中，最常運用的分析工具和理論架構，分別是「社會資本」和「多元文化教育」架構。以下我將會簡述這兩個學術理念。

「社會資本」在香港本土非華語少數族裔「社群」的「價值流轉」

「社會資本」在社會學、政治學、教育學等都是一個重要的概念。有論「社會資本」，一言以蔽之曰：「關係」（Relationship Matter）（Field, 2008），也是一種「社會關係網絡」的形成，而網絡內的「互信」（Mutual Trust），則是社會資本的核心（Fukuyama, 1995）。

Pierre Bourdieu（1980）認為：「每個人擁有的社會資本，取決於他實際能動員起來的社會網絡幅度，也取決於他所聯繫的那個社會網絡的每位成員所持有的各種資本（經濟資本、文化資本、象徵資本、社會資本）。」這種社會網絡內的人物「互動」，將有助我們理解非華語少數族裔在社群內的社會資本運作、累積及轉化的脈絡。

社會資本在教育領域也扮演着重要角色。教師「專業資本」（Professional Capital）的其中一種元素正是「社會資本」（Hargreaves and Fullan, 2012）。[10]非華語少數族裔學習中文是融入香港本土文化最直接快捷的方法，本地中文教師肩負着這個社會融合的使命，教師與教師的互動、教師與學生的互動，及學校人員與家長的互動，將可作為理解教師群組內社會資本運作、累積、轉化的發展脈絡。下文我們將會從很多教育領域持分者互動的故事中，見到社會資本價值流轉的軌跡。

---

10. 「教學專業資本」（Professional Capital）的方程式是：「PC=f（HC，SC，DC）」PC=Professional Capital（專業資本）、HC=Human Capital（人力資本）、SC=Social Capital（社會資本）、DC=Decisional Capital（決策資本）。這條源自數學的方程式，左方的答案是右方各元素的總和。筆者按：在社會科學的研究領域，這三個元素將隨不同的情境有不同的比重，待研究員因應個別情境進行研究。

　　可是，非華語少數族裔學生學習中文過程中，家庭的社會資本其實是一把雙刃劍。社會資本自有其價值，尤其是對新來港人士而言；憑着在族裔「社群」內的人脈關係，可以「收風」得知鄉里親友的子女入讀哪所學校，把自己的子女也安排在同一學校，互相照應。尤其巴基斯坦裔社群，內聚力強，在學校自成一角，形成舒適圈，圈內巴裔學生的社會資本豐富。可是對於巴裔學生，在舒適圈中學習中文反而是一大阻力，這也是社會資本的反作用。我們追蹤了不少個案，都顯示非華語少數族裔「社群」內的社會資本，對於推動孩子學習中文同時出現正負力量，他們對於融入香港本地文化出現了內心掙扎和矛盾。

香港教育界的「多元文化教育」種子

　　「多元文化教育」源自1960年代，美國興起「非裔美國人民權運動」，最終美國立法禁止了公立學校和公立場所內的種族隔離。不同膚色、不同族群享有同處學校的權利，加上美國人口一向是新移民為主，此後多元文化教育概念便在美國發芽滋長。

　　在香港，多元文化教育一直並未受到重視。雖然嘉道理學校以錄取印度裔學生為主已有超過100年歷史，也有本地學校近年因應適齡學童人數下降，錄取不同少數族裔的非華語學生；然而，香港教育界重視多元文化的現象似乎始於2008年種族歧視條例的訂定；香港特區政府容許非華語學生進入本地主流學校，並設立「指定學校」，讓少數族裔學生選擇，此舉可視為「多元文化教育」在香港發展的里程碑。

　　可是，本地學校出現少數族裔非華語學生的面孔是否就等同「多元文化教育」？James A Bank（2019）對「多元文化教育」的論述可算是完備之作。他認為：「多元文化教育即是教育改革

的過程。來自不同語言、性別、文化、習慣、宗教、社經地位的人，各式各樣的差異，但大家都有平等的學習機會。」

讓人感興趣的是學術理論的實踐。筆者曾經到訪多所中學，它們都有錄取少數族裔非華語學生的經驗。它們錄取的非華語學生數目各異，校內的少數族裔數目也不同。而辦學理念、策略和實踐均有校本特色。各校的前線經驗將可以為「多元文化教育」在香港教育領域的實踐作一註腳。

本書的方法

我的研究方法是運用田野研究與文獻閱讀相互參照。所謂「田野研究」（field work）方法，包括：觀課、參與觀察（participant observation）、面談、閒談。另一種是文獻閱讀，尤其是閱讀第一手資料，即教育局的課程指引，教育局通告，受邀學校的正式資料。

「觀課」最能直接了解非華語學生學習的情況。這是任何背景的非華語學生在香港必須接受的學習活動，也是融入香港生活的第一線。觀課可讓我們了解非華語學童學習中文時的系統方法和遇到的困難，也讓我們親身感受教師和學生在教育最前線的接觸和互動。

「參與觀察」，我曾到訪很多學校；有學校很慷慨，邀請我參觀校園、觀課，讓我與師生交談，並向我講解校園設計的特色；也有學校邀請我參加開放日、才藝表演、球賽、啦啦隊比賽等；有學校甚至歡迎我留校幾天，參與各項學生活動，讓我親身

了解非華語學生與本地華人學生、本地華人老師、非華語老師、家長之間的互動。

　　受邀請的學校，我務求做到平衡和具有代表性。六所學校中，有兩所屬「高濃度」學校、兩所屬「中濃度」學校、兩所屬「低濃度」學校（有關「學校濃度」的討論，可詳見本書第三章）。此外，六所學校中，其中三所屬男女校、兩所屬男校、一所屬女校。至於教學語言方面，兩所屬英文中學、四所屬中文中學。

　　我總共邀請了超過70位在不同崗位參與非華語中文教學工作的持分者進行「面談」，包括：大學教授、現役「應用學習課程（非華語學生適用）」校外評審委員、中學校長、副校長、科主任、教師、社工、社區幹事、宗教教長、商鋪老闆、家長、學生等，讓大家在自己所屬的崗位説出自己的故事。

　　我很幸運，邀請到一位前香港特別行政區高官現身説法。他曾參與少數族裔的共融工作，現已退休多年。由他説出當年特區政府對少數族裔的看法和態度，將是對教育界持分者意見的重要註腳。

　　我常常以受訪者的的直接引述和筆者的議論夾雜出現，直接引述的好處是讓讀者直接感受到教育前線真實的一面。有受訪者慣用粵語，也有受訪者以英語接受訪問，所以在直接引述時可能中英夾雜，也沒有刻意修飾他們的英語文法（編按：全英語訪問內容，書中補入中譯），不過這更反映受訪者真實的感受。每一位持分者都有自己的故事和視野，大量的訪談和故事將可以為我們對非華語學生學習中文的挑戰和困難，帶來更全面的圖像。

本書的結構

本書共分七章。

第一章從大都會的角度，勾勒自回歸以來，香港作為國際金融大都會的語文政策發展。除了英語和普通話外，粵語作為一種方言，竟可成為法定語言之一，當中香港民間社會和普及教育，都扮演了一個重要角色。

第二章從本土社區視角出發，我走訪了四個本地社區，並訪問了當區的社區幹事或社區領袖。當中的非華語族裔早已在社區落地生根。我將從社區生活的特點，透視中文（尤其是粵語）和英文在社區日常生活中的功用。

第三章是有關我走訪多所學校的觀察，當中有不同非華語學生的「濃度」，也處於不同社區。我的訪談主要聚焦於學校的教學語言政策、語文教學活動和課外活動。所謂濃度，對於學校處理非華語學生的態度將是關鍵的考慮點。我們也可見在學校裏不同群體間互動的脈絡。

第四章是以人物為題，我將聚焦於非華語中文教學持分者，包括：學生、家長、宗教教長、語文教師、康體推廣主任。而且我將選取不同持分者中的典型故事，以呈現非華語中文教育的整體現象。

第五章我將焦點放在中國語文第二語言學習架構在香港出現的始末，呈現各校自行編製校本教材的艱辛經驗。教育局委託專上院校舉辦的「應用學習課程（非華語學生適用）」，當中的成效如何也將在此章說明。此外，非華語學生在體藝項目素來有突出表現，更有個別學生把體育成就轉化為學術成就，當中

的專業教育資本、文化資本、社會資本互動轉化，成就了今日的局面。

第六章談未來。我們將描述不同時代的香港夢，以及不同人物群組的身份認同，討論「誰是香港人？」的問題。這一章也是所有人物故事的終章，我們將以一位巴基斯坦裔女生成為中文教師，創造未來的生命故事作結，她的奮鬥故事極為感人。

第七章為總結。我將根據大量的訪談作為第一手資料，為幾個學術概念重新理解並賦予新的意義，包括：對「港式歧視」、「港式多元文化教育」、「社會資本」再檢視和對「社區」共融重新認識。

鳴謝

這本書得以面世，我要感謝各方友好仗義相助，尤其是非華語中文教育界的同寅和社福界的朋友，提供資料，接受訪談，導引方向，否則這次出版計劃，必會一波三折。

我要鳴謝佛教筏可紀念中學的惲福龍校長和崔惠儀副校長，崔副校長是我的同事，當她知道我要進行研究和寫作時，非常慷慨，接受了我的訪談。惲校長也是一位熱誠的教育工作者，他欣然接我留校訪問三天，讓我全方位接觸該校，對於了解非華語學生的學與教，有了極深刻的體會。另外，我也要感謝官立嘉道理中學（西九龍）的任巧恩主任。任主任安排我參與該校的開放日、天才表演、啦啦隊比賽、公開課等，讓我親身走到非華語少數族裔的社群內，了解他們的學習生活。

天主教慈幼會伍少梅中學的李偉文校長、妙法寺劉金龍中學的王庭軒校長、可藝中學的張志新校長，對我的研究十分支持，也十分信任我，除接受訪談外，三位校長更不厭其煩，為我穿針引線，再介紹相關老師、家長、教長、志願人士及學生，遍及不同社會階層和團體，讓非華語學生學習中文時，面對共融和歧視的經歷，顯得更為立體和真實。

本書除了學校外，還涉及不少社區網絡，當中很多機構都樂意接受本人訪問，包括：香港聖公會麥理浩夫人中心共融館、基督教勵行會難民中心、香港尼泊爾聯會、宣道會泰人恩福服務

中心。各機構為本人的研究計劃提供極寶貴的意見和資料，讓本文從跨界別角度探討香港非華語學生的生活。

本人還要向所有接受訪問的人士，包括：前特區政府官員、應用學習校外評審委員、大學講師、中學老師、教學助理、社工、社區幹事、宗教人士、志願人士、家長、學生、商鋪老闆，甚至是途人，衷心致謝！各位的坦誠和慷慨為這本書提供了極珍貴的第一手資料。而且在訪談間，我聽到一個一個動人的故事，有血有肉。大家的故事都與香港非華語學生學習中文的教育課題密不可分。

我還要鳴謝香港城市大學出版社，編輯陳明慧小姐對拙作處處提點，並感謝評審通過拙作。另外，陳小姐耐心仔細審閱本文，再三校對，並提出寶貴意見，讓本文至臻完善。

本人謹把此書獻給所有從事非華語學生教育的持分者，因為非華語學生是香港社會的弱勢社群之一。他們可能心知肚明自己身處弱勢，或懵然不知自己身在香港社會階層的底部不斷打滾。惟有教育工作者，才可能引領他們一步一步，打破社會隔閡，走出無限輪迴。

共融・歧視

1

緣起

香港——「一個粵語金融大都會是這樣煉成的」

當我們打開電視，慣性收看的是粵語節目；香港的學校普遍以母語（粵語）教學；政府官員普遍以粵語向市民發言；普羅市民日常則以粵語交流。這個「粵語強勢」（田小琳，2012）的金融大都會是如何煉成的？我們必須回顧一點點歷史，勾勒香港的「大都會語言」（metropolitan language）（Fukuyama, 2020）——粵語的發展軌跡。

香港，廣東省南端一個漁村，鄰近村落的居民甚至操不同鄉音。自英國人於1843年開始建立維多利亞城，英語自然成為香港殖民政府的官方語言，但英語在香港自始至終從來未能成為普羅市民的生活語言。究其原因，香港超過95%為華人，而且鄰近廣東省，粵語也自然成為普羅人口的日常語言。所謂「華洋雜處，可能只是一廂情願的說法，其實香港開埠早期，種族分隔生活是當時的社會特色。大致上，華人與外國種族人士，都盡量互相保持距離。」（王賡武，1997）加上殖民地政府在管治初期推行的教育工作，本質上是港英當局培養他們所需各類人才和擴大英國對華影響力的精英教育，掌握英語是華人進入白領階層的敲門磚（余繩武、劉存寬，1994）。

粵語成為香港的主流用語還有其偶然性。一群操粵方言的蛋家人隨英國人進駐香港，憑着與英國人的關係與出色的營商表現，成為族群的精英，粵方言便權充這塊英國殖民地地方族群的主流語言（張振江，2008）。英語一直是殖民政府和商業精英階層的專屬語言，是一種統治階層和社會上層的象徵；粵語則是一種殖民地居民的生話語言。

粵語持續在香港佔據強勢地位，與兩條脈絡關係密切，分別是官方和普羅文化的共同努力。港英政府刻意重視粵語，1974

年把英語和中文都訂為法定語言，又在1978年推動九年普及教育，課堂教學則用粵語為教學語言。加上香港的電視台普遍以粵語廣播，造成粵語在香港和澳門都有強勢的語境。至於普羅粵語文化在20世紀70年代大行其道，甚至遠銷海外，造就粵語成為省港澳地區、東南亞國家，以至北美華人社區的日常語言。這是另一條促使粵語成為香港強勢日常語言的原因。

70年代，香港經濟起飛，各類粵語流行文化輸出外地，包括：電影、電視劇、粵語流行曲、粵劇、流行文學等，在東南亞、中國內地以至北美華人社區大受歡迎，造就粵方言在華人世界的影響力和重要性與日俱增。而這些流行文化的藝術表現形式扣扣相連，形成一個自20世紀90年代至1997年回歸前後，香港一股粵語強勢的「大都會語言」文化（Fukuyama, 2020）。

1997年香港回歸中國，首先推動的語文政策是「兩文三語」。至於在90年代末推動的「母語教育」，終於在1998年正式落實[1]，加上香港教育局推動的「普通話教中文」[2]，都對粵語在香港的固有地位有莫大的挑戰。

「兩文三語」對香港的實質意義是官方語言由英語和粵語加上了普通話，普通話的法定地位確立了，亦即是說明了「香港是中國不可分割的一部分」[3]。不變的是粵語仍是香港普羅市民的生活語言，仍是本地中、小學的日常教學語言。

---

1. 1998年教統局劃定全香港114間中學，可成為以英語授課的學校，至於其他學校則要以母語授課，即所謂中文中學。

2. 在整體的中國語文課程加入普通話的學習元素，並以用普通話教中文為遠程目標。但由於涉及學理和客觀因素，目前，可由學校按本身的條件，以校本方式處理。

3. 《香港基本法》「第一章 第一節」

另一個劃時代的轉變是推動「母語教育」，變相是把學校分級，由於全港只有25%中學可保留為英文中學，取錄全港最優秀的25%學生。若果你的成績優秀的話，自然可以入讀英文中學。若成績不達標，但家庭經濟能力負擔得起，家長還可以選讀「直資學校」，這類學校因應家長的需求提供英語和普通話教學，補償了這類學生家長對未來美好前景的需求。

除了香港語文政策的轉變外，香港跟全球先進城市同樣面對出生率持續下降，人口老化的難題。特區政府必須引入外勞解決勞工短缺問題。多年前已引入香港的家傭，主要來自菲律賓、印尼、泰國、孟加拉等。至於低技術勞工則以引入南亞裔為主，包括：印度、巴基斯坦、尼泊爾等。據2016年香港人口普查，少數族裔佔全港人口8%，較十年前激增一倍[4]，這類人士不少是舉家移居香港。高先生（化名），一位特區政府前高官，他曾長期從事少數族裔工作，對少數族裔在香港的生活頗為熟悉。據他指出：

> 我們有很多南亞裔學生連高中都讀不完；就算勉強完成高中課程，但都考不到DSE的水平，並不只是中文科，由於很多學校用中文教書，所以很多學科他們都聽不明白，所以整體成績都是低落的，於是又步父親的後塵。我記得一位NGO跟我說，他們做「3D」job：Dirty work，如清潔工人；Dangerous work，建築業工人；Difficult work，即是老闆見你大個子，便叫你去做的工作，一個跨世代的貧窮便如此產生了。

---

4. 2006年7月，共有342,198名少數族裔人士在香港居住，佔全港人口5%。2016年居住在香港的共有584,383人，佔全港人口8%。

少數族裔人士在香港落地生根，甚至舉家移民香港，孩子的教育便成為香港教育界的新現象。他們或「空運到港」，或土生土長，教育為他們帶來融合本地的機會，抑或是造成第一波的歧視？將是香港這個國際金融中心下不為人知的一頁。就讓我們走進學校教室，看看他們將要面對在港生活的第一道難關——學習粵語，一種號稱世上最難的語言。

每天早上，佐敦白加士街總有不少巴基斯坦工人在搬運。

學校內的「港式中文」

香港中學的辦學形式大抵分為：官立中學、津貼中學、直資中學、私立中學，但課堂語言通常只有兩種——英語和粵語。在母語教學政策下，114所中學被評為可以用英語授課（中國語文、中國歷史除外），也在香港社會上成為家長的心儀學校；其餘三百多所中學除了英文科，便要用母語（粵語）教學。不過，因應市場需要，也有部分學校（主要是直資學校）會以英語授課。至於中文科，則會因應市場需要，甚至改為普通話教中文，如果非華語學生入讀直資學校，簡直無機會接觸粵語。

粵語是全世界最難學的口語之一[5]，但課堂內學生學習的港式中文是否等同粵語？田小琳（2012）認為「港式中文」是：「標準中文在香港這個社會區域的特殊書面語形式，行文中順暢地夾雜粵語，夾雜英語，顯示出港式中文的語體風格」。筆者以為，「港式中文」應在這基礎上，夾雜本地口語、俚語等。故此，「港式中文」是在粵語基礎上建立的一種香港地道的，可「讀」、「聽」、「講」、「寫」，甚至蘊含豐富文化元素的中國語文方言，你必須靈活運用當中的說話技巧，加上香港的地道文化，才算得上地道香港人。

有一位巴基斯坦的女生，土生土長，說得一口流利粵語。剛入讀本地大學幼兒教育學系。有一次，同學上課時問她借「尿袋」，聽得她一頭霧水。後來，經同學講解後，她終於明白「尿袋」原來是指手提充電器。她笑言：「若未能明白這些說話，也未能『埋到堆』。」要「埋堆」成為「自己人」，你必須緊貼香港的地道文化，才是地道的香港人。

作為學生，除了學習，還要應付考試。一位香港中學生經歷12年中、小學的訓練後，第一道考驗是香港中學文憑考試。號稱「死亡之卷」的中國語文科「閱讀理解」試卷，更是讓學生望而生畏。當中的考材主要是文言經典篇章、現代典範白話文及香港本地著名作者的白話文佳作。此外，中國語文科還要考：寫作能力、聆聽能力、說話能力等。

「讀」、「聽」、「講」、「寫」能力考核，對於語文老師並不陌生。但對於香港學生來說，這四種能力又有其複雜性。閱讀

---

5. 梁旭明，《多元教育與作為教材第二語言的中文》，參見《粵語的政治》。

和寫作考核，材料主要以書面語考問，也要求學生以書面語作答。至於說話能力考核以及聆聽考核材料，都以口語形式出現，並要求學生以口語溝通。可是，粵方言或港式中文的口語和書面語頗為不同，對於一位年青人來說，把心中所想的口語轉化為書面語，也要經過一番思考。對於「空運到港」的少數族裔孩子，「讀」、「聽」、「講」、「寫」，可能就是四套不同的語文形式和表達方法。[6]

一位在香港生活了三十多年的巴基斯坦社區幹事阿文笑言：「就算香港學生都一半打柴，南亞裔99.9%死，當然一定有利君雅[7]這類天才，但我們談的是普及教育。」（有關阿文的訪談，可詳見第二章〈社區〉和第四章〈人物〉）

加上，部分學校在初中實行「用普通話教中文」，[8]對於一個新來港的非華語少數族裔學童來說，實情是「三文四語」。他的母語是本國語（或是鄉下話）；第二語文是英語；第三語文是粵語；普通話已是第四語。在課堂上用粵語教學，非華語學生尚且在課堂外有粵語語境，較易練習。至於普通話在香港缺乏語境，只淪為課堂內的一小時語言。有關普通話對中文科的干擾，一位任教以非華語學生為主的中學老師告訴我：「我教學生一個詞語『單車』，但GCSE（綜合中等教育證書）考試卻叫『自

---

6. 2021年3月，香港教育局宣布2021年9月起，香港中學文憑試四個核心科目將有修改。對於中國語文科來說，以往四張試卷刪減為兩張試卷，只保留卷一閱讀理解和卷二寫作能力；卷三聆聽及綜合能力、卷四説話能力將刪除。

7. 利君雅是香港土生土長的巴基斯坦籍女士，曾在電視廣播有限公司新聞台擔任主播，後來轉任香港電台電視台主播，以敢言見稱，現已離職。

8. 中國語文教育學習領域課程指引（小一至中三），提到用普通話教中文是2011年以後的遠程目標，現時可由學校按本身的條件，以校本方式處理。

對香港本地學生是「兩文三語」的政策，對非華語學生來說是「三文四語」。

行車』；我教學生『士多啤梨』，但 GCSE 考試叫『草莓』，學生都搞到一塌糊塗。這正是我們的習用語和普通話規範漢語的麻煩。」

對於土生土長的香港學生而言，「單車」又叫「自行車」，只是粵、普說法、寫法不同而已，而且「單車」和「自行車」在詞性和意義的邏輯關聯也是合理的，對本地學生在學習上尚算不會造成很大困難，甚至有人認為這正能體現「一國兩制」。不過，對於一位「空運到港」的非華語學生而言，首先，弄清楚「車」字的寫法和意思，接着要了解「單」字與「車」的關係。接着「單」與「自行」的意思不盡相同，但聯繫到「車」字之後，原來指同一物件。這一系列的邏輯思維，對於一位以中文為第三語言，甚至第四語言學習的非華語學生，與以華語為母語的年輕人，完全非同日而語。

回歸原點——細說「香港中學文憑試」與「非華語中文教學」的關係始末

公開考試對於一個大都會來説,是一種社會認可的機制,是一種社會向上流動的階梯,也是一種淘汰的系統。「香港中學文憑試」(DSE,下稱「文憑試」)是香港特區政府推動教育改革——「三三四學制」的中途站,2012年舉行首屆「文憑試」,非華語學生同樣面對這個難關,而他們的中國語文考試是一個甚麼光景?

有別於以往的公開考試,「文憑試」設四個核心科目,分別是:中國語文、英國語文、數學、通識,屬必修科目。另外,學生通常選修兩個甲類科目,有水平高的學生可以選修三個甲類科目。也有學生選修所謂乙類科目,即所謂「應用學習課程」(Applied Learning, ApL),這類科目大抵以職業導向為主。對於一般本地學生而言,取得香港中學文憑試的成績便可以透過大學聯合招生辦法入讀香港各大學。香港特區政府也會以文憑試的成績作為投考政府工作的成績依據。

至於「香港中學文憑試」與「非華語中文教學」的關係脈絡,其實要從1982年開始談起。

1982年,港英殖民地政府才首次提及少數族裔在香港的教育,發表了題為《香港教育透視》的報告書,把少數族裔納入「特殊組別」,但少數族裔的教育問題一直未引起教育界廣泛關注(陳錦榮、梁旭明,2016)。少數族裔學生通常只集中於幾所以外語為教學語言的學校就讀。

　　2005至2006學年，香港特區政府教育局容許非華語學生可以進入本地主流學校。教育局於翌年（2006至2007學年）設立「指定學校」政策[9]，第一年總共有15所學校接受邀請，申請為「指定學校」。

　　2007年，教育局採納「融樂會」建議，引入綜合中等教育證書（GCSE）、國際普通中學教育文憑（IGCSE）及普通教育文憑（GCE）等海外考試，並允許中文程度不足以參與本地公開試的非華語學童，以海外考試中文卷成績代替會考和高考。[10]

　　2008年，教育局推出第一本非華語學生修讀中國語文科的課程指引──《中國語文教育學習領域 中國語文課程補充指引（非華語學生）》。不過，當時在教育界仍未造成多大迴響，因為非華語學生學習中文，似乎只是非華語指定學校的關注事項。

　　2012至2013學年，香港中學文憑試開始。對於較遲開始學習中文或未獲充分機會修讀本地中文課程的非華語學生，教育局接受他們可繼續透過綜合中等教育證書（GCSE）（中國語文科），考取其他中國語文資歷，以便接受高等教育及就業。[11]當時，教育局已為合資格的非華語學生調低該科的考試費用，並於2010年實行。所以在2012年的香港中學文憑試，非華語學生可以用綜合中等教育證書（GCSE）（中國語文科），取代文憑試中國語文科，並以與本地學生同樣的費用應考該科。

---

9. 教育局給指定學校的支援，是用來協助學校累積經驗和發展成具備非華語學生教與學專長的學校。這些學校的經驗可以通過一個支援網絡與其他錄取非華語學生的學校分享，令本地所有的非華語學生從中得益。參見教育局，2012。

10. 有關非華語中文教育種種政策，詳見《公義的顏色》第三章〈語言障礙及中文教育〉。

11. 見教育局通告第23 / 2009號。

2013至2014學年，特區政府取消非華語學生「指定學校」，轉而資助錄取一定數額非華語學生的一般本地主流中學。

2014至2015學年，教育局推出「中國語文課程第二語言學習架構」，但並不意味為非華語人士制訂另一個以中文為第二語言的中國語文課程。學習架構的目的是希望測試非華語學生現時的中文水平，從而協助前線老師制訂適切的校本教學方案。

2014至2015學年，教育局同時推出「應用學習中文（非華語學生適用）」，「旨在提供模擬的應用學習情境幫助非華語學生奠定職場應用中文的基礎，以及獲取另一中文資歷，為升學及就業作好準備。一般而言，非華語學生只修讀及報考香港中學文憑考試甲類科目的中國語文科或乙類科目的應用學習中文其中一科。」[12]

伍慧兒（化名），從事非華語中文教學超過二十年，也教過香港中學文憑試中文課程。她曾經參與過教育局對非華語中文教學內部諮詢，見證非華語中文教學的孕育、發展。由她細說香港特區政府接受非華語學生以綜合中等教育證書（GCSE）取代香港中學文憑試（DSE）中文科的故事，至為合適。伍老師也觀察到當中對非華語學生公平和不公之處。

香港中學文憑試逼近　官員茫然，臨急抱佛腳

伍老師憶述，2012至2013年，由於特區政府需要製作施政報告，所以諮詢教育界人士，她被邀請參與諮詢會議。會上她發覺

---

12. 見教育局網頁，應用學習中文（非華語學生適用），課程資料。

特區政府對非華語學生其實茫無頭緒，連有多少非華語學生以及非華語學生到底是甚麼人也不太清楚。她記得：

> 那時候，官員的概念很不清晰，只知道印度人很叻，覺得非華語學生就叫做印度人。在中文方面，政府都不清晰，已接受他們考IGCSE，但還未有資助。[13] 我們問，你們會否找一個考試，那時又近JUPAS（大學聯合招生辦法）考試，要想一些方案，幫助學生入大學。如果有外國考試可以豁免到中文，入到大學，便可以了。當時我也有提出這方案，最終出現這個局面。

由於 2012 年是香港文憑考試的開考之年，教育局規定四個核心科目：中文、英文、數學、通識是必修科目。至於非華語學生如何處理中文科，當時經過多輪諮詢後，終於接受以一個外國考試代替本地文憑考試，不過只限於被教育局確認為合資格的「非華語學生」[14] 考生。

另外，當時的官員對非華語學生的概念也很不清晰，以為非華語學生只有印度人。據伍老師憶述，當他們意識到原來非華語學生還有其他族裔後，官員的問題是：「他們總共有多少人？」當時教育局完全未能掌握非華語學生在全港學生人數中佔多少。

---

13. 2010年，教育局開始資助非華語學生以學校考生身份報考GCSE，考試費與香港中學文憑試中文科一樣，詳見教育局通告23 / 2009號「調低綜合中等教育證書（中國語文科）考試費水平」。至2012至2013年，教育局擴大資助考試費資助範圍，如IGCSE，GCE A-Level，GCE AS-Level。詳見教育局通告19 / 2012號。

14. 具體而言，這些非華語學生是指：(i) 在接受中小學教育期間，學習中國語文少於六年時間；或 (ii) 在學校學習中國語文已有六年或以上時間，但期間是按一個經調適並較淺易的課程學習，而有關課程並不適用於大部分在本地學校就讀的學生。詳見教育局通告19 / 2012號。

精神上是沒有歧視的

現時，教育界普遍認為這種代替方案充斥各種問題。首先GCSE的水平太低，只及小學水平，加上這個考試針對完全無中文語境的學生而設，對提升香港非華語學生中文水平，以及加強他們學習中文的動機，意義不大。第二，兩個中文課程差距太大，對本地學生也不公平。不過，伍老師指出，當時局方抉擇的原因，其實是有其公平原則的。

> 有國際考試認受他們的中文〔水平〕，在精神上我認為不是歧視，都希望他們融入大學。老實說，香港的大學很多都不是講廣東話的，有非華語學生，有外國來的學生，你可以由以往Second Language as French進入大學，但現在Second Language as Chinese，一定要有中文。這樣說來其實說不上歧視，其實是幫他們融入香港這地方。政治的態度也不強烈，我們想他們講廣東話，不是普通話，所以我們的目標是想他們融入這個社會的生活。

當時，伍老師向局方發問，政府會接受甚麼資歷投考政府工作，這樣才能告訴公眾，政府並無歧視少數族裔。香港特區政府接受GCSE可以代替文憑試的方案，第二語言必須是中文，而非法語、西班牙語等，這是一種融入本地社會的原則。

以往「香港中學會考」（HKCEE），考生只有英國語文科是必修科；至於「香港高級程度會考」（HKAL），1991年之前的預科學生也是以「英語運用」（Use of English）為必修科，考生甚至可以不考中文科。2012年，「香港中學文憑試」（HKDSE）則要求全港學生都以中文科為核心必修科，無疑是有進步的。而且非華語學生學習中文科也以廣東話為教學語言，並非普通話，政治色彩也不濃厚，加上後來香港大學接受非華語學生以GCSE代

替 DSE 中文科成績，所以伍老師也接受公開考試的替代方案。
她說：

> 我認為少數族裔學生考國際試，某程度上他還是要聽得懂，
> 講未必是好的，還要識讀有限度的中文。而且現時公開試水平是拉
> 高了……

兩個不公平現象

非華語學生考 GCSE 已運作了多年，伍老師見證的不公平現
象，並不是有關非華語學生的中文水平升降，反而是本地學生利
用 GCSE，行使個人利益的亂象。

伍老師見到，不少本地華語學生不想考文憑試中文科，又
或是本身在英文中學就讀，文憑試中文科成績不佳，於是便借
IGCSE 之便，逃避面對死亡之卷，這樣對本地中文中學苦苦面對
文憑試中文科的學生很不公平。她透露：

> 這制度反而成就了一些不想讀中文的中國人入大學，用 non-
> jupas〔制度〕，這才是一個問題，我不覺得讓非華語學生考 GCSE 或
> IGCSE 對他們是有着數，反而是對本地的中國人學生，利用 GCSE 或
> GCE A-Level 入大學。我只是見到一些名校這樣做。

> 某傳統英中女校，學生在中三中四已分了讀 GCSE、DSE 兩條隊。
> 如果她讀 GCSE 或 GCE A-Level，在大學還可以豁免一些學分。這種
> 不公平，我覺得是更甚。這種不公平是中國人對中國人。

筆者也見證過不少文憑試考生，第一年報考文憑試的成績
優異，唯獨中文科未能達標，有學生寧願報讀副學士，甚至以自
修生身份，重用第一年的文憑試成績，加上第二年報考 GCSE 中

文科，成功入讀香港大學，因為該學生已經是 non-jupas 學生身份。有人利用考試制度的漏洞，升讀大學，這才是對本地學生不公平之處。

另外有一次伍老師帶領非華語學生參加香港學校朗誦節比賽的經歷，也涉及公平原則。她說：

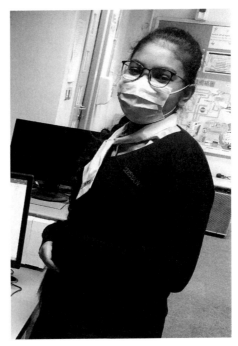

比賽宜秉持公平原則定高下？還是應鼓勵學生參加，以發掘他們的潛能？

> 我曾帶一位〔廣東話〕講得很好的非華語女生，參加2013年的朗誦節；寫得未必很好，但講得很好，中國人的腔調。比賽當中，她背不完整篇《水調歌頭》。那位評判連分也不評。2013年，如果有非華語學生能參加朗誦節，應該都寫評語給她。評語沒有，分紙也沒有。當時她已是我們最好的學生，為何你用這樣的目光看她，你應該認同該學生吧。以中國文學優美的形式表達，你也不認同。學生、家長也很憤怒。

這涉及一個更深刻的公平原則和實際操作的矛盾。對待非華語學生，如何做才是公平對待？也是一個以小見大的考核公平原則。

香港學校朗誦節比賽是每年各校學生較量的機會。對中學生來說，比賽的朗誦材料必然是傳統中國文學作品，不同族裔背

景同場較競是否公平本身已值得討論，更值得討論是比賽評判先生的態度。比賽評判固然以公平、公開和公正主事，本來無可厚非。可是，沒有評語，沒有評分，除了恪守朗誦協會的賽事原則外，評判先生可有想過，緊守了賽事公平原則的同時也可能摧毀了一位少數族裔年輕人欣賞和認同中國文化的寬宏，及其包容氣度的機會。

語文是一種載體　既承載「共融」也隱藏「歧視」

「兩文三語」在香港的地位從來不是對等的，而且英語、粵語和普通話在香港的角力也從未止息。現時，粵語雖然是最多人採用，但被「評為地位較低的一種語言」。[15]可是，粵語作為香港一般學校的常用教學語言，本地人要如何保護母語的地位？另外，學習粵語是否為非華語少數族裔學生帶來融合的契機？還是一種被歧視的工具？

回歸前，政府公務員入職條件僅要求能通過公開考試英文科合格，但回歸以後則同時要在公開考試的中文和英文考試中取得合格成績。而中文科文憑考試，正如前文所述有「死亡之卷」的稱號，對非華語學生而言，簡直就是不可能逾越的難關。

香港是國際大都會，加上英語是全球最多人採用的語言，故在香港生活，懂英語的優勢是無庸置疑的，這是任何在香港生活的人都心中有數。正如前文所述，任何在香港生活的人，都希望自己和子女能學好英語，好讓自己的生活好過一點，或是希望透過入讀英文中學，或多讀點英語，以改善未來的生活。

---

15. 梁漢柱，《廣東話與香港社區組織》，參見文潔華《粵語的政治》。

中學文憑考試中文科對非華語學生來説是難以逾越的關口。

　　對不少在香港土生土長的非華語學生而言，英語甚至已由第二語言變成母語。可是，遇上香港回歸中國，就算他們的英語的水平超越一般香港華人，但也不一定得到同等的待遇，因為他們要找工作，除了要懂説粵語外，還要懂讀中文，尤其是香港特區政府的公務員入職考試，他們必須達到中學文憑試第三級的水平。這對他們來説將是極大考驗，我們將會在下文相關的大量訪談中得到引證。

　　香港人慣常以説地道粵語（廣東話）作為香港自己人身份的指標。對於非華語少數族裔學生而言，學習中國語文，操流利粵語是融入香港本地文化最快捷直接的途徑。可是，對非華語少數族裔而言，「母語教學」（以粵語作為教學語言）反而是一種制度上的歧視。

　　巴基斯坦裔社區幹事阿文説：

　　　　轉了用〔中文教〕，你説不要緊，其實他們〔巴基斯坦〕最差便是中文。而又用中文教數學，以往用英文教，但現在用中文教，了解都了

解不到；general study〔通識教育科 Liberal Studies〕同樣如此，你要從頭學一些term，所以出現惡性循環，這是整個系統的問題。

除了制度上製造了歧視外，在找工作上也有不少歧視存在。一位土生土長的巴基斯坦女生，在主流學校讀書，成功入讀香港中文大學的幼兒教育學位課程。她訴說一次經歷：

> 這四年來我都會去做part time，我們入學生或大專生都會找補習一類的工作。我曾去一個大型機構做補習導師，星期六教英文班。我打電話去諮詢，他們回電給我，最初他們不知道我是非華語人士。去到時，我是包頭巾，穿的衣服較長。面試之後，他們跟我說，我們不容許老師穿民族服……我覺得是「間接歧視」。他說，我們全部老師都不可以，即是你都不可以。我認為這不尊重我的宗教，其實我戴頭巾是宗教原因，不是文化原因，而且每個地方都有不同種族的人，香港社會開始多南亞族裔，住了很多代，為何不接納，其實戴頭巾是沒甚麼的，我都可以照教學，他們要的是我的知識，不是看我的外表。

從兩段對話，我們可以看出教育制度和生活經歷中，持續的「融合」和「歧視」抗衡的互動現象。兩位巴基斯坦裔香港人，說極為地道的粵語，可說是融合的榜樣。阿文甚至協助巴基斯坦同鄉解決生活困難。訪談時，他正協助一對巴基斯坦父子聯絡本地商店，可能商談安裝上網之類。因為談到合約，所以巴籍父子必須找同鄉協助。可是，阿文也道出香港可能未必是安身立命之所，因為他還是嚮往回鄉，與家人和好友「歎茶吹水又一日」。（詳見第二章〈社區〉有關阿文的訪談）

現在，就讓我們從「粵語強勢金融大都會」走進「少數族裔社區」，實地體驗少數族裔日常生活和學習時遇到的問題。

這一章，我希望回應兩個問題。第一是少數族裔在本地社區落地生根的脈絡；第二是少數族裔社區與語言學習的關係。

少數族裔在本地社區落地生根的脈絡

同族裔聚居是人類生活的常態，同一族裔，同一文化，同一生活需要，便可以見到族群聚居的足跡，新加坡的「小印度」、倫敦的「唐人街」、紐約曼克頓區的「小意大利」，甚至香港九龍城區的「小泰國」等，都是族群聚居的足跡。

少數族裔在本地社區落地生根的脈絡，起點都是衣、食、住、行的生活所需，所以我們通常見到售賣少數族裔食物的食肆、士多、辦館、服裝店、理髮、泰式按摩店林立；之後便是教堂、廟宇、清真寺的建立；當生活安頓之後，我們將會見到少數族裔志願機構主辦的社區服務中心、幼稚園、工作中介公司等，一個成熟的少數族裔社區就這樣形成了。

香港有幾個富有特色的少數族裔社區，油尖旺是印度和巴基斯坦裔聚居的社區，而最有代表性的建築物自然是重慶大廈；佐敦是尼泊爾族裔聚居的社區，葵涌屏麗徑近年形成了一個巴基斯坦小社區，九龍城城南道附近則是泰國人聚居的社區。

筆者分別走訪上述四個少數族裔社區多次。我的社區觀察除了在街上觀察店鋪和少數族裔的日常生活外，還訪問了當區的社區領袖，希望了解該少數族裔的生活情況，更重要的是少數族裔年輕人的教育問題，尤其是語文學習的情況。以下便是筆者多次走訪四個少數族裔社區後的手記。

葵涌屏麗徑共融館 巴基斯坦人在小區的生活脈絡

　　葵涌以往曾是工廠林立的區域。現時尚留有不少工廠大廈，雖然已有不少轉型成為辦公室。早期的工廠以及今日的辦公室，聘請保安員不少還是以印巴人士為主，故此形成一個巴基斯坦人士在葵涌一帶聚居的小社區，而不少巴人的小店鋪都聚集在屏麗徑。

　　屏麗徑處於青山公路葵涌段和打磚坪街之間，是一條窄窄的行人小巷。打磚坪街略高於青山公路，使屏麗徑形成為一條微微的斜坡，加上有數級梯階，給人一種明朗開揚之感。小巷內設有休憩處，常有巴基斯坦裔小孩聚集嬉戲。由於巴基斯坦族裔的小商店於徑內經營，加上區內有不少巴基斯坦族裔居住，志願機構「共融館」在屏麗徑應運而生。「共融館」是香港聖公會轄下一所位於葵涌的少數族裔支援中心，專為服務區內巴基斯坦人而設。傳媒多次報導屏麗徑的異國風情，故吸引不少本地旅遊人士、文青、關注少數族裔的人士駐足當中。

共融館是區內巴裔人士的支援中心。

　　距屏麗徑一街之隔，還有一個舊式商場，當中也有不少由少數族裔人士開設的店鋪、辦館、鞋店、理髮店、服裝店等，都是以印巴顧客為目標，解決印、巴人士的生活所需，筆者在商場內並未見本地人踏足。

　　我曾經兩次到訪「共融館」，它所以出名，全因為一位巴基斯坦籍的項目幹事阿文（Minhas Rashad）。第一次聽見阿文的事跡，主要是他組織社區導賞團，向香港人介紹巴基斯坦人在本地的生活，後來又在電視上見到他有份參與的巴基斯坦旅遊節目介紹。

　　阿文十歲隨父親到港，在香港旅居三十多年。他見證香港自殖民地政府過渡至特區政府以來，巴基斯坦人在香港生活的轉變。他笑言自己曾從事多種職業：

阿文正協助巴裔人士與本地人討價還價。

> 我在 NGO 工作，老實說，可能我在香港，經歷的事比普通人較多。基本上，我做過很多行業，我做過生意、出入口、餐廳、小販、看更、地盤工人，總之不犯法的事我都做過的。

　　阿文是「共融館」的生招牌，由於他的廣東話了得，加上熟悉香港的生活，深得區內巴基斯坦人信任。訪談期間，就有不少巴裔人士

找阿文幫忙。就筆者所見，應該是買電腦事宜。阿文除了充當翻譯外，還要替巴裔人士討價還價，以免他們初到貴境，被本地人佔便宜。

社會資本　訊息網絡

阿文對附近的學校，以及對自己族裔孩子與本地學校的配對也有深刻的認識和體會。他有三個孩子，長子及次子都入讀本地主流學校，至於三子則入讀地利亞書院。地利亞書院專門錄取非華語學生，全校以英語為教學語言，不過阿文似乎對兒子選讀本地學校，頗有微言：

> 其實我知道對他有壓力，讀中文，又再讀英文，而且美孚地利亞也是普通的學校。因為我發覺我們讀的中文都未能達到本地人的水平，反而我們的英文都退步了。不如回到自己強勢的學校。〔英語〕就算不及其他人，也不要比香港人弱。

阿文很清楚英語在香港生活的優勢，甚至把自己的擇校經驗與同鄉分享。天主教蕭明中學正是葵涌區內的女子名校，最近有一位巴籍小妹妹考上了，可惜只讀了兩年便退學，轉到將軍澳圓玄學院第三中學。這所中學是一所錄取大量非華語學生的本地中學，對教導非華語學生學習中文，很有心得。從這位小妹妹的遭遇，我們可見「共融館」發揮社會網絡和社會資本的功能。

天主教蕭明中學要求選讀該校的小學六年級同學用英語面試。阿文說：

> 大家知道，香港人的英文可能很叻，但他們不想出聲。我覺得香港學生的英文不錯的，可能比南亞裔勁。南亞學生的英文，文法全是

錯的，但他們有信心敢講出來。但香港人要全對才開口。所以南亞學生在面試有優勢。

我和阿文都相信正因為這位女孩對英文口語很有信心，其他學科成績不俗，加上該校以英語為教學語言，所以便錄取了她。雖然如此，該校的中文科竟以「普通話教中文」。中文科對一般非華語學生來說，本來已是難登的高山，加上普通話教中文，香港根本沒有普通話語境，所以巴籍女孩因連續兩年中文科不合格而被逼轉校。

轉校對於非華語學生來說是一個難處，沒有一個同級學校願意錄取，所以幾經介紹，女孩轉到圓玄學院第三中學。當我們問及女孩的感受時，阿文表示：

> 其實不是不開心，只是女兒責怪自己，如果自己早幾年來香港，早點開始讀中文，基礎都會好點。可惜是讀了兩年〔留級〕。其實她的成績不錯，都有60至70分，不過蕭明的要求太高。現在入了那所學校，不單止她開心，老師都好開心。

現時，女孩入讀位於將軍澳的圓玄學院第三中學。雖然上學路途對女孩來說是遙遠的，但以校園氣氛以及中文教學策略來說，對她卻是合適的學校。從女孩的成績和怪責自己的態度來看，這孩子很努力上進，來港只是幾年時間已有不俗的表現，考獲Band 1中學。該校以普通話教中文，固然是校方一向對學生的要求，願者上釣，與人無尤；可是，從另一方面我們又會見到名校其實不缺收生，家長和學生面對校方的要求往往處於弱勢。對於這位非華語女孩來說，更是弱勢中的弱勢，最終還是不敵中文的考核。

從這次擇校訊息轉移以及行動，阿文掌握了香港社會「重英輕中」的實況，又明白入讀傳統名校對孩子的前途較為有利，

更明白當孩子受不了學習生活的壓力時，又有甚麼後路對學生最為有利。以社會資本流轉來說，阿文為巴基斯坦鄉里提供了寶貴的教育行情資訊，這正是所謂的「文化資本」，而提供教育行情資訊也為共融館在葵涌社區建立起堅實的名聲，對共融館來說也是一種社區網絡，或可稱「社會資本」的形成和累積。而這類社會資本以不同形式形成或轉化或循環，日後我們將會繼續看見（吳偉強，2018）。

葵涌清真寺 社區「樓上鋪」

透過阿文介紹，筆者認識了葵涌清真寺的教長Maqsood Ahmad，原來教長也是一位士多老闆，士多也是位於屏麗徑，專營巴基斯坦雜貨。由生活所需至宗教心靈，教長與屏麗徑巴基斯坦人士的關係密切。

清真寺的教長（Maqsood Ahmad）也是巴基士多的老闆。

葵涌清真寺是一間樓上鋪。

葵涌清真寺於2002年成立，由私人經營籌建。教長於2005年上任至今。現時葵涌區的伊斯蘭教徒約有400至500人，小孩約有100多人。經教長講解，原來清真寺是一個統稱，相當於天主教在香港分為多個堂區，每個堂區有一個天主教堂，清真寺即每個堂區，有祈禱崇拜的地方，有聚集聯誼的地方，也有學習的地方，所以更準確的稱呼應是"Madrasa"（伊斯蘭教育中心）。教長説：

> 最初都是教阿拉伯語，像abc的，無翻譯的，只是背記。隨着小孩長大，我們會教他們如何與人相處，宗教的看法，對朋輩、對家庭、對社會有甚麼看法，都會教他們品行。基本上，大家在巴基斯坦都有到Madrasa學習，他們來到香港也沒有很大的分別，在宗教教育上不是有很大的分別。最大的分別是，他們習慣在巴基斯坦很free，四周跑來跑去，地方大很多，但來到這裏，地方較少，活動範圍較少，這是最困難之處。

教長常常面對本地華人老師的投訴，因伊斯蘭教學生常辯稱放學後到清真寺上課，不願留在學校補課，教長須常到學校解釋。阿文協助教長翻譯：

有時校長會問，便由教長去解釋。在這一區——大白田區，有些老師會打電話來，或補習時打去中心，找我（阿文）或找我老闆，你們的小孩子是否放學後真的到清真寺祈禱？讀經文？老師問為何學生不留在學校 after-school tutorial〔class〕？

而不少清真寺的負責人，當然包括教長，在這時才有機會向老師解釋：

我們無set死任何時間，甚至學習是一生人的，所以繼續〔留校〕進修是無問題的。

平等時空　共存不共融

後來，我在屏麗徑附近逛逛，訪問了一家麵包小店，問了老闆夫婦幾句。老闆提醒，千萬不可以稱非華語的朋友為「阿差」。有一次，有幾位非華語的朋友來收雪櫃時，他不為意，叫了一聲「阿差」，那些非華語人士馬上說，你不可以這樣叫我，

一群年輕人正在跟導師學習。

我會「隊冧你間鋪」。老闆娘也說：「原來叫他們阿差是很侮辱性的。」

後來，老闆醒目了很多，無論男女，都叫他們「朋友」。

麵包小店老闆娘告訴我，十多年前，因為這區有一所酒吧，所以治安比較差。後來，那所酒吧沒有了，治安改善了不少。而且這十多年來，他們也友善了不少。老闆娘也說得很清楚，由於他們做的麵包是用豬油做的，所以巴基斯坦朋友不會幫襯，不過印度和尼泊爾的朋友是會幫襯的。

老闆再說：「你有你的，我有我的，尤其是食物方面，一定是河水不犯井水的了，他們不可能吃我們廣東任何食品。」

老闆娘也說：「就算請他們吃糖，他們也不會接受的。」

在屏麗徑，據我們所見，有兩間巴基士多，兩所巴基食肆。不過，本地人經營的小店鋪與非華語人士經營的小店都是河水不犯井水的，好像平行時空的兩個世界。

食物是巴裔人士與本地人共融的鴻溝。

我們也經過一所五金雜貨店，老闆說：「也有巴基人士幫襯，但他們的廣東話不純正，其實也不多人來買東西。」

另外，有一間本地人開的士多。老闆說：「他們不會幫襯我們的，因為他們有自己的士多。」

我們只能說，非華語族裔與本地華人，在這裏只是並存，並非共融。不過，至少正如麵包小店老闆娘所說：「我們沒有衝突。」但共融理想仍有漫漫長路。

互相認識　保存自我

這是一個巴基斯坦社區真實生活的一面，當中關乎少數族群在香港本地社區立足的文化「角力」。或者，我們用「角力」這個詞語時，有點敵視和對抗的意味。不過，若我們單用文化「融合」一詞時，又似乎有一種文化面貌定位不清的意思，這詞語是否以一種本土文化為本位，有希望把少數族裔的文化吸納的意義？還是說現時共融館的工作，正是一種造就少數族裔社群與本地人互相認識的過程？

另外，我們可以看見一條「社區一學校」的關係脈絡（Putnam, 2017）。不過，香港的社區環境又似乎較為複雜，少數族裔人士身處異地，不論是第一代新移民，或是第二代土生土長的巴裔港人，不應只參與自身族群的社區生活或只認識自身族群的朋友，還要入鄉隨俗，多認識本地朋友，多用廣東話與本地人交談，多參與香港本地社區的事務，多介紹自身的宗教特色。否則，「種族歧視只會被無限放大。」（任建峰，2020）

最後，阿文的一段話很能道出現時不少巴基斯坦社群的普遍心態：

我未到這NGO工作時，我做鐘錶的。我有很多本地朋友，我們都保持朋友關係，以前踢波時我笑他們很勇，他們笑我們塔里班，大家都不介意。我未入來〔共融館〕的時候，我覺得在香港生活無問題，因為我用我的角度來看，〔我們巴基斯坦人〕個個都識講廣東話，但原來他們〔巴裔同鄉〕來了香港多年，連基本香港的事都不知道。如果我不是接觸人多，剛才的話〔我們訪談的內容〕真是說不出來的。為甚麼？因為我們生活在自己的空間內，無接觸便不知道。

位於重慶大廈頂樓的社區中心

重慶大廈因電影《重慶森林》和人類學家麥高登教授（Gordan Mattews, 2018）的同名著作《重慶大廈》而聞名。我特地到訪位於17樓的「基督教勵行會難民中心」，雖然早已聽過這個組識的名字，但一直以為與非華語中文教育無關，直至聽到Jeffrey Andrews（安德里）這個名字。Jeffrey是一位印度裔社工，可能是首位非華語人士社工，他除了協助難民在香港的生活外，更與不同的少數族裔打交道。

他與本地華人社群及不同少數族裔的交往互動，對非華語學生學習中文實在是經驗之談，更有啟發和導航的作用。

基督教勵行會難民服務中心位於重慶大廈17樓，兩個房間加上廳，地方尚算寬敞。Jeffrey是基督教勵行會難民中心的社工，也是一位曼聯球迷，辦公室放了不少曼聯紀念品。除此之外，還有印度國旗和「鄉港家書」的紀念品。

與Jeffrey的訪談裏，我們明顯感受到社群互動的能量，也可見到本地華人社群與少數族裔之間的接觸、了解、交往等。我們也可以見到，透過教育才能真正做到「共融」。

重慶大廈的外貌（左）以及在天台望向各座之間的中庭（右）。

「少數族裔」這個詞語太複雜

Jeffrey的服務對象是滯留在香港的難民，日常接觸的主要是香港人所謂的少數族裔。他在2019年曾參與選舉活動，這令他對自己的族裔以及對香港的少數族裔有更深刻的理解。

在香港，印度族裔與香港開埠及經濟發展息息相關，還有印度家族在香港晉身巨賈名流階層。可是，任何一個族裔本身也是複雜的。

> 複雜，而且dynamic，例如印度人，我是印度南面的，語言都不同。有人說你要說印度話，我說不是，我說的是泰米爾語，不是印地語，很大分別的，像潮州話和國語的分別。文化、宗教、種族都不同，tradition都不同，整個印度很united？其實不是的，status都不同，還有class system。有些印度人很有錢，有些是middle〔class〕，有些是working class, so dynamic。

印度已經很複雜了，尼泊爾人都有不同的 surname，不同的 class；還有 inequality of male and female，依然有不讓女孩子出夜街的，也不會讓她們讀上去，還有 arranged marriage……

身份認同？「講廣東話，大家都輕鬆了！」

「我是誰？我是香港人。」雖然 Jeffrey 說了一大段有關香港人身份認同的說話：

You and me 都可以做香港人；白種人都得，不是在香港出世的也可……Hong Kong is a mixed society，無論甚麼人過來，welcome！只要你肯努力，貢獻社會，尊重每個人，有香港的價值觀，like an American dream……

可是，這種身份認同的話似乎較為空泛，其實身份認同的具體呈現便是本地人如何對待你？本地人是否認同你是朋友？只要你能說本地語，本地人自然對你放下戒心，當對話雙方都輕鬆了的話，溝通才開始，「共融」才變得有可能。

Jeffrey 說：我也是香港人。

Jeffrey分享了自己的工作經驗，每當雞同鴨講，加上膚色不同時，大家都很緊張。當大家有共同語言，一切馬上轉變。

> 每次我帶一些client去政府部門，他們常說，we always get discrimination, they don't treat me right。我會同他們一齊行，我見到兩面都nervous，但一講中文，輕鬆了，你識講中文，ok，慢慢，you get the way easy。又例如你想搭的士，的士司機都不想停，但當你搭到的士，〔司機〕以為你不懂中文，但你一講中文，便輕鬆了很多，it is really connected……如果我們印度和巴基斯坦人不懂講廣東話，we are lost，永遠都有separation，we won't have a sense of belonging to Hong Kong。Once你識講中文，你同人溝通，人地accept你，this is your home。

一場火災　重新認識香港人

2020年9月，基督教勵行會難民中心失火，Jeffrey和中心急需資金救亡。面對困境下，中心想到向香港人籌款，神奇的事連Jeffrey也意料不到。

> 我們擔心如果要向香港人籌款，香港人會否願意？第一是疫情；第二是重慶大廈，是幫難民的中心，如果是2010年，應該不會幫的了。今次無想過，兩個月fund raising，2 millions，整個單位還原，不單維修這單位，隔離也可以，樓下也可以。香港人support，所以你無得諗（預計不到的），你繼續做番啲好事，香港人是會看到的，無得呃的，所以really the power of people，我們這裏都是無政府資助的。火災之後，今日我們坐在這裏，it is really unbelievable。

「共融」是雙方的。說話溝通只是共融的第一步，如果只停留在聊天，共融只是空泛的。接下來的是在行為上的接觸和認同，甚至財政上的資助。我們可以見到不少本地人參與Jeffrey辦的重慶大廈導賞，這情況固然說明雙方在文化交流邁出重要的一

勵行會難民中心於2020年9月遇上火災後。（相片由受訪者提供）

步。更進一步的是我們見到香港人對難民中心財政上的支援，短短兩個月籌得超過250萬港幣，令Jeffrey和他的工作團隊驚訝不已。當中，可能是香港人對少數族裔的支援，也可能是對Jeffrey Andrews這位少數族裔社工明星的支持，尚待仔細研究討論。

可是，在這次成功的籌款事件中，讓Jeffrey及協助少數族裔的社區人士看到，其實香港人仍是願意協助有需要人士的，只要你真心希望幫助香港。所以，香港這片土地仍是眾人的家園。以往，大部分華人可能在不認識的情況下，對少數族裔的生活視而不見，或不願意接觸他們的生活。不過，當對他們的生活多加了解後，香港人還是很願意伸出援手的。不論你是甚麼膚色、族裔、立場，只要你是香港的家人。

與其向政府求助　不如自己動手

Jeffrey說，難民中心沒有接受政府資助，所有收支自負盈虧。以往他常要求政府做甚麼甚麼，經此一役後，他深深感受到人民的力量，並了解到與其向政府和富人求助，不如自己動手做。

由於香港人的籌款，難民中心得以重新裝修。

在新冠肺炎疫情期間，Jeffrey 開展了不少工作，都是自發的，他明白自己的事得自己做。

我說，不要等政府，不要等有錢人，我們做咗先。I am very proud of my facebook page，很多香港人 join，三次〔活動〕都……一次 45 個，第二次 93 個，第三次都 35 個。疫情很悶，我們〔辦活動〕一齊 learn history，you can see the beautiful thing of Hong Kong。你可以見到 cemetery 基地，〔環境〕同以前差很遠，可以行；tomorrow 帶小朋友 come upstair，看看少數族裔的 history of war and contribution of Hong Kong。我同我的同鄉，South Indian 1880 年已在香港（筆者按：印度族裔早於 1880 年已在香港落腳）。有些人說，"Jeff, go back home"，回鄉啦，但我說，其實我很多同鄉在香港，比很多香港人還要久。

Multi-cultural Hong Kong is from long time ago。以前我常要政府要甚麼，做甚麼，但我學曉現在逐步逐步自己可以做甚麼，便做甚麼。慢慢多了 support from 機構，now I believe power from people。

Jeffrey組織志願人士清理墓地。（相片由受訪者提供）

少數族裔的未來在教育

Jeffrey跟所有少數族裔人士的意見差不多，都認為學好中文才能在香港生活。他一方面對於自己只能聽講廣東話而慚愧，另一方面他認為非華語生透過GCSE進身大學的策略只是把問題拖延數年而已。

> 大家知道它是一個小三的水平，that is a problem, it's a real shame為何我今天仍不懂看、不懂寫中文，because of the school system，小六到中一便沒有了。I really want to read and write……我很開心，我有些client是非洲籍的難民小朋友。他們過來，識看我的中文字，amazing！It is the generation, this is Hong Kong。我們想看到的，是每人都有機會學好中文，這是我們的special identity，我們講廣東話，上海人講上海話，your own unitedness。

對少數族裔學生而言，何謂學好中文？這也是本書探討的核心問題之一。「以中文為第二語言教學」似乎是對非華語學生最有利的策劃。可是，香港特區政府一直以次等貨色視之，並沒

有搞屬於香港本土的二語課程。而且他也很明白現時學校非華語中文教學的現況。

> 如果你要make Chinese as a second language，加埋老師都要識教Chinese as a second language，這是最重要的，不是只有一個華裔人教中文；〔教少數族裔〕本身跟你教一個華裔人是不同的，回家後小朋友應該知道foundation，但少數族裔甚麼也不懂，要一個cultural compentence, cultural intelligence and chinese as a second language technique。好像你去美國學英文，they have a way to teach foreigner，這是最重要的。如果你把中文的學歷水平搞得好一點，今日應該也不用"ethnic minority"這個term，相信將來很多少數族裔的中文能力一定比我好，比利君雅好，再不看甚麼膚色，就好像你們一樣，做到一般的工作。

然而，香港特區政府投放資源的策略和方向似乎都出了問題。政府只懂得向有錄取非華語學生的學校發放津貼，至於舉辦的非華語共融活動，只流於玩樂娛樂性質。

> 今日我們帶你去海洋公園，完成了一個event、culture show；去Heritage Museum學下culture……that is the problem。This service level永遠都解決不了我們這個問題。

我們期望「對話」

香港現時面對各種各樣問題，要怎樣解決？Jeffrey認為只有對話才是出路。

> 我明白150個國內新移民（編按：單程證名額）和少數族裔過來的情況是複雜的，這是我們必須一齊同政府有個對話的。我們都是在一個很細的城市，in a long run，是否sustain到？我們要同政府對話

……今日香港有咁多問題，因為我們都沒有對話的機會。十多年了，97之後都無談過這個問題，香港繼續這樣行，可以嗎？疫情下，可否讓我們有個機會停一停，政府現在交個波給你們，有無這個對話，能否和年輕人對話？

Jeffrey只希望少數族裔最終在香港社會有自己的代表，有自己的聲音：

> 所有人都有代表，但少數族裔為何無？why not？他們不能說我們too small，〔人〕其實都幾多，你見到我們的birth rate都高的，愈來愈多。But at the end of the day，代表我們的是ourselves……It is actually Jeffrey，或某一位少數族裔，我可以返去我的community，I can know more。

「駛」出個未來 佐敦尼泊爾社區的形成

石崗和佐敦是兩個尼泊爾人聚居的社區，為何由石崗至佐敦，而尼泊爾44%總人口都集中在九龍西？如果我們再仔細一點，九龍西主要集中在佐敦一帶，在尖沙咀很少的，而佐敦區域則是由上海街，柯士甸道，柯士甸站行出來，在寶靈街一帶，方圓不足兩公里之內，最北至甘肅街，南至柯士甸道，不超過彌敦道，亦不會越過天璽，是一個很固定，很細小的區域。

筆者曾聽聞一個有關佐敦尼泊爾社區形成的傳說故事，當中充滿了偶然性，有待證實。

> 香港回歸後，啹喀兵就地解散，部分士兵到汶萊，亦有土生土長的留在香港，定居下來。第一個尼泊爾社區就在錦田，因軍營就在附近。至於第二個尼泊爾社區形成是由於有一路巴士68x，起點在元朗，加上尼泊爾人不熟悉香港，到終點便是佐敦道碼頭，到碼頭便找住

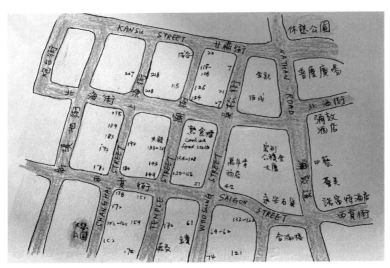

尼泊爾人活動的範圍在一個很固定很細的區域。

的地方。聽以前街坊說，以前尼泊爾人找房子是找不到的，因為地產商不懂英語，油麻地不講英文的。結果行到上海街的樓梯底，有一間很狹小的地產中介，有個阿婆剛坐在那裏。可能無生意，於是答我幫你找……後來，所有尼泊爾人都找這位婆婆找房子。而一個尼泊爾的社區就以一位阿婆的步行距離形成了。佐敦的尼泊爾社區在1997至1998年在佐敦形成。現時佐敦尼泊爾社群有自己的報紙、電台、理髮店、旅行社，一應俱全……

阿婆的故事雖然並沒有真憑實據，然而在佐敦我們確實見到各式少數族裔開設的店鋪，在一個小小的社區裏，真的是五步一樓，十步一閣。當中，我們可以從族群交往的角度理解。不論尼泊爾社區在哪裏形成，我們見到的是交通費用和房屋租金對社區形成的關鍵作用。

據「香港尼泊爾聯會」（Hong Kong Nepalese Federation）總顧問（Chief Advisor）Gurung Rita 分析，這故事的真實性不高，

香港尼泊爾聯會總顧問Gurung Rita。

因為由石崗至佐敦的車程太遠，中間經過的社區太多，獨選佐敦的機會不大。反而，佐敦接近另一個英軍軍營槍會山。回歸後，尼泊爾人除了回國外，都到中環、金鐘、尖沙咀找工作。可是，由於這些市中心地區的租金太貴，而佐敦毗連市中心地帶，租金較平宜，加上當時還有渡海小輪，交通費也較便宜，順理成章便在佐敦找住房。

　　除此之外，一個社區的形成，都是經由經濟活動帶動，而佐敦一帶同樣由尼泊爾人士的衣食住等經濟活動帶動，後來演變至社區訊息脈絡，包括孩子的教育、家庭問題輔導等。

兩宗新聞讓尼泊爾社區「現身」

　　2020年11月15日是尼泊爾的第二大節日「提哈節」（即印度人稱「提燈節」），有尼泊爾家庭在油麻地一家二樓餐廳慶祝節日，並替家中小孩慶生。由於餐廳違規經營，加上防火意識薄

衣、食、住依然是少數族裔社區的經濟基礎。

弱，導致7死11傷的火災。這場火災除了引起香港人對油尖旺區舊式大廈防火系統的關注外，也引起香港人對非華語人士社群的關注。

2021年1月，全球新冠肺炎疫情持續，香港出現第四波疫情，很多個案在油尖旺和佐敦區域出現，特區政府更七度封區，區內居民生活大受影響。[1]這也是另一次吸引香港人眼球的事件，而這個區域也正是香港尼泊爾社群在佐敦聚居的地域所在。

這兩宗新聞，涉事的少數族裔都徬徨無助。尼泊爾社群固然看不懂中文，至於巴基斯坦的婦女可能連英文也看不明白。他們完全不知道香港社會發生的事情，連政府封區的詳情也不知道。

---

1. 2021年1月香港第四波疫情持續，共有179宗個案來自油尖旺及佐敦區，特區政府共七次突擊封區，由核心受限區域劃出檢疫區，北至北海街，東至廟街，西至新填地街，南至寧波街。

在封區期間，為不同族裔而製作的海報。

另一位尼泊爾裔社區幹事Judy投入大量時間和心力協助區內少數族裔。她甚至有一天的工作只是不斷打電話，直接聯繫區內少數族裔，讓大家知道自己的情況，以及替大家找尋求助對象。

社區幹事：自己社區自己幫

Judy，原名Gurung, Indra（Judy），中文名：黃蕊，來港接近25年，父兄都是啹喀兵，住在石崗。她則由於有自己的店鋪，也曾有自己的生意，所以早已搬到油尖旺社區。她懂英語、廣東話及尼泊爾語，對於她聯絡尼泊爾人有很大優勢。早在她還在做自己的生意時，已關心少數族裔年輕人的教育和生活。可惜，她的生意並不順利，幾年之後便結束了。

之後，她在不同的社區組織服務，現時（2021年）是油尖旺區議員的社區幹事，專責少數族裔社群的聯絡工作。雖然，Judy懂廣東話，但我們還是以英文面談。她說自己的英文比中文好得多。

I have worked in different organizations. My job is to assist the social workers, so I face many Nepalese, Pakistan. They come to

Hong Kong when they were very young. I know their family difficulties. First, they don't know how to go to school. The first part of my job is to send them to school. A part of my job is to promote the school, but at that time, there was only limited choice for them, either Cantonese class or English class, but only for EM (ethnic minority), only Islamic school. 〔我在不同的組織機構工作過。我的工作是協助社工，所以會面對很多尼泊爾人、巴基斯坦人。他們很小的時候就來到香港，我知道他們的家庭困難。首先，他們不知道怎樣入學。我首個工作中就是要送他們上學。我工作的另一部分是替學校做宣傳，但那個時候，只有有限的選項給他們——粵語班或英語班，但僅限EM，只有伊斯蘭學校。〕

尼泊爾商店在佐敦社區隨處可見。

我覺得this can't help anything. You teach in your language, but you have to work in Hong Kong〔in the〕future with the Hong Kong people. So when the family asks me if there is any suggestion, I ask them to choose the Chinese one. I know it may be hard at first, but you will have a happy future. 〔我覺得這無濟於事。你用你的語言來

教導，但你未來要在香港與香港人一起工作，所以當那些家庭問我有什麼建議的時候，我會要求他們選擇中文班。我知道開始時可能會辛苦，但一個開心的未來。〕

Judy很期望同鄉選擇本地學校，因為她曾親眼見到少數族裔的孩子入讀以往的指定學校，放學後往往流連街頭，甚至濫用藥物，荒廢學業。她又曾在本地津貼學校擔任助理工作，見到的卻是另一番光景。校方有為學生輔導，並制訂升學及擇業的計劃。她認為這樣對少數族裔的年輕人來說，是非常合適的。

廣東話──是天使也是魔鬼

當談及尼泊爾社群面對最大的問題時，Judy不用思索便說，不諳廣東話是尼泊爾人在香港生活的難關。除了學生必須學習中文和說廣東話外，其他家庭成員，尤其家長輩更須急切學習廣

Gurung, Indra (Judy, 黃蕊)

東話,因為廣東話的功用除了是適應香港生活的媒介外,更是避免老少世代矛盾的良藥。

　　不少尼泊爾家庭老一輩的家庭成員,常用語言都是家鄉話,可是家中年幼的孩子在學校已學懂一口流利的廣東話。本來這是一件可喜可賀的事,但同時老少在家操不同的語言,卻可能是導致衝突的根源。Judy 就見證過不少家庭的衝突。

在佐敦街頭隨處可見學習中文的海報。

　　I know the integration for them not only in the class... but also the integration in the family, because I know some of the students come for Cantonese class, after backing home, they just speak their language, because their parents cannot speak Cantonese, and they are doing very low class job, that's the problem why they come back. I know some kids, they really don't communicate with their family.〔我知道融合對他們來說不僅在課堂上……在家庭中也一樣要融合。我知道有些學生來上廣東話課,回家後只會説他們的語言。因為父母不會説廣東話,而他們都做着非常低層的工作。這就是為什麼他們會回來。我認識一些孩子,他們真的不與家人溝通。〕

Judy曾經與一位尼泊爾年輕人談話，發現這位年輕人的廣東話比自己還要好，但他卻道出了自己已經不肯與家人溝通的原因。

Because I am the Hong Kong local, but they speak their own language. They push me to Nepal even I can't speak Nepalese. 〔因為我是個香港本地人，但他們說自己的語言。即使我不能說尼泊爾話，他們還是逼迫我去尼泊爾。〕

Judy對這位年輕人所說的話感到驚訝，並指出其實家庭成員，尤其老一輩的成員更需要學習廣東話。

Wow, their voice〔accent〕just like Hong Kong people, they don't like to talk with their family ... they speak very good Cantonese with their teachers. When they go back home, they〔parents〕won't speak Cantonese, and I think the family needs to know some Cantonese.〔哇，他們的口音就像香港人。他們不喜歡和家人說話……他們和老師用很好的廣東話溝通。當他們回家時，他們（父母）不會說廣東話。我覺得這些家庭也需要懂一點廣東話。〕

作為社區幹事，Judy早有計劃協助區內少數族裔家長，就連書本和志願導師都已準備就緒，無奈新冠肺炎疫情持續，使計劃擱置。此外，她認為除了自己所屬的政黨社區中心外，教堂也是一個好的社區組織。她自己的廣東話也是在教堂開辦的廣東話班學成的。

And also I see the integration in church. On Saturday and Sunday, and also the holidays, they have some activities, not only for Nepalese, some activities for learning Cantonese, I think that one is a great idea. I also learnt my Cantonese in Church ...〔還有,我看到教會也有做融合。週六、日,還有假日,如果他們有一些活動——不只是為尼泊爾人而設的,有一些學習廣東話的活動——我認為那是一個很好的主意。我的廣東話也是在教堂裏學的......〕

Changing their live in a good manner, learning some manner and also improving yourself in Cantonese.〔以良好的方式改變他們的生活,學習一些禮儀,並且改善自己的廣東話。〕

Judy在香港多年,明白只有學習廣東話,並改變自己的想法,才能融入香港的生活,成為香港人。她常常對新到港的尼泊爾同胞説:

Nepalese newcomers in Hong Kong, you start to make money? No, you start to speak Cantonese, find a government job, try to change your mind:this is my city, I have to love my city. I belong to this city. For your life is easier.〔新來港的尼泊爾人,一來到就開始賺錢了嗎?不,你要開始説粵語,找份政府的工作,嘗試改變你的想法:這是我的城市,我要愛我的城市。我屬於這座城市。這會使你的生活輕鬆容易一點。〕

經過多年努力,她終於見到點點成果,不少尼泊爾同胞都有所轉變:

I am very happy, some new generation have changed. They are similar to Hong Kong (people), they say sorry. You know Nepalese is difficult to say sorry.〔我很開心,一些新一代已有改變。他們和香港人一樣,會講對不起。你知道尼泊爾人是不輕易講「對不起」的。〕

由於居住環境擠逼，不少少數族裔經常流連街頭。

住屋問題困擾港人，更困擾尼人

住屋問題，一直困擾特區政府和香港普羅市民，對於尼泊爾人也不例外。我們可見的是由住屋問題，引申至家庭糾紛，甚至是生命安全問題。

在油尖旺區，少數族裔的居住環境狹窄，主要是住在劏房，而且這些都是所謂「三無大廈」，危機重重。[2]在狹窄的環境下，加上父母都要出外工作，不少少數族裔的孩子都被逼流連街頭。

據Judy的觀察：

---

2. 所謂三無大廈是指：無業主立案法團（法團）；沒有任何形式的居民組織；沒有聘用物業管理公司機（物管公司）的大廈。見《政府公報》，2020年1月15日。

The problem is also the housing problem. Because the kids don't want to stay at home. They go to the park and they go to work. They can't breathe. The house is pushing them out, so they stay in the parks. One of the social workers asked me why the teacher finds teaching them, guiding their manner, attitude and discipline so difficult……the house pushes them to go out. They are in the park until 11 pm. 〔這個問題也是個住屋問題，因為如今的小孩都不想待在家。他們去公園；他們去上班；他們無法呼吸，房子逼着他們出去，所以他們待在公園裏。一位社工曾經問我，為什麼老師覺得教導他們學習，指導他們的舉止、態度和紀律十分困難……房子迫使他們走到街上去，他們在公園裏，一直待到晚上11點。〕

此外，三無大廈的安全隱患也令人擔心。去年11月的火災後，不少人意識到油尖旺區老舊大廈的安全問題。當中不少情況也令Judy大吃一驚。她說：

Nil-buildings: no security guard, no one following, no fire prevention, more than 600 buildings in 油尖旺……and electric meter, now the government will check. More than 1,000 electric machines are already 100 years ago. 〔三無大廈：無保安員，無人跟進，無防火設備。油尖旺有600多棟這樣的大廈。現在政府會檢查電錶，超過1,000多台電力裝置已經是100多年前的了。〕

她非常明白，任何社會都有貧富懸殊情況，但談到生命安全問題，似乎大家都應該是公平的。

Every city has the division〔between〕rich and poor, but health and safety issue should be equal for everyone, no difference〔between the rich and the poor.〕〔每個城市都有貧富之分。但健康和安全議題對所有人都應該是平等的，無分貧賤。〕

對香港默默貢獻的無名英雄

尼泊爾新移民普遍以香港為家，視自己為香港人，並把自己的能力默默貢獻。Judy一段話道出尼泊爾新移民現時在香港的境況。雖然他們們從艱辛而又令人厭惡的工作開始，然而，他們都期望慢慢提升生活質素。

If we think about it, Hong Kong has cleaner streets and roads compared to other Asian countries, because Hong Kong always has invisible unsung heroes such as Nepalese aunties and uncles cleaning streets every day in every weather. 〔如果我們仔細想想，相較於其他亞洲國家，香港有較潔淨的街道與道路，那是因為香港總有隱形的無名英雄，比如尼泊爾阿姨和叔叔，不論天氣每天在打掃街道。〕

佐敦官涌街市附近常聚集尼泊爾清潔工人。

「快樂之邦」植根九龍城　泰籍人士的習性

　　九龍城滿街美食，泰國菜館更是林立，不少泰國菜館都是由泰籍人士主理。而城南道附近更有許多與泰籍人士生活相關的店鋪，士多、辦館、泰式按摩店、找換店、佛教用品店等，不一而足。

泰國人的生活習性　優哉悠哉

　　居住在九龍城的泰國籍人士，以新來港的較多。而且新來港的泰籍父母都沒有好好準備未來的生活。據長年在九龍城服務泰籍人士的宣道會宣教士黎李翠玲師母（黎師母）說：

> Thai，意謂自由，泰國即自由之邦。他們〔家長〕不懂怎樣去安排，因為在泰國就沒甚麼危險的，在村裏，在田野，小孩子真是周圍自己玩，

泰國佛教文化在九龍城城南道一帶隨處可見。

但香港有很多車，他們不aware。他們多數住在鄉間，曼谷都有的，但多數住在鄉間。而且多數外省，泰國好大，只是曼谷都九個香港咁大。

泰國新來港人士通常都在潑水節之後到港開展新生活，對於成年人來說，這時間並無問題，可是對於小孩子的學業來說，卻是極不合適的時機。不過，據黎師母說，泰籍小孩實在常常在這時候到港，所以黎師母的工作便是替這群小孩找尋學校插班，而區內的天主教溥仁學校與黎師母合作無間，也錄取不少泰籍學生。

泰國籍家長確實對子女的教育不太重視。黎師母說：

> 泰國人不太重視教育，〔孩子〕常常曠課；他們大部分又很晚睡覺，問題很嚴重。小孩子晚睡，因為爸爸媽媽11時或12時才放工，常常等爸爸媽媽回來。睡覺是12時之後，這對他們學習實在是一個很大的困難……泰國的民族性優哉悠哉，好難委身投入工作。

泰國佛教文化在九龍城城南道一帶隨處可見。

由零開始　教好中文

九龍城區內錄取不少泰籍學生的是獻主會溥仁小學。幾年前，黎師母曾到溥仁小學協助開設功課輔導班。而且她還找來自己的教友陳老師——一位提早退休的小學校長，本身是中文科教師出身——幫忙。高峰時，溥仁小學有接近40個泰籍學生，而且溥仁小學的非華語中文課程都是由陳老師草創的。

獻主會溥仁小學錄取區內不少泰籍學生。

初期溥仁未有甚麼課程，完全由我自己去編排，頭一年都是如此。到了第二年，她們〔溥仁〕取得一些基金〔撥款〕，使得她們的老師都要做一些課程編排。他們很用心，編排了一個兩年的課程；編排了課程之後，便要跟住課程去教。他們確實很用心，總之每個單元都夾雜了聽、講、讀、寫——他們覺得小學應該要學的東西，不會太深，但又可以fit到他們的，便放入去。我一心只是希望幫師母set一個課程，然後找到人幫她教。溥仁那邊我做了兩年，我set的東西做好了，所以便退出來，在教會幫她忙。

至於在宣道會泰人恩福中心，不少孩子由零開始學習，由於媽媽是過埠新娘，無能力支援孩子學習中文，也由於是過埠新娘

泰人恩福服務中心是九龍城區內最早成立服務泰籍人士的志願機構。

之故，通常不會考慮孩子入學的時機便到港。陳老師憶述泰籍小孩子到港適應入學的困難。

> 他們通常都是在九月之前過來，不定期的，不知道他們何時過來，好的話便有幾個月適應期，不好的話便在九月才過來讀。他們甚麼也不懂，中文不懂，英文也不理想，要想怎樣去教⋯⋯現在我教的這一群就完全無認識，對中文是零的。有些好一點，他們住在城市的，如曼谷，英文程度會好一點，又或是年紀大一點的，他們的英文程度會好一點，可用一些簡單的英文，我的教材有些英文，同他們溝通時我會用一些簡單的英文，他們也會明白。

在香港，入學最佳的時間自然是九月，如果孩子是九月前到港，起碼有幾個月適應香港的學習生活。可是，也有學生於九月後才到港的，若果家長找不到合適的學校，孩子可能有一段較長的時間「宅」在家中。陳老師分享教授三位新來港的泰籍小孩，其中一位七歲的新來港泰籍小孩子，學習中文時艱辛萬分的境況。

　　有個最細的，大概七歲，她在泰國也未學怎樣寫泰文。就算她看泰文也是聽而已。我只能用圖文跟她溝通。但我也照舊用聽、講、讀、寫的方法處理。當然，如果他們不明白的話，我都是用圖表的……就算你用中文翻譯為泰文，她也看不懂。

　　如果泰籍家庭身在曼谷，還是比較好的，起碼是大城市，對教育較為重視；若果家庭來自鄉郊，父母文化水平不高，不要說英語，孩子可能連泰文也不明白。加上，泰籍人士對學習並不熱衷，家長也不會催逼孩子學習，所以學生的成績進步較慢。

　　女孩子的英文不行，例如我簡單的跟她說 "sit down"，她也不明白。用英文溝通也不行的時候，我便不用語文；因為語文很奇妙，英文一通，中文都會明白。既然她的英文不通的話，我便用一些簡單的中文同她說話。最細那個再簡單一點。比如說，大的兩位我可以教得深一點，如數序，前一陣子教他們認一些中文字和亞拉伯〔數字〕的配對。〔年紀較細的〕那個較為簡單，教一至十而已。一些簡單的雙數和單數也會教他們。又例如一些較深的中文數字，大的那兩位會由一寫到一百，小的便由一寫至十，寫中文的小寫。

　　陳老師建議這七歲小女孩先讀幼稚園高班，待她適應後，才轉讀小學。這小孩入讀小學時將會約八歲，一定比同齡學生為大。她也表示，泰籍學生在香港教育制度下，是沒有成功感的。而陳老師希望做到的，就是讓他們覺得中文是不難的，能學得開心！

即時傳譯　謹慎選校

　　除了協助泰籍學生克服中文的難關外，小學升中選校也是一次不容有失的難關。黎師母為了讓泰籍家長和學生選擇合適

的中學，特意為溥仁小學旳的小六家長講座，擔任中文即時傳譯，為家長和學生提供擇校資訊。

> 他們要選適合程度的中學，我們很好，有15個在溥仁泰籍學生升中。當中有6至7個去到自己想去的學校。當然我們協助他們選校時，會選一些Band 3頭，Band2尾的，不可能Band 2頭或Band 1的。例如他們去了土瓜灣的聖母院書院讀書，在消防局後面，都是溥仁的獻主會主辦的。我見他們都適應得幾好，〔參加〕多了活動。

家長教育——晚上托管刻不容緩

黎師母認為，「家長教育」才是協助小孩子融入香港本地文化的根本。

> 我常常同家長溝通，他們很窄〔視野〕，只顧同小孩子玩，來來去去都是泰國的生活模式。這樣他們〔孩子〕不會成長，以及日後他們在香港會好唔掂！

> 我常常同家長講，他們是泰國人，但他們在香港也要做香港人。不要看他們是企堂，他們會做一隻「鑊」（天線），看泰國電視。一看泰文便不會看中文，你中文怎辦呢？我常叫他們不要做這件事，但多數都仍然有。加上現時有YouTube，連「鑊仔」都不用了。我要幫他們的阿媽，要他們開放一點。

黎師母常常勸告泰籍家長不要只看眼前小利，孩子的教育才是長遠投資。

> 我常告訴爸爸媽媽，放棄一至兩年的工作時間。你用一兩年的時間，培養好的習慣，並支持他們。剛來香港其實很辛苦，講唔識講，聽唔識聽，上課唔知做甚麼，又差過人！

很可惜，泰籍人士就是習慣優哉悠哉，父母到香港生活全無計劃，到港後為了工作，獨留子女在家也常見，甚至導致不少悲劇。有一次社區組織會議，九龍城樂善堂問及黎師母有甚麼需要，她說托管是最重要的。

> 很多小孩子，獨留家中。我好 sad。有兩位小孩子在街上被車撞倒，斷了腳。

> 他們的家長很大膽，任由一個三年級的哥哥帶着一個中班的弟弟在街上玩，到外面買東西，接着便車斷了腳。另外有一個孩子，在小二已經被獨留家中。我們識他的時候已經是中一，他都已留在家兩年。除了過度活躍外，他也有很多問題。

面對一連串青少年、家庭問題，黎師母與社工還要常常到九龍城的球場巡視，以免孩子與黑社會搭上。所以黎師母認為，晚上為泰籍孩子提供活動場地和活動是刻不容緩的。

九龍城重建在即　繼續服侍泰人

九龍城重建計劃現已開展，地鐵宋皇台站亦已開幕，沙埔道重建計劃也開展多時，黎師母所屬的泰人恩福服務中心已是第二次搬家。加上地鐵屯馬線開通，推升九龍城住屋和店鋪的租金，不少泰人被逼搬離九龍城，另外區內的店鋪也有30%結業。她擔心九龍城區的泰國特色將會減退，不過即便如此，黎師母對泰籍人士的承諾依然不變。

> 我會跟着那些泰國人，他們移居到哪裏，我便去哪裏！因為我專服務泰國人，我會跟着他們的。

小結——大都會下的隱藏社區　出人頭地靠中文

當我們在少數族裔社區遊走，與當地服務少數族裔的社區領袖、社區幹事傾談之後，可以從他們不同社區的生活環節裏，包括：宗教、飲食、職業、家庭、教育、語言等等，見到少數族裔在香港與本地文化的互動及其身份認同。

宗教

宗教是少數族裔在社區生活上的重要元素，它可能是一條民族衝突的導火線，也可能是融合本地社區生活的脈絡。香港是一個宗教自由的城市，但縱觀世界，宗教常常是民族衝突的導火線，尤其當不同宗教背景的人互不理解時最易出現。巴基斯坦裔多信奉伊斯蘭教，可是本地華人大多缺乏相關宗教的知識，也欠缺與巴裔人士的溝通，甚至有本地華人把伊斯蘭教和伊斯蘭國混為一談。也由於伊斯蘭教要求穆斯林每天祈禱五次，不知就裏的本地華人以為這是伊斯蘭教的天條，不能修改，不能逾越。經過不少伊斯蘭的教長講解後，終於釋除了不少華人教師的疑慮（有關伊斯蘭教長講解伊斯蘭教教義和規條，可詳見本書第二、第三及第四章）。

另一方面，我們可以見到，九龍城專門服務泰籍人士的宣道會泰人恩福及服務中心，宣教士、社工、語文導師一起在中心工作，為泰籍人士學習語文、升學、崇拜、集會提供平台，該中心也與不少本地學校和社區機構聯繫，為泰籍人士牟福利，為社區融合貢獻。

飲食

　　飲食是一種很容易讓不同族裔交流融和的媒介。一場豐盛的宴會最容易打破眾人的隔閡。香港人喜歡全球美食，「以食會友」更是本地華人常用的交誼手段。泰國菜、越南菜、印度菜都是港人摯愛；中國菜也是馳名中外的。可是，由於宗教的規條，伊斯蘭教要求穆斯林規守齋戒月和清真飲食，這卻是本地華人與巴基斯坦人難以融入的關卡。

　　在葵涌，接近穆斯林聚居的社區，有士多老闆和麵包小店老闆娘表示，大家無衝突，但也沒有交易，沒有交往。差不多任何中國菜的烹調都涉及豬油，可能這正是穆斯林不沾中國菜的原因。在中國這個愛吃的民族裏生活，「吃」的缺席實在導致本地華人與巴基斯坦人在共融上有所缺憾。

職業

　　少數族裔新移民普遍從事體力勞動工作，巴基斯坦裔多從事看更或搬運；尼泊爾人同樣從事運輸、清潔；泰國人也是從事運輸、飲食業等。少數族裔中也有年輕人讀書不成的，加上2020新冠肺炎疫情影響下，都紛紛加入「密密送大軍」。

　　固然，少數族裔當中也有經過多年努力，終於擁有自己店鋪的。我們可以在九龍城城南道見到泰式食肆成行成市，老闆和大廚都是泰國人，他們也樂意聘請泰國人。在泰式菜館中，隨時會見到中文泰文對照的招聘廣告，也隨時會聽到店員以泰文對答。在屏麗徑，你也能見到不少專營印巴食品的士多、食肆、鞋店、

理髮店等，他們的生活自然較新移民較為寬裕。不過，你可能會發現少數族裔都偏向請自己人，本地華人不懂南亞語言或泰文，無從知道當中的訊息，又或許印巴籍的老闆從未想過會有華人應徵。

雖然未必每位少數族裔新移民經過努力都能脫貧，但是老一輩的少數族裔或第一代新移民都有一種感覺，在香港的生活遠比自己故鄉好，所以不少父母到港之後，都申請子女到港，不論任何族裔，這都是常態。

家庭

雙職家庭（父母同時出外工作）在香港本地華人家庭極為普遍，當然本地華人家庭的支援普遍是不錯的，例如聘請家傭，甚至祖父母協助照顧子孫等。至於少數族裔家庭，不論是泰國籍、尼泊爾籍，還是菲律賓籍等，雙職家庭也是常態。加上家長的工作時間長，工作又以體力勞動為主，泰國籍、尼泊爾籍和菲律賓籍的家長較容易疏於管教。而且，少數族裔對子女教育的着重程度，一向不及華人和印度人，所以也容易給人一種放任的感覺。

至於巴基斯坦裔家庭，通常只是父親出外工作，母親留在家中照顧家人，但巴裔人士重男輕女的思想較本地華人更根深柢固，家庭重視男孩子的權利遠大於女孩子。母親對兒子在校的情況，其實也無權過問。只有父親或宗教長老才能壓制男孩子。不少教師每年派發成績表時，非華語學生家長不是缺席，便是只有母親出席，而且母親通常連英語也聽不明白，要學生翻譯。有資深教師給後輩建議，當你真的希望見家長的話，你必須堅持見父親，尤其巴基斯坦家庭，效果是明顯的。（有關非華語學生學習的情況，可詳見本書第三及第四章）

語言

在少數族裔社區，語言溝通是一個複雜的現象。有關語文的問題，我們還會在各章節碰到的。少數族裔與本地華人溝通的語言自然不離粵語和英語，不過我們還可以觀察到一個有趣的現象。當本地華人遇到外國人，不論任何膚色，通常一開口便主動說英語。當然，這視乎本地華人的英語水平。在少數族裔聚居的社區，香港本地居民的英語水平有限，與同一社區聚居的少數族裔，不論生活和工作，溝通的共同語言當然是粵語。

至於在家中，少數族裔的常用語言也是一個有趣的現象。通常新移民家庭也會用本國語或本鄉語，就算不少社區幹事或宗教領袖勸告新移民家長犧牲一些休息時間，多看本地電視節目，營造粵語的語境，讓子女儘快融入本地社區生活。可是，勸說歸勸說，身體最誠實，不少少數族裔家長還是安裝天線，收看本國的衛星電視、收看本國的電視節目；當然，YouTube流行之後，連安裝天線也省卻了。

教育

我們也見到有些個案，有巴基斯坦家長意識到子女的教育和前途，不但堅持讓子女入讀本地文法中學，還堅持在家與子女用粵語溝通，最終這位巴基斯坦裔的女孩子——軒拉老師，竟成為中文科教師，回饋巴基斯坦裔，教導他們學習中文（有關軒拉老師的奮鬥故事，可詳見本書第六章）。

也有巴基斯坦家長為了提升子女的英語水平，在家中與子女講英語。可是，家長受制於自己的英語水平也不高，就算在家多講英語也未能提升子女的英語水平，反而令子女的母語消

失了，這班小孩的母語、英語、粵語也不好，弄巧成拙，孩子變成一朵失根的蘭花（有關故事可詳見本書第三章「葵涌男校」一節）。

還有尼泊爾孩子在學校學習了粵語和英語後，反而與家長的關係愈來愈疏離。家長不肯學習本地的語言，在家堅持用尼泊爾語，而孩子的英語和粵語愈來愈流利，甚至覺得父母不能與香港的新生活接軌。外語學習和家族傳統在此形成一種難以言喻的矛盾。

「在香港活得實在不容易，在95%的人口是華人的地方出現十分引人注目，即使沒淪落為種族歧視的對象，也一定會在香港環境中有『他者』的異樣恐懼。」（Gordon Mathew, 2013）正如麥高登教授説，這種他者的異樣恐懼，使少數族裔屈處於自己的社區。但也正如不同的社區幹事和領袖所説，大家都是香港人，雖然少數族裔的生活習慣與本地華人不同，但這些生活細節似乎還應予以互相認識、體諒和欣賞，而非老死不相往來。

不過，我們也見到年輕一輩互相體諒、通融的態度。有本地學生為了遷就巴基斯坦同學，在班會旅行時，由班長設計無豬肉餐單；又全班到日本交流時，也從不點與豬肉有關的食物。其實，對於年輕人來説，他們的創意無限，只要把難題告訴他們，給予他們空間，必定想出解決的辦法。（相關故事可詳見本書第四章「我的班上來了個非華語學生」）

本章將以學校內的「社群」（Community）為另一個切合點[1]，論述教育界作為一個「場域」（Field），學校之間、同學之間的相處、競爭及互動情況。[2]

所謂學校內的「社群」（Community），指的包括教師、學校行政人員、學校合作伙伴、本地華人學生，以及少數族裔非華語學生等。教育作為一個「場域」，當中獨特的競爭或遊戲規則，以及專門利益，最具體的是透過教育場域競爭得來的學位和文憑，是文化資本的體制形式。（Bourdieu, 1997）

關於眾多人脈關係和文化資本的互動，筆者將以學校的語言環境為切入點，析述少數族裔非華語學生與校內其他社群相處的遭遇。一來語文學習在學校任何時刻都在進行中；二來語文學習也最能具體呈現非華語學生融入本地文化的程度，只要觀乎學生與老師和同學的交談，便一目了然。

研究非華語學生與學校，不可不知一個業界術語——「學校濃度」。這個術語是學校社群中一個重要的組成部分，而且學校濃度與非華語學生學習中文的成效，以及融合本地社區生活，也是密不可分的。

---

1. 有關學校與社群（Community）的關係，以 John Dewey 的學校與社會、Gail Furman 的 *School as Community*、T. J. Sergiovanni 的 *Building Communities in Schools* 的論述最為詳盡。

2. 有關場域的論述，以法國學者 Bourdieu 最為完整，他認為場域是一個鬥爭場域，而場域內的個體透過一連串反覆抗爭、討價還價、妥協，達到一種類似生態學的平衡狀態。轉見吳偉強（2018），《逆轉力》第四章。

語文學習在學校教育任何時刻都在進行中。

學校也有「濃度」？

　　學校的「濃度」是非華語中文教學的行內術語，意指一所學校錄取的非華語學生的數目，又或是非華語學生佔全校學生人數的百分比。一般來說，教育界只有一個模糊的印象，大約以全校學生半數為限，以過半為「高濃度」、一半以下為「中濃度」、佔大約一成學生左右為「低濃度」。不過，這個劃分或百分比，至今尚未有嚴謹的學理依據和科學實證研究，只能算是一種印象描述。

「濃度」的意義

　　本文提出「學校濃度」一詞，並非意圖訂定所謂高、中、低濃度的科學原理。不過，非華語學生的濃度大大影響學校的語文教學策略方向，包括：資源安排、課程安排、人事安排，以至社區聯繫等。簡單而言，當任何學校錄取了非華語學生，中國語文

科必有專責老師在教學工作上接觸非華語學生。另一方面，錄取不同數目的非華語學生也將獲得教育局額外撥款的學校。而且學校可以因應校本需要，聘請合約教師或非華語中文教學助理，協助非華語學生學習中文（表3.1）。[3]

表3.1　教育局撥款原則

2020至2021年度學年 將獲教育局撥發資源（港幣計算）	教育局撥款原則 非華語學生在該校的人數
150萬	91或以上
125萬	76–90
110萬	51–75
95萬	26–50
80萬	10–25
30萬	6–9
15萬	1–5

這類增聘的教學人員在中國語文科的教學團隊出現，一來對團隊內教師的互動起了變化；二來對於教學團隊與學生，尤其是對於非華語學生的互動，也有深刻的變化。筆者嘗試以不同濃度學校的個案析述不同族群和群組之間的互動。

此外，教育局對「非華語學生」一詞的界定並不明確，我們只能根據教育局有關非華語學生的中文學與教的通告中見到端倪，「家庭常用語言不是中文的學生均歸納為非華語學生」。[4]可是，教育局對於「土生土長」與「初到貴境」的非華語學生都一視同仁，這種均等措施，當涉及資源撥款時，反而常常惹來資源分配不公的質疑。

---

3. 詳見教育局通告第8 / 2020號《加強支援非華語學生的中文學與教新撥款安排》。

4. 見教育局通告第8 / 2014號《改善非華語學生的中文學與教》。

嘉道理學校早期以錄取印度學生為主。（摘錄自該校校刊）

非華語學生從來非香港教育主流

　　早期香港並沒有專為印度人而設的學校。雖然印度小孩屬外籍學童，但英皇佐治五世學校和英童學校均把印度學童拒諸門外，他們只可投考中央書院。經濟環境富裕的印度家庭，會送孩子出國讀書，或返回印度接受教育。印度籍的猶太人庇理羅士（Emmanual Raphael Belilios）曾捐出25,000元開辦中央女書院（即現今的庇理羅士女子中學），但該校主要收取華人女生。1890年代，嘉道理家族開辦學校，到1916年，學校由香港政府接辦，並開始專門取錄印度男童。[5]

---

5. Kwok and Kirti, "Co-prosperity in Cross-culturalisim", pp. 31–34，參見丁新豹《非我族裔》，頁158。

上述是一段有關印度在港人士的子女入學的描述。據前特區政府高官高先生（化名）說：

> 最早跟着英國人來香港的應該是印度人，當年南亞族裔應該是第一批跟英國人來香港的。當然，他們是屬於另一個階級的。他們和英軍一樣，我想 for long long time，很多人都不需要政府替他們搞教育工作，因為他們是社會上較上的階層，社會地位又高，很多時候他們也覺得不需要讀中文。

> 他們也不需要同你 mix，由 19 世紀至 20 世紀初，長期以來，並不需要政府關注。直至印度人在香港落地生根，出現一個愈來愈大的 community，他們也有高等、低等之分的，賺錢多的、少的，由那時候起，便有教育子女的需要，當然無所謂 secondary school，但都有這個意念，但開始時並不複雜的。當時印度的小孩子，基本上有能力接上去升讀高級教育的，也不是在香港讀（高等教育）。所以他們的中文成績不好，也無大問題，反正他們都是讀英語。

少數族裔教育從來不是一個引起香港教育界討論的熱話。直至 1982 年，才首次出現《香港教育透視》報告，提到「特殊組別」一詞，當中包括：「特殊天份」、「殘障兒童」及「少數族裔」學童。至 2008 年，反歧視條例通過，時任特首梁振英推動非華語學生常設的教育津貼，香港教育界才對非華語學生的教育議題重視起來。2012 年，為了讓學校集中資源，總結經驗，便出現了少數族裔學生的「指定學校」。[6]

然而，在不少社會人士的輿論壓力下，「指定學校」大約於 2016 年被取締了。雖然名稱是取締了，校方的教學經驗和人脈

---

6. 有關指定學校的名單，轉見陳錦榮、梁旭明，《認識香港南亞少數族裔》，頁155。

香港政府於1916年接辦嘉道理爵士中學，位於掃旱埔舊址。
（摘錄自該校校刊）

仍是存在的。正如上文提到的官立嘉道理（西九龍）學校，雖然由
港島大坑掃旱埔搬到西九龍，但由於該校長時間錄取印巴族裔學
生，所以在少數族裔的家長社群還是有獨特的口碑。加上新來港
的非華語家庭聽從同鄉的介紹，以及分區教育署的安排，故此官
立嘉道理（西九龍）一類的前指定學校，全校學生仍有超過80%為
非華語學生，教育界的行內「術語」，就稱呼這類學校為「高濃度
學校」。

西九龍大校——
香港少數族裔教育元祖　「空運到港」守尾門

　　官立嘉道理爵士學校（西九龍）（以下簡稱「嘉道理」）位
於大角咀西九龍填海區海帆道22號，是香港教育局特許的114間

英文中學之一，也是香港首間為不同族裔學生提供本地中學課程的官立中學。

「嘉道理」於1890年建立，至今有130年歷史。早年由嘉道理家族撥資在掃桿埔東院道興建嘉道理學校，至1916年由港英政府接管，是一所專門錄取印度裔子弟的學校。2000年初，官立嘉道理爵士中學遷至西九龍現址。該校學生由早期以印度裔學生為主，近年漸變成以錄取尼泊爾裔、巴基斯坦裔學生為主。

「嘉道理」的非華語學生主要來自油尖旺、深水埗、元朗等非華語人士聚居的地區，這與新校舍位於西鐵沿線不無關係。上述區域都可以乘搭巴士，或港鐵西鐵線直接到達「嘉道理」。正是交通便利，加上歷史使命，造就「嘉道理」成為香港市區非華語學生龍頭學校之一。

「嘉道理」位於大角咀西九龍填海區的新校舍外貌。

　　接近130年的創校歷史，自然培育了很多非華語學生成才，不少學生日後都在香港社會貢獻一份力量，甚至形成香港非華語人士社群內一種無形的社會網絡。第二章我們提及的共融館社區幹事阿文，正是「嘉道理」的舊生。他在訪談中不斷提及在掃桿埔年代的嘉道理中學學生生涯，尤其在維多利亞公園與本地男孩踢足球、學中文等融入香港社會的片段。

　　「嘉道理」到今天展現的都是一種包容不同族裔的情懷，例如該校每年在校曆表安排了「排燈節」（Festival of Diwali）、「光明節」（Festival of Bhai Tika）和「開齋節」（Festival of Eid）。排燈節是傳統的印度節日；光明節是尼泊爾的傳統節日；開齋節則是巴基斯坦伊斯蘭教的重要節日。此外，校方還安排了公益便服日，讓非華語學生穿着民族服裝回校。另外，學校聖誕節前的聯歡慶祝日，同學也會穿着民族服裝回校，這已成為學校的傳統，同學也非常樂意參與，展現了該校容許多元文化共融的特點，也展示了「多元文化學校」（Multicultural School）的特色（James A Bank, 2019）。

「嘉道理」的多元文化教育呈現於校內的多元文化活動。

不過，推動多元文化教育從來並不容易，尤其是推動非華語學生學習本地語文，更是難上加難。當筆者第一次走進「嘉道理」時，感到這所學校與一般千禧學校並無分別，不過學生全以英語聊天，老師與學生對話也是用英文對答。我也見到不少外籍老師，都是以印、巴籍老師為主，就連任教中文科的老師也以英語與學生交談。我也聽到學生私下交談時，會說一些筆者聽不明白的語言，應該是他們的家鄉本土語。嘉道理中學就在這個多元語言中交織日常的學習生活。

「英語」、「少數族裔學生的母語」、「粵語」交織的多元語言現象

校方的「英語本位」

> We are using English as the medium of teaching but we are not EMI School. 我們用「英語」教學，但我們不是「英文中學」。

這句話是「嘉道理」每年在第一次教職員會議時，高層人士必然對同事說的話。筆者認為這句話很有意思，正道出了嘉道理中學與別不同的校園語言現象。

毫無疑問，「嘉道理」是得到教育局批准，可以採用英語為教學語言的學校。這制度在1998年由當年的教育統籌局制訂，主要是把學生分為三個等級，並計算該校學生能否達至75%可以英文為教學語言，從而決定學校的教學語言。最後，教育局決定全港有114所中學列為可以採用英語為教學語言，而這114所學校也被譽為 "EMI School"（English Medium Instruction School），錄取的學生都能以英語為教學語言，也是本港家長和學生趨之若鶩的學校。

不過，「嘉道理」的情況似乎確實與別不同。「我們不是EMI School」，意指該校不是因為有超過75%的本地學生可「用英語為教學語言」，因為這句話有高學生質素的意思。在香港，99%的 "EMI School"（英文中學）都是 "Band One School"（第一級學校）。

可是，「嘉道理」的學生主要是來自南亞的非華語學生，以英語為教學語言，對他們來說是合情合理的。該校的非華語學生，學業成績並不超卓，只是嘉道理身為官立學校，對於「空運到港」的非華語學生，只要還是適齡入學，「嘉道理」便要負上「守尾門」的錄取責任。這種來者不拒的情景，令「嘉道理」處於這種特殊局面。

「嘉道理」是法定114所「英文中學」之一，加上學生超過80%是非華語族裔學生，對於推動中文教學極為困難，因為該校的中文語境極為薄弱。

少數族裔學生之間的「母語」本色

近年，「嘉道理」的學生主要是巴基斯坦和尼泊爾裔的學生，其次是菲律賓裔學生，以及一些來自非洲的學生。以下是任教該校多年，現已離職的程菲老師（化名）的現身說法。

據程老師觀察，雖然學校以尼泊爾裔學生為主，但巴基斯坦裔學生才是難題，因為巴基斯坦裔學生較為本族中心，不太願意與其他族裔的同學交往。以體育運動為例，一般學生都喜歡足球和籃球，但巴基斯坦同學都不願意參加，他們似乎只對國技——板球情有獨鍾，甚至連校隊教練也是由一位本校的巴基斯坦裔老師負責，其他族裔的同學無從問津。

可能與宗教和習俗有關，巴基斯坦裔主要是伊斯蘭教徒，而伊斯蘭教徒對食物的要求很嚴格，除非是清真食物，否則不可進食，因此巴基斯坦裔同學也不太容易與其他族裔的同學社交。加上伊斯蘭教的齋戒月，以致學生在五月和六月間較難參與本地學校的活動，凡此種種，都可能是巴基斯坦裔學生與本地文化格格不入的原因。

由於巴基斯坦裔學生的文化特質，加上在「嘉道理」的人數不少，容易自成一角。每當巴基斯坦裔學生聚在一起時，程老師說，總是聽到他們說家鄉本土語。又每當巴基斯坦學生被老師懲罰時，必定連群結隊說起本土語來。程老師說。有一次，連一位尼泊爾裔女生也看不過眼，反罵他們說出大堆穢話。

巴基斯坦學生主要操烏都語，而烏都語、印地語和尼泊爾語的字根或讀音有很大程度上相通，所以印度、巴基斯坦、尼泊爾和孟加拉的語言，在「嘉道理」的學生群組內是可共通的。對於新來港學生來說，捨難取易是正常不過的心態，故此學生講家母語是常見的。這也是程老師常說的：

> 學校濃度愈高，他們的舒適圈便愈大，便愈不容易學好中文。

另一位教學助理利志文老師（化名），主要任教課後支援課程，同樣見到嘉道理學生沒有學習中文的動力。他說：

> 我覺得這裏對學生來說是comfort zone，因為他們的群體太大，而且都是來自南亞，例如尼泊爾是一個很大的群體，巴基斯坦也很大，菲律賓也有一些。我聽過學生說，學校有兩個很大的語言群——印地語和烏都語，這兩種語言的聽、說系統是一樣的。對學生來說，溝通是方便的，只不過讀寫有些不同的。學生大部分都是用這兩種語文溝通的，常常都說家鄉話；既然家鄉話都可以溝通，便沒有必要用中文。

　　學習本地語言是融合本地社會的重要媒介，學校是非華語學生，或新來港學生融合本地的重要場域。固然，共融不代表消弭本國文化，但拒絕與本地文化融合，我行我素，互不理睬，也容易深化歧視。

教師「兩文」的溝通本領

　　雖然校方，甚至教育局都希望中文科老師採用純粵語上課，目的是增加非華語學生接觸中文的機會，這原因本來合情合理，可是，非華語學生的英語水平較中文高，加上該校每月均錄取插班生，不少更是剛到香港，對中文一無所知。

　　面對非華語學生群體太大，學習本地中文的動機不大，插班生無日無之。在嘉道理任教中文科的老師並不可能純粹用中文上課，最常用的方法是中英夾雜。一位深受嘉道理校長欣賞的龍家倫老師（化名），被校長稱讚說：「佢教非華語學生，簡直是廢咗佢武功啦。」當龍老師談到教非華語學生時，說：

> 很多時候我教非華語〔學生〕，都是用英文多。用英文教中文，我認為是隔了一重。當然，我有一半是講中文的，但又影響了〔教學效果〕，到底他們吸收了幾多？我用英文又未必表達得清晰，我的英文又不算好，這四年我覺得對我最大的得益是英文提升了。

　　而在嘉道理任教了多年，現已離職的程老師對非華語生的體會較深刻，她說：

> 他們完全是lack of motivation，唔想學，因為他們覺得，〔中文〕對於他們是困難的，是第三、第四語言了，日常生活又不需要用到。再加上香港是一個國際城市，他們識英語已經很高尚的了，何必艱苦多學第三語言。另外，也可能是一種文化價值觀，泰國籍家庭覺得成績

好壞無所謂啦，出來都是做侍應、做廚房，讀書做甚麼？但中國人家長不是這樣的，幾貧窮都好，他們都希望子女能出類拔萃，可能這是我們中國人的價值觀。可是對於南亞族裔，其實他們宗教行第一，Life go on easy 是第二，所以你要他們很出類拔萃的讀第三種語言是很困難的。集合了「難學」、「宗教背景」、「文化背景」、「香港特殊的語言環境」，所以他們真是不願學。

校園內另一種「包容又繽紛的語言」

雖然「嘉道理」的語言環境較為多元化，但一種「包容又繽紛的語言」在校園則隨處可見。筆者曾多次參加「嘉道理」的演藝活動，活動實在融合了全校的師生，甚至多年的校友、家長、辦學團體、社區組織等。「嘉道理」常常舉辦或參與各項演藝活動，其實也是一種尊重少數族裔的民族文化的表現。

學生在準備天才表演。

筆者分別參加了嘉道理中學的「天才表演」、「勇敢新世界音樂劇」和「全港十八區啦啦隊比賽」。在三次活動中，我同樣看見學生的「音樂天分」、「熱情」、「投入」；但同時我也看見了「隨意」、「我行我素」的特質。不過，不論學生的表現或最終成績如何，讓學生展現才華，在校園建立信心，受到尊重，才是校方的用心。

十八區啦啦隊綵排日，學生自信心十足。

「天才表演」是嘉道理中學每年於聖誕節前的全校表演節目，同學除了歌舞表演外，也有民族舞蹈，校方也容許同學穿着民族服裝回校。「勇敢新世界音樂劇」與天才表演是同類型的活動。至於「全港十八區啦啦隊比賽」則由嘉道理中學與油尖旺街坊福利會小學合作舉辦。

雖然啦啦隊最終未能獲得任何獎項，但同學不論在綵排和比賽日的表現，老師、區議員和教練都非常欣賞。這次活動的準備工夫雖多，但最重要的是學生感到被尊重，以及從中建立的自信心，絕對是學校課程，或非華語中文課堂內所學不能比擬的。

筆者鋪陳了幾個嘉道理中學的現象。據曾在「嘉道理」任教的程菲老師表示，以前還在掃桿埔時，「嘉道理」不設預科課程，只有中五課程，非華語學生中五畢業後，如果成績優異的話必須到其他學校升學。這情況或多或少說明以往香港社會一貫對非華語學生升學不太重視的態度。

21世紀的香港是一個全球最先進的金融中心之一，並以華人為主流社會，非華語人士無疑被邊緣化。而「嘉道理」為非華語學生提供了一個安樂小社區，讓非華語學生步入主流社會之前，還有一席安身之所。

大澳最高學府——
「蝕住都要辦下去」的直資「國際型」學校

佛教筏可紀念中學（以下簡稱「筏可」）位於大嶼山大澳道99號，昔日的鹽田，背山面海，毗鄰是有「香港威尼斯」之稱的大澳漁村和棚屋，環境優美。可是地理位置偏遠，若由九龍市區駕車，車程接近兩小時；由大嶼山東涌乘坐巴士，車程一小時。

「筏可」於1977年建立，是大嶼山第一所政府資助中學。她的辦學團體是香港佛教聯合會，並由寶蓮寺贊助。由昂平寶蓮寺至「筏可」，大約15分鐘車程。由於它位置偏遠，早期學生主要是大澳地區，以及附近離島的居民子弟。

隨着大澳區人口老化，「筏可」面對極大的收生壓力。另一方面，東涌新市鎮和大嶼山南部有不少菲律賓人和白人聚居，2008年起「筏可」開始錄取非華語學生。至2009年，校方得到贊助機構寶蓮寺財政支援的承諾，以及教育局的建議，決定轉型為直資中學。一位資深老師張正輝（化名）憶述：

佛教筏可紀念中學附近環境優美。

　　由於當時中一至中五級都只獲能派一班學生，學校面對的情況很危險。前任校長與辦學團體、贊助機構和教育局開會，得到寶蓮禪寺（贊助機構）全力支持，認同學校應維持下去，在明白直資營運的風險後，仍慷慨就義承諾承擔營運開支。

　　成為直資中學後，開班問題得以紓緩，中一級可以由一班擴展為兩班。學校於2009年成功申請成為非華語學生指定學校，加上惲福龍校長於2009年9月上任，不同因素因緣際會，學校便走上直資這條發展新路。

　　「指定學校」是教育局於2006年的新措施。教育局邀請學校自薦成為錄取非華語生的指定學校，藉此獲得額外資源，以改善非華語學生的「學」與「教」。「筏可」於2009年成功申請成為非華語學生的指定學校的其中一所。成為「指定學校」，過程其實也並不容易。張正輝老師憶述：

　　大嶼山南本來有兩所中學，梅窩的南約中學（現已結束辦學）和我們。東涌新發展區有幾間新辦學校，學生主要來自東涌，收生情況

「筏可」的學生擁有多元文化背景。

不錯，故不太着意申請成為指定學校。我們 2008 年起便收了三位非華語學生，主要是居住於大嶼南一帶的菲律賓裔學生，可能是這些原因，我們便成為指定學校。

雖然現時非華語學生指定學校政策已經取消，但學校可因應錄取非華語學生的數目獲得教育局的支援撥款，而且撥款額有增無減。[7]「筏可」非華語學生現時大約佔全校人數超過一半，主要族裔來自菲律賓，其次是巴基斯坦、尼泊爾等。近幾年多了白人學生，主要是來自東涌和愉景灣的歐美居港家庭。該校的惲福龍校長則笑言，現時全校學生人數約 300 人左右，而在校的族裔超過十個，學校就像「聯合國」。

---

7. 自2020至2021年起，教育局對非華語中文教學的撥款政策放寬，首先學校不用填寫申請。另外錄取1至9位非華語學生，由以往每年5萬元額外撥款增至15萬元。詳見教育局通告第8/2020號。

寶蓮禪寺是「筏可」的贊助機構。

因應社區需要 「蝕住都要辦下去」

惲福龍校長甫上任，便要面對「筏可」轉制直資中學和成為非華語學生指定學校的雙重挑戰。近年，香港教育界轉制直資中學者，都是傳統名校為獲得更大的財政資源以及教學語言自主權而作的決定。然而，「筏可」轉制直資中學，反而是贊助機構（寶蓮禪寺）願意承擔更大的財政支出。惲校長說：

> 我們搞直資，學費初中每年 300 元，高中 450 元，每年蝕 300 萬元，但寶蓮禪寺都要辦下去。[8]

---

8. 這個說法是2014年惲福龍校長接受報章訪問時的數據。至2020至2021學年，筏可的學費全年6,000元，各級同學的學費同樣每月600元，而相信每年辦學蝕本的數字也遠超300萬元。

惲福龍校長善用直資學校的優點，以英語為教學語言，並以大嶼山居住的非華語學生為收生目標，加上惲校長以關愛學生為號召，吸引了不少家長青睞，收生數目漸見穩定紓緩。

惲校長認為，非華語學生的最大難題是中文水平不足，加上不少學生的家庭支援相對薄弱，若果校方奉行一般香港公營學校的語文教學政策（以中文為教學語言）的話，這批學生只會落入社會低下層的輪迴之中。所以，惲校長運用校方的資源，在教學語言上走出困局。

> 我想最重要的是有無心去幫助他們。開始時我們行對了路線，我開始接手時已有非華語學生，但學校沒有兩種教學語言，全部 CMI 的，上任第二年我便改了，各級都開辦 CMI 和 EMI，當然成本就多一倍，你突然間要多請老師，原本我一班物理，現在整多一班 Physics 出來，資源多用一倍。

惲校長因應學校以菲律賓裔學生為主的校情，許多學生中文水平不足以應付以中文學習所有科目，所以全校都要開辦中文組和英文組，以協助學生學習。若只聽從教育局的融入本地文化口號，強行要求非華語學生都以中文學習的話，只會消滅學生學習的動機和能力。當然，一般的政府資助中學並沒有足夠資源和條件開辦不同教學語言組別，幸而「筏可」的贊助機構補救了這個問題。

> 學校為何做得好？我是用「人」〔的角度〕來想，如果用中文讀中文，中文讀中史，用中文讀其他科，這班菲律賓仔「死梗「，所以我堅持開兩個 streams，一個中文，一個英文，開支 double 咗。問題是九年

惲校長在早會上對學生發言也是中英對照。

前我是出於一顆善心〔去改〕，現在收效了，今年我有八位學生入了大學，今年（2018年）是最劲的一年，八位都是非華語學生。

在「筏可」，全校超過一半學生屬非華語學生，當中有近二十個不同國家背景的學生。惲校長認為，無論如何，提升非華語學生的中、英文能力，才是真正的幫助他們。惲校長說：

> 我校很幸運一半是非華語，一半是本地生……我們〔政策〕好清晰，要迫他們講廣東話。很簡單的，我們一個星期是中文周，一個星期是英文周，英文周當然用英文宣布，非華語學生當然有着數，我要迫華語學生聽英文。中文周時我便全部講中文，反過來逼非華語〔學生〕聽中文。我們有很多活動配套，例如非華語學生唱粵曲，我們要他們將學粵劇變成一種興趣。我常問學生：你會留在香港嗎？會的話你必須學好中文。為何我的學生的廣東話咁好，這是學校雙語政策做得好，學校必須要有很清晰和有力的政策。

中英並用　終見成效

「筏可」的發展方向和努力終於得到回報。惲校長高興地告訴筆者，近年學生入讀大學的比率提升了。

> 去年（2018年）八個非華語學生入大學，今年（2019年）十個入到大學，七個是非華語的。這樣我們是給了非華語學生機會……現時公大、浸大、嶺南，我們都有〔學生考入〕。今年再好一點，有一位入了科大，兩位入了浸大，但還未入到港大和中大，這都是要時間慢慢將這班同學準備好。我是有心去為他們預備的。

筆者在報章雜誌看到不少有關惲校長的介紹，雖然不少是以「感動教育」為號召[9]，畢竟能夠考入大學才能證明校長的領導策略方向是正確的，而且成就教育成功的故事更能感染後輩。「筏可」近兩年的學術成就，以及在公眾場合的表現都足見這位「校長爸爸」[10]的過人之處。

細校優勢　全校參與

「筏可」的危機是收生不足，但細校也是它的其中一項優勢，由於全校人數不多，所以很容易做到「全校參與」。此外，全體中一級非華語學生學習粵劇、全體非華語學生於每年畢業禮演出等，效果都相當不俗，而且對於非華語學生的中文學習，校方都展示出極大的決心和動力。

---

9. 〈筏可中學校長　惲福龍用感動教育孩子〉，見《溫暖人間》365期。

10. 在不少新聞訪談中，都把惲福龍形容為「校長爸爸」，見《明報周刊》等。

非華語學生在校慶表演。

「筏可大戲台——非華語學生粵語學習計劃」是該校得到香港半山區扶輪社及百仁基金贊助的項目。對於熱愛唱歌跳舞的菲律賓學生來說,實在是一次難得的大展身手的機會,也是一次難得接觸中國戲曲文化的機會。

「筏可」另一項品牌活動是「一畝心田音樂會」。這個活動自2015年由李焯芬教授協助,在香港大學做了第一場演唱會,以後每年舉辦。音樂會曾命名「動心的邂逅」。至2018年,得到作曲家鄭國江為音樂會作曲「一畝心田」,更成為音樂會主題曲。此後,音樂會便定名「一畝心田」,並在香港理工大學綜藝館演出。就算2020年全球新冠肺炎疫情肆虐,因7月初香港的疫情稍為紓緩,「筏可」仍成功舉辦了音樂會。

校方為了籌備「一畝心田音樂會」,在課堂教學、課後活動、早會、午飯時間,校方都動員全體師生全力籌備工作。筆者

「一畝心田音樂會」中學生的演出令人感動。

在 2019 年 3 月訪校期間，參觀了校方的排演工作，甚至見到香港著名音樂人趙增熹協助學生排練。得到演藝界名人的協助，除了提升學生的演藝水平外，更重要的是校方發展非華語中文學習的方向得到演藝專業的認識和認同，也提升了「筏可」在公眾的知名度，啟動了「筏可」的社會資本和文化資本。

品牌活動所以能夠成功舉辦，除了以惲校長為首大力推動之外，「筏可」全校師生人數不多，容易動員也是主要原因。據筆者逗留在「筏可」進行研究時所見，全校非華語學生例必參與畢業禮一項以普通話演出的歌曲表演，同學甚至暫停課堂活動也要參與，相信這已成為該校的文化。

葵涌男校——讓學生抬起頭、有得揀

天主教慈幼會伍少梅中學（下稱「伍少梅」），於 1975 年創校，是葵芳區的男校。「伍少梅」秉承天主教慈幼會的辦學理念

天主教慈幼會伍少梅中學。

和傳統，早期是一所工業學校，而且男校傳統也一直沒有改變。由於辦學的背景，加上香港社會環境不斷變遷，工業早已退出香港，所以伍少梅多年來都是區內的弱勢學校。

「伍少梅」現時約有80位非華語學生，佔全校學生人數約三分之一，屬中等濃度學校。而非華語學生之中，又以巴基斯坦裔為主，約有90%。該校學生主要來自基層家庭，當中包括：國內新移民、綜援戶、非華語學生等。而學生的畢業路向，大約有三分之二就業，三分之一升學。該校的中文科主任吳嘉恩老師說：

> 我們是弱勢學校，回想以前是好一點的，多是頑皮學生加一點非華語學生……但近兩年挑戰很大，因為我們的生源很不穩定，有時我們有一批新移民；有新移民就好了，我會用心教，有機會就做吧。

學校不諱言正面對收生壓力，近年學生人數下降，導致教師的流失量也高。不少資深教師或退休，或移民海外而離校，連校長轉職也快。吳老師說，幾位前任校長在「伍少梅」的任期也

不長，最長的只有四年。現時的李建文校長，於2019年上任，不過這位校長甫上任便有不少改革活動，期望為「伍少梅」帶來新氣象。加上不少資深教師離職，現時教學團隊反而很年輕；這為李校長推動學校改革創造了有利條件。

「伍少梅」的教師團隊絕大部分都是20出頭。相對全校其他科組，中文科教學團隊已是較資深了。「伍少梅」這個年輕的教學團隊在推動校方的策略上很有效率。然而，年輕的教學團隊對於教學工作的掌握似乎經驗不足，尤其近年課程不斷轉變，在課程策劃及日常教學工作方面可能有點不知所措。

社工校長——外展經驗　高瞻遠矚

李建文校長是外展社工出身，常在街頭「執仔」，也曾到不少落後地區當義工，對弱勢社群有特別的情意結。他表示，為了多走一步，他轉職擔任教師，並主修通識教育。他曾在高雷

李建文校長（左）接受筆者訪問。

中學任教,後轉任羅定邦中學副校長,又曾在大專院校兼職講師。2019年空降「伍少梅」,擔任校長至今。

咖啡教育 「我有得揀」

李校長上任後,為「伍少梅」校舍設備籌謀策劃,最明顯的是設立「鮑思高咖啡室」。對於外人來說,這可能是一項吸引家長擇校的噱頭。其實,這些設備都是李校長為「伍少梅」打造的全新形象,讓學生愛校園、愛上學的手段。

我當社工時遇到的邊緣青年,有很多都想重回校園,他們離校原因大多是不喜歡某個科目、某一位老師,甚至是某一位校長,我覺得因為這些因素而令他們失去學籍很可惜。有時我認為自己的工作太被動,學生出了問題才想解決辦法,為何不可以在他們離校前便提供協

每位學生都是獨特的,咖啡室的陶瓷杯都由學生親手製造,個個不同。

助？既然我相信教育對人有正面塑造的威力，於是便萌生轉職念頭，讓自己做教師，「走在最前」。[11]

談到鮑思高咖啡室，李校長隨時都歡迎師生到咖啡室坐坐。此外，每逢星期五，校方都聘請咖啡師到學校教導學生拉花。由於拉花需要很強的專注力，李校長認為這是一個很好的教育機會。現時，「伍少梅」有不少同學都熱衷這項手藝，更有學生奪得全港學界拉花比賽冠軍。

李校長強調，鮑思高咖啡室絕非無任何職業教育的意圖，反而他希望每位學生都有自己的咖啡店，有自己的一片天。在鮑思高咖啡室，你可以見到由學生製作的陶瓷杯。李校長很驕傲地說：「每位學生都是獨特的，正如咖啡室的陶瓷杯，個個不同。」

在「伍少梅」，據中文科主任吳嘉恩老師表示，學生大部分都住「劏房，能夠住在附近葵涌邨的，已經算是住得「高尚」了。所以，在日常生活中，學生根本不可能花幾十元走進咖啡室享用一杯咖啡。「伍少梅」為學生創造享用咖啡的經驗，是減少學生自卑心，又增強學生自信心的「體驗式學習」（Experimental Learning）。

除了咖啡室外，李校長還有三個領導學校的理念。他認為學校有三個特點，分別是：「社區學校」（Community School）、「未來學校」（Future School）、「健康學校」（Wellbeing School）。

---

11. 訪談對話的內容見「香港青年協會讚好校園」。

天主教慈幼會伍少梅中學增設不同設施：中文樓層（左上）、英文樓層
（右上）、健身室（左下）、生態實驗室（右下），以照顧學生身心靈
健康。

　　自李校長上任後，他為了實踐領導學校的理念，在校舍設備
（硬件）、校本課程（軟件）、實踐預防教學法（心件）三方面落
力。[12] 據「伍少梅」的中文科主任吳嘉恩老師引述：

　　　　他有「三間」學校，Community School，剛才説的回饋社區，服務
　　社區內的老人家。另外一個是Future School，有時他也跟老師説，你
　　不要拿你十年前學的東西，去教學生應付未來十年的需要。你要多想
　　一步，例如教範文，用啟思教科書，大家很容易做，但是否要這樣做？
　　Future School不只是電腦室、設計室，中文科都是。另外一個是Well-
　　Being School，講的是身心靈健康，他做咁多事，〔增添〕這麼多設備，
　　因為他認為自己的學生心靈健康不足。健身室，講身體健康；靜觀
　　室，要心靈健康，還要自信一點。他不理你將來做甚麼，但你現在有選
　　擇，所以他放了個「我有得揀」的牌在校舍當眼處。

---

12. 見〈21世紀未來教育的歐關鍵元素〉，《灼見名家》香港教育3.0專題，2021年6月24日。

我有得揀是李建文校長理念。

抬頭做人　我有得揀

　　對於來自貧窮弱勢社群家庭的孩子來說，燃起他們對前景的希望，遠較做好學校課程內容重要得多。李校長革新學校裝潢，讓學生在學校親身體驗在香港社會並無多大機會享用的設施。筆者認為這些設備，除了讓教育界參觀時認識全新的「伍少梅」外，更重要的是讓「伍少梅」的學生受到校方和公眾人士的尊重，讓弱勢社群的孩子透過教育，抬頭做人。

　　中文科主任吳嘉恩老師對李校長的理念最初還是懷疑的。她總覺得學生很頑皮，必定把簇新的校園設備破壞，到時候更是打擊士氣。不過，李校長常勸告老師放心，信任學生。只要我們保持設備完善，沒有第一次破壞，便沒有人繼續破壞。果然，奇妙的事發生了，至今為止，學校的種種設施，學生都愛護有加。吳老師談到李校長為「伍少梅」的種種建設，實在為學生帶來了轉變。

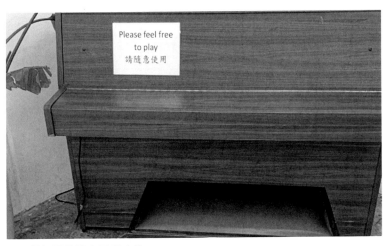

一部舊鋼琴讓學生展現才能。

〔校長〕希望給孩子一些impact，想inspire小孩子，也想小孩子創新，這是學校的理念。所謂未來學校、社區學校，便是教小孩的品德價值。這些場景對他（李校長）來說，一點都不重要，我們只是不想為小孩子設計。你又估唔到有東西放在校園，會產生一點變化。我感受很深的，是擺了一部舊琴在校，還花了2,000元找人調音，本來我們當它是垃圾，要丟的。他（校長）說放在學校，試下放。我說不，一定會給學生破壞的……又真是很特別的，貼了一張紙「請隨便使用」，不是請小心使用，是「請隨便使用」。真的有學生愈彈愈叻，又真是不爛，又真的很愛錫。這個我是感到驚訝的。這樣擺出來，我服了〔心悅誠服〕，好，你講我便做吧。

教學組別——複式設計　學生為本

不過，由於「伍少梅」的編制所限，對於不少科目都有特別安排，尤其是高中選修科的安排。加上非華語學生為數不少，學

校是中文中學，沒有額外資源聘請老師為選修科開設英文組別，於是校方為學生作了調適。

　　我們都慘情的，因為人少，過往有段時間，中文又是坐在同一課室，英文又是坐在同一課室。講兩句中文，又講兩句英文，教學效能並不理想。近年我們在教務上做了一點初選機制，做得好了一些，例如：非華語同學多選生物，我們便開一級生物科為全英的。至於操作型多一點的，如DT，我們會開雙語。我們會告訴同學的，我們希望做到分流。同學想選化學的，但化學我們只開中文組，如果給你〔非華語學生〕入去，你是新移民，入到那班，你做少數，心裏也不好受。我們要顧小孩子的〔心靈〕，如果你要選讀〔化學科〕的話，我們會支援的，會有英文考卷，但課堂語言以中文為主，我們就是這樣做。我們的生物科，課堂語言以英文為主，有華人學生讀，老師照派中文卷，老師多出一份卷，這個是我們的堅持，我們以小孩為本，希望小孩理解我們，否則我們會少了一半課時。

取之於社會　用之於社會

　　李建文校長為「伍少梅」增添了很多設備，更回饋了社區。他積極推動學生參加社區的長者服務。[13]此外，由於「伍少梅」接受社會資源協助，李校長承諾若有任何區內社福機構要求探訪，或借用學校設施，他必會接待所有訪客，為大家介紹「伍少梅」的辦學宗旨和發展，也答應把校內設施開放給區內社福機構，惠及社區，成為一所真正的社區學校。

---

13. 2020年間，伍少梅共策劃六次葵青有愛耆樂計劃，期望把學校塑造成一所社區學校。見該校網頁。

新界西北女子英中——
區內南亞家長首選　南亞女生安全島

　　妙法寺劉金龍中學（以下簡稱「劉金龍」），位於屯門青山公路籃地段，毗連妙法寺，也是其辦學團體，是新界西北區唯一的女子英文中學。

　　「劉金龍」創校接近50年，是區內受歡迎的女子中學，更受元朗區的家長青睞。學校的課程設計與一般第一組英語中學大致相約，不過該校極為着重英語。各級除了英國語文外，均設有英國文學科，高中選修科目更設日語、法語、西班牙語。除此之外，其英文科的課外活動也在香港學界享負盛名，多年來參加香港學校朗誦節英文集體朗誦比賽，都強調自己參加「市區組」賽事，意謂與香港市區的英文中學同場較勁，而且「劉金龍」的英語集體朗誦成績向來優異。

劉金龍是新界西北區唯一的英文女子中學。

區內女子英中　吸引非華語家長

正由於這兩個特點，所以該校自2009年起錄取第一位非華語學生後，十二年來逐漸錄取愈來愈多非華語學生。至2021年，據該校王庭軒校長說：

> 就我在這學校工作的五年間，不見得〔非華語學〕愈來愈多，幾乎穩的，每年十多位非華語學生在一級裏，全校大約有100位非華語學生，佔總人數約七分之一，近幾年大致維持在這個比例。至於非華語學生，主要是巴基斯坦和尼泊爾族裔，也有少部分是印度和菲律賓。

石崗是香港尼泊爾族裔另一個聚居的社區（除了佐敦之外，有關佐敦社區的描述，可詳見第二章）；元朗則是巴基斯坦族裔聚居的社區，所以「劉金龍」非華語學生主要也是以尼泊爾和巴基斯坦族裔為主。該校的羅耀華副校長分享錄取非華語學生的脈絡：

> 我想可能是歷史緣故，元朗八鄉有不少喀喀（尼泊爾士兵），他們的子女在八鄉，有一所八鄉中心小學，另外有一所東莞學校，屯門也有一所伊斯蘭學校，都是有很多非華語同學，所以有不少同學聚在那面。到他們升中時，他們的老師會聚集同學和家長，一齊過來我們這裏，聽一個講座，參觀學校。

> 我想〔我們〕有兩個因素，一是用英文授課，因為她們是非華語生，如果用中文上課時，對她們的難度是大一點的。第二是女校，因為非華語的家長，有一些是保守少少的。他們是想女兒在單一性別學校讀書。我記得，區內有另外一所學校，都是收非華語的學生，男女校。有家長要求男孩子和女孩子的小息分開，因為家長不想〔女孩子〕接觸他們〔男生〕。

「英語授課」與「女校」是「劉金龍」受非華語家長青睞的原因。回顧第一位非華語學生入讀「劉金龍」是2009年，羅副校

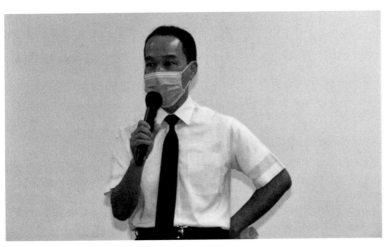

羅耀華副校長在劉金龍任教超過30年。

長對該學生的經歷仍瀝瀝在目，而且首位非華語學生的出色表現也是導致「劉金龍」持續錄取非華語女生的原因。他說：

> 我們第一位非華語學生，當時政府也沒有甚麼支援、資助之類，我們當她是普通學生處理。後來我們發現她的中文完全跟不上，其他科目的成績則不錯。第一年有一位，第二年有三位，那三位都很出色，很厲害的。我還記得她在低年級時取得傑出學生，所以對非華語學生來說，當時政府沒有甚麼資源給學校，我覺得不妥當，她也是香港人，但她的教育好像失了點東西。她又跟不上中文，我們便想了點辦法，找同事商量，想想有甚麼可以提供，讓她可以升學？我聽同事說，她正在做幼兒教育之類的。

非華語學生表現優異　平衡各方訴求最重要

在「劉金龍」，非華語學生的表現普遍比本地華語學生更為主動，可能是她們的英文口語水平較一般本地華語學生流利。不過，「劉金龍」同樣要面對一個平衡收生的問題。羅副校長說：

學校是一個小團體，平衡很重要。曾經有一級別的非華語學生較多，非華語的聲音較大。非華語的英文很叻的，很outspoken的，本地生可能會減少，搓搓下，現時一級有十多位，可能便平衡了這件事。我聽過，但希望我這樣説不是歧視，男孩子是比較頑皮。而我們的女孩子確實幾乖。

有時候，本地華語學生由於英語不及非華語生流利，反而比了下去。加上家長可能對錄取太多非華語學生也有微言，故平衡更形重要。他説：

非華語的女孩子有時候比本地的女孩子還要乖。但當我們收很多非華語學生的時候，家長對於我們的想法如何？入本校的非華語學生多的話，我們本地學生就會比下去。我們有些活動，有本地和非華語同學，很明顯是非華語同學講得好好多。我們強調，她們有機會，但我們本地的同學也要多給予機會，所以我們嘗試兩面平衡。

在 Drama 方面，講英文一定是非華語學生好得多，但我們要加一點本地生在內，所以現時我們是一比六至一比七，我覺得是不錯的。

劉金龍的非華語女生表現積極，與華語生不遑多讓。

並不是錢的問題，就算你再收多點學生，都是有這個限額的錢，我們是看整體學校做到共融這件事。

家長對女兒的教育觀念仍待提升

任何民族都受制於傳統文化及觀念，「劉金龍」的家長也不會例外。當老師與家長溝通時，都會感到非華語學生家長對女兒的教育不及本地家長關心。不過，由於是區內名校，所以家長還是合作的。然而，巴基斯坦族裔的家長覺得女孩子不用讀很多書，年紀合適便可結婚，這想法還是根深柢固的。而且在就讀期間結婚，以往是有的。羅副校長說起當時的情況：

> 我的印象很深刻，好像中二級，還是中三？已經要回鄉結婚，我們覺得匪夷所思。就是去年還有這種情況，去年中二級，疫情時我們聯絡這位同學，同學在zoom又不見她，各樣都不見，真的好像回鄉，家人好像給她安排了婚姻。當然，我們未必掌握得好仔細，但還有這個情況，不過現在絕大部分都以升學為主。

另外，任教非華語學生的林啟耀老師對非華語女生接受教育也有很深的體會，他說：

> 我們是女校，全部同學，不論你讀書幾叻，一到中四中五，其實已經準備嫁人，所以都很可惜的。有學生說最近疫情，反而更開心，可以不用回去〔鄉下〕，我可以繼續在這裏讀書。我常常覺得，她們的家長有一種想法，唔嫁人都不用讀咁多書。

「求學」對非華語女生來說，尤其是巴基斯坦女生，是一種社會階層提升的階梯？擺脫現實困境的夢想世界？還是逃避強逼

婚姻的避風港？2019年新冠肺炎疫情在全球肆虐對她們反而是一件好事。林老師說：

> 現在，上半天課可能好一點，以往上全日課，放學後要回家照顧家人，湊小朋友，年輕一點的要去廟，她們也無時間去學，無語境，甚至環境也不容許她們可以讀到。

雖然前景並不明朗，但現在既然仍有機會，就繼續努力爭取。他常常鼓勵非華語女同學：

> 我常勸她們，要讀好一點，當你真的有個學位時，你有更多bargaining power可以stay在香港，有可能不需要回鄉……不過，我都是用自己的角度，找一個出路讓她們想想。我明白這很難扭轉。因為她們很喜歡讀書的，就算對比本地學生，她們很珍惜學習機會，每次上課發問最多的正是她們，感觸最大便是這部分。

終於入了名校，之後呢？

雖然入讀了區內名校，但社會會馬上就改變了嗎？本地香港人對非華語人士的看法會否因為一位女生穿了名校的校服而轉變？林老師分享一次學生發問的經歷。

> 有一次，有一位中五級學生問我，甚麼是「差仔」？那時我好感觸，我不知怎解釋。她說「在升降機，有個阿婆同我講……」她（學生）還是女孩子。

林老師多年來在區內任教，明白一般本地華人對非華語人士的誤解，常常出言不遜。可是，一切都是無可奈何的，只能透過教育日積月累，教導學生，感染社會，讓大家更認識身邊多元化的文化。而非華語學生能做的，便是讀好書，證明自己融入香港社會的決心。

某程度上文化差異是會造成這些誤會的。我很明白,他們的語言,很容易有個錯覺,容易讓人覺得他們很煩,很快,很難聽。所以我告訴她,這是別人對你的誤解。我覺得你可以選擇不理會,就算你明白,你都要時間適應,所以我很明白當中的感受,特別我們是女校。

搞不好中文　前景還是悲觀的

「劉金龍」既是一所以英文授課的學校,自然非常着重英語教學,這樣對非華語學生學習中文,更是難上加難。

校方與一般學校處理非華語學生學習中文並無二致,都是在各級的中文科抽離非華語學生,教授應付 GCSE 的簡易中文科。由於非華語考生將獲文憑試中文科豁免,其 GCSE 的成績在投考香港的大專院校時,將與文憑試考生同樣計算,所以絕大部分非華語學生只會報讀簡易中文科。曾有兩位非華語同學嘗試轉讀文憑試中文課程,但很快便跟不上大隊而退回抽離班。

> 在這五年內,據我所知,〔有非華語生〕曾經跳到主流中文班學習,但都是學了一個學期。我們最大的困難,其實書面語不太困難,嚴格來說是可以的,未算純熟。可是一接觸文言文,便死晒,不要說基本解釋,連平日溫習時都沒有渠道幫自己,她們只能回校問我們〔老師〕。

任教非華語學生多年的林啟耀老師也認為不宜強迫非華語學生轉讀主流中文科:

> 我認為不要強迫她們。其實我們每年都會問她們的,如果你是想的話,我們可以安排你們到大班上課的。不過,她們在大班的表現,可以告訴你,其實她們是沒有信心的。整天給華語同學笑,笑她們的發音不準,亦無辦法要求老師用英文解釋,所以便處處碰釘。而我也會鼓勵她們讀 GCE、GCSE 等,一些較為實用的中文。

王庭軒校長對教育局有關非華語中文教育的長遠目標也有微言：

> 老實說，就是一位中文好的非華語學生，從學校和她的角度都不會轉去 DSE，困難太大，就算她在 GCSE 取得 A，但在 DSE 都不可能取得 5**。

> 每年我們都要交非華語學生的學習計劃、報告、調查，其中一個問題是問學校有沒有計劃將學生轉入主流課程？我老實答，我們無這個計劃。我硬要學生考 DSE，會給學生很大的挫敗感，她們跟不上，而且本地生的中文叻咁多，為了她們的前途和信心，我無理由這樣做。政府說，她們的長遠目標是〔讓非華語學生〕進入主流，但在這考試制度下，這個目標只能繼續長遠下去。口上說，但實際進行不到的。

林啟耀老師對非華語學生在香港生活的前景更是悲觀的。他說：

> 我見到的光景是她們憑自己的力量運用到中文，找到自己想的工作，我都覺得很滿意的了，這是符合她們的路。

> 因為我對她們〔的前路〕，到現在真的是愈來愈悲觀的。初初教她們時，她們的英語很吃香，選擇工作應該是無問題的；但她們沒有了中文這部分，是窄了很多的，基本上做茶餐廳都好，侍應都好，如果她不懂中文或普通話，加上膚色又限死了她們可行的路，我真的有點悲觀，真心的。

雖然，「劉金龍」的非華語學生學習中文確實困難重重，但她們升讀大學的比例仍是令人欣喜的。王庭軒校長比較分析本地華語學生與非華語學生升讀大學時，曾向我們表示：

> 我嘗試看過一些數據，我們有一批學生的成績的確是很好的，非華語學生也有一批入到香港大學。但以整體成績而言，還是本地生好

一點。非華語學生，差異不算很大，就算入不到學位，都可以入讀副學士的，升學的比例很高。我們的學生有90%以上升學，比例差不多。

暫借的時光

「劉金龍」對於非華語家長，尤其是對巴基斯坦族裔的家長來說，是一把為女兒選用六年的保護傘，讓女兒在六年中學生涯中安心讀書。不過，這六年光景可能隨時消失。到底，巴基斯坦裔女孩六年中學生涯後，將成為一位有教養，成績優異的學生，再入讀大學？還是，只要父母有命，就算有優異的成績，也要回鄉結婚生子，結束短暫的求學之旅？這是她們的性別命運？對於提早結束求學之旅的個案中，學校教育又對她們的生命有何意義？

屯門中中──「你情我願，共融才能成功」

嗇色園主辦的可藝中學（下稱「可藝」），創校29年，在屯門區以錄取本地和內地新移民學生為主，近年也錄取了少量非華語學生。「可藝」與非華語學生結緣的故事其實是不少本地文法中學的寫照，該校的收生策略和理念，與高濃度學校的方針截然不同，參考價值極高。以下，由張志新校長現身說法，談到該校所屬社區的面貌，以及「可藝」錄取非華語學生的原則。

大概15年前，約2005年，當時區內收生壓力比較大，當年校董會曾討論過收取非華語學生的問題，當時只是純粹討論，沒有實行過。之後幾年也只是偶然錄取非華語學生，人數並不多。最近我們取得教育局撥款，但最多都只是10位而已。今年（2020年度）算是多了，開

「可藝」在屯門區定位清晰。

學時有16位，中一學生較多，有9位；中五、中六級反而沒有。從非華語學生的數目看來，我們算是低濃度學校。

社區需要　堅持定位

無疑，屯門區非華語學生近年來確實增長較快，我相信全港非華語學生都正在增加，但在某些地區增加得較多。只要在屋邨觀察一下，便知道非華語人士多了。

不過，我們是以本地生、內地新移民學生為主的，也沒有能力支援太多不同背景的學生。這是我們的定位，我必須向非華語學生講得清楚。我們是為學生提供一個本地課程，如果學生可以的話，我們會請他們盡量考文憑試，這是我們希望的目標。

模擬香港社會常態

我們打着一個旗號，在我們學校畢業，都是要融入香港社會的。我認為「可藝」做得最成功的是「team」，同學在這裏都是融合的，也

張志新校長認為,「你情我願,融合才能成功」。

不會介意你是本地生抑或是非華語生。我希望這裏可以成為未來社會的縮影,不會因為你們是非華語生,我們便不接受你,又或是非華語生只會與非華語生合群。

現在我們的非華語學生不多,不太可能有機會出現一個大的群體,甚至排斥其他人。我們得益於這情況,因為如果非華語學生人數太多,他們可能會聚在一起。反過來說,我們的本地人和內地新來港學生較多,他們不介意和非華語生一齊玩。我覺得我們營造了一個較為融洽的環境。

融合是雙方的事

我們認為最重要是「你情我願」,家長起碼知道我們的校情,我們的支援情況如何。家長在子女小學時已知道不少資訊,我們要一起去那所中學,例如:那裏有南亞裔的TA(教學助理),又或中文也不用學,想是配合期望。

我們講清楚沒有這方面的支援,我們沒有非華語的翻譯,雖然我們有調適,但我們的目標是考文憑試的,成功與否是後話。當我們很清

晰表達我們的立場後，很多學生和家長了解後，可能重新考慮他們的期望，考慮到底這所學校是否適合他們子女。

他們的族群也有自己的想法，有時候我們都聽到：「女同學，如果你唔讀書，便回鄉下嫁人便算」，這非常擾亂她們向上的心態。她們會想隨時回鄉，如此還會很認真對待文憑試嗎？文憑試本身已是難事，而你沒有目標向上的話，就會在一些地方未能突破，所以學生也要訂一個目標。

當然，這可能要政府或社區組織再想想如何潛移默化改變學生的思想。東亞地區的家長認為成績很重要，但對於他們〔南亞裔〕來說，可能成績無所謂，男的無所謂，女的更無所謂，得啦，回鄉嫁人就可以了，這又是另一個極端。

香港的年輕人少，政府要考慮將來的人口結構，如果南亞裔是以香港為家，實在應該給予機會讓他們在香港發展，這些都是寶貴的人力資源。不過都要看雙方態度，而不是一廂情願，政府想怎樣，也要看非華語人士的心態。如果未能立心在香港生活，生活是困難的。我想，要融合的話，雙方都需要多走一步。

協助升學　應有之義

我們也嘗試提供 GCSE 課程，因為有些學生不是中一便入讀本校，加上學生的背景可能差一點，我們可能會因應情況。不過，考評局可能都有點考慮，非華語學生若由小一至中五都在主流學校，無理由不考（文憑試中文科）。

我們見到 GCSE 開始時是寬鬆的，後來慢慢有收緊之勢。這麼多年這只是一個替代的課程，無理由再給你考這個淺易的考試。當然這個可能與大學收生是有關的。

新蒲崗男校——非華語新丁　跌跌碰碰

　　天主教伍華中學（下稱「伍華」），是新蒲崗區的傳統男校，創校55年。該校位於彩虹道五號，地理位置處於九龍中交通要道，毗連附屬小學，天主教伍華小學。兩校中間夾着「善導之母堂」，是九龍半島規模最大的天主教堂。

忽然收生　忽然撥款

　　「伍華」曾零星錄取過非華語學生，由於該校位於九龍城和新蒲崗交界，九龍城又是泰籍人士聚居的地區，所以「伍華」以往錄取的非華語學生，都是以泰國裔為主。就算2016至2017年首次錄取巴基斯坦裔學生，校方也未曾申請任何教育局為非華語學生而設的撥款。

　　至2020至2021學年，該校突然被派七位中一非華語學生，加上該校本已錄取三位非華語學生，該校合共十位非華語學生，

伍華的地理位置優越。

符合教育局有關支援非華語中文教學撥款的規定要求。[14]「伍華」便在急就章的情況下，急忙聘請一位合約教學助理，又由於剛符合可獲教育局80萬港元撥款，該位教學助理又可升格成為合約教師。

「這班外國人……」「NCS」是甚麼來的？「GCSE」是甚麼來的？

對於突如其來的教育局撥款已是措手不及，中文科組教師對非華語學生雖未至於陌生，但也不曾有意識特意照顧。至於校內其他教師對非華語中文教育更是一片茫然，所以在2020至2021學年第一次教職員會議中，便由非華語中文教學統籌老師向大家介紹中一級七位非華語學生的族裔、教育局撥款和上課形式。會上有教師提問時說：「這班外國人……」統籌老師回應，他們全是土生土長的香港人，而且全部都在香港讀幼稚園的，甚至還有由小學部升上中學部的，其實成績也不錯。

之後一次學校的行政會議中，一位校內資深的高級學位教師問「NCS」的意思。另有一次，還是九月開學不久，教育局校本支援組訪校介紹支援項目時，邀請負責學務的副校長與教務主任列席；教務主任完全不知道「GCSE」是甚麼，當然也不知道非華語學生可以用「GCSE」中文科取代「DSE」中文科。當時，他以為對已經是中五級的非華語學生有「着數」，然而實情是該中五級學生似乎已經和一般本地學生無異，他的問題是英文水平較中文差很多，中文科的成績反而足以應付香港中學文憑試。

---

14. 同註3，表3.1數字詳見教育局通告第8／2020號《加強支援非華語學生的中文學與教新撥款安排》。

　　兩位資深老師對非華語中文教學的無知，似乎也反映了現時一般香港中學教師對非華語學生的認知程度。而且，非華語學生數目從來在「伍華」都是微不足道，也從來不會走進眾人的目光裏，只是忽然有了大筆撥款，才有機會被放上教職員會議和學校行政會議的議程。

「不需調適，不需支援，我要考DSE」

　　談到校內一位已升讀中五的越南裔非華語學生，他是土生土長香港人。由於教育局撥款規定，校方才能計算他到非華語學生的總數中，也因此他的學業成績，以及在校的舉動，才引起非華語中文教學統籌老師的注意。

　　此學生的中文科成績與本地一般華人學生無異，被編到一般班別，中文科成績較英文科好得多，似乎也大有機會順利通過文憑試中文科考核。由於教育局對非華語提升中文學習的特別撥款，於是校方必須為該生提供支援。經過多次諮詢和了解，該生完全不希望得到任何特別的照顧和支援，甚至連文憑試中文科口語溝通考核的練習，也斷然拒絕。

超小班抽離式教學　愈抽愈離

　　至於中一級七位非華語新生，他們的遭遇大致可分為兩條脈絡，一是在一般大班上課，接受主流中文課程，準備日後的文憑試；一是被安排到抽離班上課，見步行步，這也是香港中學支援非華語學生的指定動作。

　　有兩位非華語學生一直都在本地大班上課，其中一位菲律賓裔學生的中文科表現優異，英文科更是出色，全級成績名列

非華語中文教學抽離班。

前茅，老師也期望他成為一位出色的非華語學生，成為其他人的榜樣。有趣的是他堅持用自己的菲律賓姓名，並沒有改一個中文名。

值得一談的是經過半年（2020至2021年度）的網課呈現出的情況。由於全球經歷新冠肺炎疫情肆虐，香港也歷經半年網上教學，學生能力差異、自律能力、家庭支援等等問題完全表露無遺。當中有五位非華語學生必須上抽離課堂，甚至要轉用較淺易的中文課程進行教導，而且將來的目標也可能要考慮轉讀較淺易的GCSE中文課程。

非華語中文合約教師課堂不少，但學生人數不多。對於一般中文科老師來說，似乎工作量不大。不過，有任教非華語中文科的資深老師說過：「一百個非華語，就有一百套校本教材」，雖然只有五位非華語學生，但已見到五個截然不同的程度、五種不同的學習態度和五套不同的支援模式。當日後錄取的非華語學生較多時，教師的壓力和專業要求將不亞於一般本地班的中文科教師。

見步行步　跌跌踫踫

「伍華」錄取非華語學生的遭遇相信同樣是不少「低濃度學校」初錄取非華語學生的寫照。大量行政工作、與教育局相關官員打交道、安排非華語學生課堂、考試安排、試卷、成績表等等，都必須是學年開始前已和副校長、教務主任商議妥當。否則在開學之後，非華語學生的中文教學只會為現有的教學安排帶來極大不便。

另外，「伍華」錄取非華語學生的數目並不穩定，常處於獲不同檔次的撥款之間，多一位非華語學生，少一位非華語學生，將大大影響到獲得教育局撥款的數目，也影響聘請教學人員的部署，所以該校的非華語合約教師一直活在浮動不穩的教席裏。

小結——「濃度」的威力？

讓我們還是由「學校濃度」的意義談起。其實這是「人」的問題，也可說是「社群」（Community）的問題。而「濃度」一詞可能過於空泛。正如我們品嚐一碗濃湯，我們感到的是濃烈的香味，還是濃稠質感，還是兩者兼而有之？

同理，一所非華語學校的「濃度」，可能指該校的非華語學生數目多少，也可能指該校只有單一族裔，故此「濃度」極高，甚至可能指有多元族裔在同一學校相處互動，「濃度」極高。正如香港人摯愛的港式奶茶，茶味香濃，濃度極高；另一港人摯愛鴛鴦奶茶，茶和咖啡和諧共融，濃度也極高。甚至，我們談的也可能是非華語學生的居港年期極短，帶着極濃厚的本國文化氣息到港，「濃度」也極高。不過，不論我們意指甚麼，「非華語學生濃度」必然對學校有實質影響。

第一，當「濃度」是指非華語學生的人數時，「濃度」高低便與教育局支援非華語學習中文的撥款額掛鈎。2020至2021年度，教育局增加了錄取少量非華語學生學校的額外撥款。不過，對於錄取為數不少非華語學生的學校，撥款資助卻多年沒有增加。

「伍華」和「可藝」錄取的非華語學生不多，「伍華」只錄取十位非華語學生，人數僅足夠獲得80萬港元撥款。「可藝」只有不足二十位非華語學生，同樣得到80萬港元撥款。而「嘉道理」、「筏可」和「劉金龍」，錄取了超過100位非華語學生，同樣獲得150萬港元撥款。尤其「嘉道理」，錄取80%非華語學生，全校超過300位非華語學生，卻同樣只有150萬撥款。

教育局固然有一套機制計算資助數額，並有一套資源分配的限制和公平原則的說法，但處於教學前線，非華語學生千差萬別時，這套資源分配機制和公平原則的說法似乎顯得軟弱無力。所以，「筏可」的惲福龍校長和「劉金龍」的王庭軒校長都在訪談中指出，資源分配嚴重不足的問題。惲校長更指出，「非華語學校辦學所需的資源是一般學校的一倍」。「伍少梅」的中文科主任更建議，「與其撥款，不如開實缺來得有意義」，其實推動「多元文化教育」，所需的資源必定較一般的本地教育為高。（有關老師的意見，內容可詳見本書第四章）

第二，當「濃度」是指非華語學生的族裔背景時，多元族裔在同一學校相處互動為常態。「筏可」的惲校長自詡該校有多達十個國家背景的非華語學生共處，至於一般非華語學校，大抵都有五個不同族裔的學生共處。在種族歧視條例下，任何族裔的適齡學童，與本地學童一樣，同樣享有接受免費義務教育的權利。然而，各科族裔各自有其文化習俗。泰國裔學生視老師為第二父

母；越南受中國文化影響，文字也與漢字相近，越南裔學生學習中文通常較快；巴基斯坦裔較為保守，宗教意識強烈，對學習中文的意識不強；印度和菲律賓裔學生愛載歌載舞，印度裔家庭較早期已移民香港，西化極深；菲律賓裔深受美國影響，英語水平一般較好。雖然，任何非華語學生都是一個獨立個體，但每個個體都受其母語及文化背景影響。當不同的族裔學生共處同一課室時，差異更大，學習中文的難度也更高。

第三，當濃度是指居港年期極短，即另一行內術語「空運到港」的非華語學生「濃度」高，如果年紀不小，他們學習中文的難度大，學習動機也不強。在香港的非華語學校，通常「土生土長」和「空運到港」的非華語學生，由於教育局資助的份額是同樣計算的，所以大家都是坐在同一課室，除非學校有額外資源，可以再因應非華語學生的中文水平再行分組（「筏可」正是如此，詳情見本章），否則，濃度高，對非華語學生學習中文仍是不利的。

非華語學生濃度也影響到學校的教學活動和教學語言策略。在「嘉道理」、「筏可」、「伍少梅」，我們都見到三所學校為配合多元族裔創設的校本課程和校本的教學模式。「嘉道理」為了照顧全校超過80%非華語學生，全用英語上課；「筏可」則為了照顧多元族裔的語言背景，選修科都用雙語教學，而且該校的教學語言政策是中英並用，為非華語學生提供了學習的方便；「伍少梅」為了顧及學生來自弱勢家庭，在校園設備上更新，創建了「社區學校」、「未來學校」、「健康學校」，讓學生不要自我設限。

至於「劉金龍」、「可藝」、「伍華」，由於非華語學生佔全校學生的少數，則偏向非華語學生配合校方的教學語言方向。

「劉金龍」是一所英文女子中學，該校的非華語女生可算是幸運的一群，非華語學生在該校上課的表現甚至較本地華語學生有過之而無不及。「可藝」和「伍華」是本地一般華語學生為主的學校，非華語學生的比例較全港非華語人士平均比例（8%）還要低，而且兩校本身已支援不少其他類型的弱勢社群，例如：「國內新來港家庭」、「綜援戶」、「有特殊教育需要」（SEN）學生，所以希望非華語學生融入本地文化的態度，也未始無因。

非華語學生歷經學校的培育後，最終完成中學課程，參加香港中學文憑試。當中，以「劉金龍」的成績最為出色，因為該校以第一組女生為主，加上非華語學生全考GCSE，有更大空間研習其他科目，成績自然相對較佳。「嘉道理」和「筏可」近年入讀大學的成績也有突破。「嘉道理」每年都有7至8位學生入讀香港大學，大多是入讀工程學院；「筏可」也有學生入讀大學學位課程，有學生的體育成績出眾，加上校長推薦，成功入讀心儀大學，為「筏可」的師弟妹，創造了傳奇，也引領了前路。

不少在非華語學校任教的老師都表示，「濃度愈高，學習動機愈低。」而學生只是年輕人，對生活的接觸面狹窄，自然看不到日後生活的挑戰和壓迫。在學校濃度的限制下，非華語學生家長更要扮演積極角色，協助子弟練就百般武藝，因為當你走出校園，你會發現香港社會的生活壓力極大，絕不如在校園裏舒適。

前兩章的焦點分別在社區和學校，當中涉及社區幹事、社工、校長、副校長、科主任、教師等在社區和學校的工作和互動。

這一章將把焦點放在日常中文教學工作的持分者：學生、家長、宗教導師、教師等。我將逐一描述不同持分者群體，並穿插於非華語中文教育的互動中。

先讓學生訴心聲

中學生涯是充滿變化的階段，由男孩、女孩變成少男、少女。尤其是非華語學生，他們的學習、交友、信仰、興趣、才能、志願等，都是在六年中學生涯中慢慢陶鑄而成，當中的互動值得細味。據不少校長和教師觀察所得，非華語學生的習慣偏向與同族裔「埋堆」，不過華裔學生也會自成一黨。表面上不同族裔河水不犯井水，但實際上不同族裔的學生也有不同程度的溝通和互動。

互相砥礪　也相互競爭

故事由佛教筏可紀念中學（下稱「筏可」）的中一級暑期啟導班展開序幕。本地華人學生李家威（化名）與英國籍的女生Ada（化名）第一次鬥嘴。家威："You speak Chinese..."，Ada馬上回了一句："You speak English..."

中一級暑期啟導班共有16位學生，只有三位本地華人，兩女一男，家威是班上唯一本地華裔男學生。Ada則是班上唯一白人女孩子，英國籍。其餘的是巴基斯坦裔、菲律賓裔和尼泊爾裔。

　　李家威個子不高，但很喜歡打籃球，時常與班上較他高出一個頭的非華語同學們打球。小息時間，他一定在打籃球，只聽見他常叫："pass, pass..."。他的小個子以及在球場跑來跑去，令人印象難忘。

　　Ada比家威高出一個頭。暑期輔導班裏，她的同學主要是菲律賓人，全用英語溝通，沒有半句中文。這位女孩熱愛歌舞，在課堂中常見她手舞足蹈，自言自唱。半年後再訪校，見到她正在參加學校的啦啦隊訓練，以及與全校非華語學生準備畢業禮表演。訪校期間，中文科老師要求她邀請筆者到課堂參與中一級非華語學生接受的粵劇訓練。不過，她仍是以英語邀請筆者。就課堂所見，粵劇訓練與其說是中文訓練，不如說是一種音樂節奏的練習。對於非華語學生來說，粵劇其實與英國的音樂劇大同小異吧。

　　據崔副校長說，「筏可」有不少白人學生，家長大多是機師，居住在東涌或銀礦灣。他們大多欣賞筏可的優美環境，而且學校課程並不緊張，加上家長可能於幾年後移民外地，所以為子女尋找輕鬆的教學環境較為合適，Ada相信正是這類背景的學生。

　　這次簡單的中、英文互動，除了是本地華人男生與白人英籍女生的語文對壘之外，我還見到本地人與非華語學生交往時，仍是本能上用英語遷就外國人。

　　學生的地位是平等的，而且「筏可」也奉行「中英並重」的語文教學政策。然而，不少土生土長的香港人在語言條件的反射下，每當遇見外國人，自然而然便說起英語來。如果粵語真的是香港這個國際大都會的強勢語言，家威應該說：「你講廣東話啦！」

張雪清（化名）是李家威的同班同學，是一位沉靜的女孩子，英語進步的速度令我印象深刻。雪清從內地到港，她住在大澳棚屋，媽媽是主婦，爸爸打散工。2018年颱風山竹襲港，幸好一家都無恙，但棚屋卻被破壞了。

對於國內新移民，雪清感到最吃力的是英文科。半年後，筆者留校研究期間，見到雪清的英語確實進步不少。早讀課時只見她認真地閱讀英文課外書。我也參與了她的英文課，班上有不少非華語學生，都是以南亞裔為主。

雪清認得筆者，雖然有點緊張，但她還是自信滿滿的。老師要求每組在課堂時即席報告討論成果，她勇於站出來，代表小組發言，介紹香港的旅遊名勝，最終順利完成，並得到全班同學的掌聲。

在「筏可」，非華語學生人數過半，在中英文並重的語文教學政策下，對於一位國內新來港學生來說，經歷了半年與非華語同學互動、對話、競爭，這個語文環境促使她勇於在一大群以英

生活環境較簡陋的大澳棚屋。

語為母語的同學面前表達自己，不得不說這是得力於雪清與非華
語同學互動的成果。

互相欣賞 各奔前程

筆者邀請本地學生蔡曉瑩（化名）接受訪談，她馬上拉着班
上的好友張海廸（化名）一起來，海廸是菲律賓裔。

蔡曉瑩，土生土長香港人，在青衣讀小學，後來搬到大澳，
在貝澳公立學校讀五年級和六年級，接着到「筏可」升中學，現
時就讀中三（2019），喜歡科學，更喜歡「筏可」的師生關係。

> 我由幼稚園到小學都是在外面讀書的，外面學校的同學比較勁，
> 讀書好一點，學校老師迫，怎樣説，很多功課，很大壓力，考試很大壓
> 力。以前讀小學時，有位老師，小學老師很喜歡抄字，抄十個字，當中
> 有三個字一剔一點（不太整齊），那樣全篇要抄過。這樣我覺得很辛
> 苦，以前我寫字很潦草的，抄抄抄抄抄，我覺得很辛苦，很浪費時間。
> 反而在這裏，又沒有很多功課，無咁大壓力，我都會自願去讀書。

談及非華語同學的性格時，令她印象最深刻的是貝澳公立
學校也有很多非華語學生就讀，音樂課時見到他們與香港學生
不同之處。

> 貝澳小學上音樂課時，大家就很開心地唱，我們是咪嘴的，但他
> 們就不同，全都是唱的，很活躍，他們是開朗的。

海廸與曉瑩是多年同學，在貝澳公立學校已經認識。海廸
是香港和菲律賓的混血兒，與曉瑩一起接受訪問。她的志向本是
醫生，「筏可」並不是第一志願，可是最終還是選了「筏可」。不
過，她認為自己並無損失。

My first choice is not 筏可. My choice is a band one school, because I want to study medicine. What I think is the surrounding, the people, the ways they teach. Finally, I choose 筏可, because I got nothing to lose. I got a lot of fun.〔我的第一選擇不是筏可。我選擇的是一所第一成績組別的學校，因為我想學醫。我考慮的是環境、人，及他們的教學方式。最後，我選擇了筏可，因為我沒有什麼可失去的。我得到了很多樂趣。〕

而且海廸醉心音樂和藝術演出，早在小學時已在學校的表演中飾演《華山聖母》，升上中學後，她更積極參與演出，見到她在畢業禮的非華語學生演出中是在首行負責領唱的其中一位。

兩位好友是互相欣賞的。曉瑩欣賞海廸和非華語學生的開朗。

開朗，我覺得是最好的特點，音樂課真的很不同，真是很開心的。雖然我以前都是有很多話說的，但唱歌的時候，大家〔香港人〕是完全不會唱的，很怕醜的，但見到他們〔非華語學生〕上音樂堂，幾開心，這真是很不同的，我很欣賞他們可以這樣的。

反過來說，本地華人學生的優勝之處，海廸說：

I appreciate the way you think, such as we made a decision in the class, they think, but we 菲律賓人, just do it.〔We〕do not think about the consequence, but I see most people in Hong Kong think ahead, it is not easy.〔我欣賞你們思考的方式，例如我們班上要做一個決定，他們會思索，但是我們菲律賓人，就只會去做吧，不會考慮後果。我看到大多數香港人都會先想一想，這並不容易。〕

談到非華語學生報考GCSE，兩位同學都已考完GCSE，海廸更取得A star的成績。不過曉瑩感到校方有點不公平。

我覺得有少少不公平，有時我聽早會宣布，哪位或幾多位獲得A star……會不會太多人取得，會不會太容易，我覺得不太公平。有少少不太公平，可能他們都有出力去考的，但會不會太容易，十個有八個都取得A star。個個都得的，眼見平日不太勤力的都得。不過香港教育制度就是如此，咁我便繼續讀下去吧。

談到前途問題，曉瑩說：

可以走的話我會選擇走，我會選擇去其他國家，不過我會考咗先，我不會被別人指責我好像逃避文憑試。不過，我會考完就算。

活在"Lonely Planet"[1]裏

在學校，非華語學生除了與自己族裔「埋堆」，或與本地華人學生互動交往外，也有不少活在孤獨的環境裏。可能，有家長讓子女入讀本地文法中學，是為了讓他們多接觸本地學生，多學中文，融入本地文化。以下幾個個案，有非華語學生個性開朗，很快便融入班上的華人同學；然而，也有不少個案是孩子無法融入本地華語學生社群，被同學排擠，或被人忽視。

文歷，巴基斯坦裔，是「可藝」第一批錄取的非華語學生（其實只有兩位）。他已於2020年中學畢業，並參加中國語文科文憑試，雖然最終不合格，但他現正修讀毅進課程，並立下志向投身警界。

他是班上兩位非華語學生的其中一位，另一位來自俄羅斯。文歷的家庭與一般巴基斯坦學生不大相同，他是家裏的大哥，有

---

1. *Lonely Planet* 是一本旅行介紹書，特色是一個人到世界各地旅行的經歷。

一位弟弟和三位妹妹，其中兩位妹妹現在也正在可藝中學就讀。一般巴基斯坦家庭比較放任、隨意，但是文歷的家長則對子女的教育比較嚴謹，尤其重視學習中文。

雖然文歷是巴基斯坦裔學生，但他是一個非常乖巧、外向的學生，他參加了不少課外活動，尤其擅長體育。他參加長跑、球隊，也參加社的活動。他與同學相處得非常好。同學對文歷的接納程度也非常高，例如：畢業旅行，他們一起到日本，全體同學全程都不吃豬骨湯拉麵；又例如班會旅行，女同學設計餐單，全部沒有豬肉……可見同學很接納這位巴基斯坦男生，他融入本地同學的程度非常高。（有關文歷的學習經歷，可詳見本章，「我的班上來了位非華語學生」）

文哈達（化名），香港土生土長的巴基斯坦裔學生，2021年升讀中一，家住黃大仙區，在區內一所專錄取非華語學生的小學就讀。他原本希望選擇美孚地利亞中學，但最終被派到區內一所男校，是中文中學，該校只有極少數非華語學生。

中一級非華語學生會進行中文水平測試，由於他的中文水平不高，被學校編入中文抽離班，抽離班只有三位同學，一位是泰籍；一位是香港與尼日利亞混血兒；一位就是文哈達。而三位同學中，又以文哈達的中文水平最差。

從課堂表現看來，文哈達書寫漢字是無問題的，認字和口語也是可以的。然而，他辨別到圖片中的三文治，用英語可以辨別和講得出來，卻不能用粵語說出「三文治」三個字。同樣地，他識別得出圖片中的「hamburger」，但卻把「漢堡包」說成「菠蘿包」。就是很簡單的一段文字，他也講得結結巴巴的，「蛋糕」和「漂亮」等常用詞語都是說不出來的。

由於學校是以中文為教學語言，用中文教授的科目包括：數學、社會、宗教、中國歷史等。他說：「不懂得如何用中文説明學習的情況。」當談及在班上同學的交往時，我聽得最清楚的只是一個詞語："lonley"，其他都聽不清楚了。

沙東，另一位巴基斯坦裔年輕人，在屯門一所專收非華語學生的中學就讀，中四級時離校，轉到工業學院選修汽車維修，畢業後到機場擔任保安工作直至現在。

回顧中學階段，自己對學習無疑是努力不足。他明知中文科是困難的，但也沒有努力改善自己的中文。不過，沙東是個健談的男生，所以他在同學之間，尤其是華人同學間也很自在，甚至有點像認識了很久的老朋友一樣。

不過，中四時，沙東決定轉讀工業學院的汽車維修。他發現工業學院班上全是本地學生，雖然有兩位外國人，但從來沒有溝通。沙東在這時候要重新排列生活追求的優次。在學院一次迎新輔導活動中，他憶述：

> 一上到工業學院，一大班上課，我要prioritize工作，排優次，即是我想要甚麼，同學想要甚麼。我見到同學寫錢、家庭……我就寫家人、宗教、錢。因為我們寫我們關心的事先。我不怕被人知道我想甚麼，成熟的程度就在此。

現在，沙東已到機場工作，並一直找尋升職增值的機會。當問及如果他有孩子的話，會如何為孩子選校。他斬釘截鐵地説：

> 本地學校，no easy job，不要容易的方向，否則以後都是懶的，先苦後甜。

我覺得自己都是香港人，自己怎走，子女也要怎走。我會揀這些東西給他們，基礎好一點，會懂得想。

年紀愈大，生活經驗愈多，成熟程度也愈高。我們也見到，非華語學生年紀輕輕主動在本地華人群體內生活、學習，便會很快融入本地社群，這是一條不二法門，並無捷徑。

沙東的妹妹莎莎，現時就讀元朗伊利沙伯舊生會中學中二級，該校是區內一所不錯的學校。據姐姐莎芙說，她是第一位入讀該學校的非華語學生。由於姐姐以前入讀的是區內非華語學生高濃度學校，自然希望莎莎入讀本地文法學校，讀好中文。她說：

> 她小學是讀伊斯蘭小學，我們想她入本地學校，不想她入非華語小學，因為我本人讀非華語學校，中文接得很麻煩。她很勤力，但競爭很大，要同別人同一水平很困難。別人的水平很高，她升到這水平也不容易。我和媽媽都想妹妹去本地學校。可是，學校卻奇怪我們為何會選她們。校長覺得奇怪，因為妹妹是第一個非華語學生入讀，之前沒有的，我們堅持要讀這間。

現時，莎莎班上只有兩位非華語學生，她們的溝通不錯，但她與本地學生則甚少交流。她說：

> 班上的本地生少與我們溝通，因為我們的中文不太好。想不通便講不清楚。我的朋友講中文是有問題的，我便幫她。同學有時會幫我們的，但有時也會歧視我們，不想同我們坐，或不想同我們傾偈。

莎莎的學校，伊利沙伯舊生會中學是一所中文中學，但也分了「中、英文班」和「中文班」，莎莎讀的是「中、英文班」，只是地理科改用英語上課，不過所謂英語上課的意思是用英文課本，但老師講的是中文。又由於莎莎的父母都不懂中文，所以學

校把她編入非華語中文班，這個班只有三位同學。她的中文科壓力不太大，反而是中國歷史科和通識科更有壓力。莎莎說：

> 我覺得老師放太大壓力在學生身上，也是有挑戰性的，因為通識和中史方面，我真的不足以應付的，我不知道他們說甚麼。至於中文變成NCS中文，我可以應付。

伊利沙伯舊生會中學校風良好，並以錄取本地學生為主。莎莎及家人都期望她可藉此提升中文水平，甚至提升整體學習能力。不過，由於家中常用語言並非中文，所以莎莎要入讀NCS中文課程，日後考GCSE試，似乎走回哥哥沙東的舊路。

另外，通識科（有些學校稱為社會科）和中國歷史科都用中文教授，除了語文障礙，教學內容更涉及文化元素和社會觸覺。對非華語學生而言，挑戰不少。幸好，莎莎的家庭支援不錯，媽媽曾接受大學教育，深明教育的功能。而姐姐莎芙曾留學英國，現從事幼兒教育，姐姐的成功經驗正是妹妹莎莎的效法對象。

莎莎（左）、媽媽（中）和姐姐莎芙（右）

破繭而出　邁向新世界

莎芙、莎莎和沙東的大姐姐，小學時都讀伊斯蘭小學，中學則入讀一所本地中學，那所中學錄取不少非華語學生，後來弟弟沙東和沙華也入讀同一所中學。該校初中時推行普通話教中文，所以初時對莎芙也是很困難的，後來反而合格，因為普通話仍可以使用拼音。莎芙似乎也繼承了母親不服輸的硬朗性格，選讀主流中文，兼考 GCSE 和 DSE。

最終，她的 DSE 中文科不合格，但 GCSE 則取得 A 級。畢業後，莎芙入讀毅進課程，之後升讀高級文憑課程，再到英國修讀學位課程，回港後到嶺南大學修讀幼兒教育學位課程。她回顧自己接受教育的歷程，毅進課程主要用中文上課，高級文憑課程則用英語；嶺南大學幼兒教育又用中文上課。現時她正在一所幼兒園當英文教師。

莎芙與中學同學的關係不錯。她說班上的華人同學很接受自己，很少歧視。她說自己邁出第一步，因為自己肯用中文與班上本地華人同學溝通。

> 因為我們識溝通，如果不懂溝通，他們〔本地華人學生〕便怕同我們說話，如果你一進去便同大家 say hi，大家便會很開心。

反過來說，巴基斯坦族裔的學生與本地華人學生格格不入，據莎芙觀察，原來巴裔同學之間常用英語溝通，而本地華語學生很怕用英語聊天。她說：

> 其實香港學生不太願意講英文，我妹妹學校的學生也是如此，她常常都是自己一人，有位非華語的女孩子常常同她一起，但本地的學生就不想同她一起。

　　莎芙談到港人對少數族裔的歧視，根源是對待操流利中文和操流利英語的人士的不同態度。

　　因為巴基斯坦人大部分都識講英文，我有時也會扮不懂中文，因為當我表示我懂中文，他們會欺負我們的。可是我用英文跟香港人溝通的話，他們通常都是 "ok, ok, I understand"。有次我買薄餅，我用中文講，他們真的不願意回答。後來我再打電話過去，用英文講，他們會說，I am sorry，我覺得他們對英文人有分別的，當然他不看我的樣子，可能他們見到我的樣子，也不會理我的。講得衰一點，鬼佬，外國人的 status 是高一點的。

　　在英國留學一年，莎芙感到多元文化受到尊重，不少少數族裔都能平等在社會作出貢獻。她說：

　　在英國，我覺得我們這些人，他們真的接受多一點。我見到很多高職位的人都是非華語人士，例如醫生，但在香港，其實很少。但那邊，很多都是我們的人，做醫生、教師，甚至有所學校，絕大部分都是非華語人士任教。我覺得真是接受多點，可能是英文教學的關係，升職，讀書又讀得好，但在香港卻沒有機會給我們做一份好的工作。

莎芙一家人接受筆者訪談。

莎芙在英國畢業後，已獲聘用在那邊教書。然而，莎芙還是回到香港，她想與家人一起，因為沒有家人在身邊，很難生活下去，自己容易抑鬱，所以一定要有家人在身邊。

為自己、為婦女的未來而戰

另一位巴裔女生奮鬥的故事更是令人動容。軒拉（Butt Hina），土生土長香港人，幼稚園、小學、中學都就讀本地學校。她的校園生活並無特別，直至初中時，她才第一次感到深深的歧視，而歧視自己的竟然是自己人，同班的巴基斯坦男孩子。她說由於自己的中文成績好，好像脫離了巴基斯坦裔的。另外，自己是個女孩子，在巴基斯坦男孩子眼中，女孩子根本不用多讀書，回家嫁人生小朋友便可以了。

高中後，學校錄取不少國內新移民，他們反而向軒拉學習，大家相處和諧。可惜，軒拉的文憑試中文科最終不合格。不過，軒拉的表現和經歷吸引香港大學祁永華博士的注意，並邀請她到北京師範大學珠海分校就讀以「中文為第二教學語言的學士課程」。

畢業後，她回到中學母校任教，又到香港大學修讀碩士課程。離開中學母校後，她參加香港大學教育學院支援和研究工作，成為第一位非華語中文教師。她現時在幼稚園任教非華語學童的中文科，希望從低做起，協助非華語學童學習中文。她對自己的成就也很滿意，她說：

> 其實我兒時的夢想，算是成功了。我丈夫也說我是辛苦命，我很感恩，我的工作很好，老闆又看重我，同事也尊重我，在我的事業和專業方面，又認同我，不是嚋頭，覺得我是有能力的，可以教好中文的。我做到了，其實我正希望如此。

現在，她仍然很努力，到處分享自己的奮鬥故事，尤其希望大家明白巴裔女孩子要成功，付出的努力和堅持要比男孩子多得多。另一段話，頗能道出巴基斯坦裔重男輕女的悲歌。軒拉老師引述以前在中學任教時的遭遇：

> 為何我可以堅持？因為我教中學時，曾與幾位女生分享這個話題。她們說，老師，你很好了，你25，26歲才被人〔逼〕，我們已結了婚。她15歲，〔丈夫〕都是表哥，堂哥。你一定要堅持下去，你能堅持下去，便可以幫到我們的女性。

表面上，軒拉只是一位巴裔女學生奮鬥成功的故事。然而她身為巴基斯坦裔女生，突破中文科的困難，考上大學，修讀「二語中文」，後來還修讀碩士課程，又到香港大學擔任支援人員，再任教中文科，回饋巴裔小孩子。

筆者與軒拉老師於香港大學的講座合照。

當中，她受到同族裔人士的冷眼、父母的壓力，更有甚者是在求學期間被父母強逼結婚。這位硬朗堅強的女生都一步一步咬緊牙關，追求學問、自由戀愛、美滿婚姻，成為巴裔婦女解放，自強不息的成功典範。（有關軒拉老師的奮鬥故事，可詳見第六章「一位巴基斯坦裔女生成為中文教師　創造未來的生命故事」）

家長望子成龍　無分國界

父母愛子女乃天經地義，華人家長望子成龍，世界知名。至於非華語家長對子女的教育有何想法？

據一位任教高濃度學校多年的老師對很多非華語家長的見聞的分享，通常家長日派發成績表有不少家長缺席，就算答應出席也從未現身。若打電話與家長聯絡，母親多是以簡單英語敷衍。以下三個個案是老師在家長日與家長溝通互動的場面。

一位巴基斯坦籍男學生原本填寫了家長不出席，後來媽媽突然出現。原來，該學生的妹妹也在同一所學校就讀，妹妹填了家長到校，於是媽媽便順道見哥哥的班主任，這才東窗事發。媽媽很年輕，看樣子30歲上下。她的大兒子已經17歲，女兒也15歲了。媽媽不懂中文和英文，只能靠女兒用烏都語逐句翻譯。當然老師也不知道女兒翻譯了甚麼，這就是老師和家長的「溝通」了。

又有一位泰籍學生的媽媽，不懂廣東話。雖然在港工作，但深明不諳廣東話之苦，只能用英語和老師溝通。她對妹妹寄予厚望。女兒的中文成績在校表現很好，在班上名列前茅。可是，女

兒連茶餐廳餐牌也看不明白。媽媽向老師投訴女兒的中文成績其實很差。她希望學校可以教深一點的中文，在非華語學生家長眼中，中文能力的意思可能就是生活語言的掌握。

也有前輩老師提醒後輩，對付頑皮的巴基斯坦男孩子，跟媽媽投訴是無用的，直接與父親溝通才至為有效，因為巴基斯坦仍是一個父權主導的社會。有一次，老師見一位巴基斯坦的父親家長，談到學生的成績差劣後，父親就在老師上洗手間的短時間內整治了孩子一頓。

當然，任何家長都會明白教育是改變下一代命運的階梯。可是，家長作為家庭支援的支柱，又如何支援子女的教育？以下，我們將與三位巴基斯坦裔家長談到子女的教育。

三位巴基斯坦裔家長談到子女的教育

Mohammad Rafiq

男，50歲左右，家住葵涌邨，在大角咀任職保安員，育有兩子兩女，四位子女都是巴基斯坦出生，後來到港定居。他懂廣東話，太太是全職家庭主婦。

大兒子就讀圓玄學院第三中學，剛完成中六，今年（2020年）考文憑試；二女兒也在圓玄三中就讀，現時中三級；三女兒，中一入讀蕭明中學，後也轉到圓玄三中，現時就讀中三；四兒子，初時就讀地利亞，由於留班兩次，後轉讀天主教伍少梅中學，現時就讀中一。

由於 Mohammad 沒有讀過書，生活也很艱難，自然希望子女能透過教育令將來的生活好一點。他要子女自己主動，因為

父母只得信任子女。他常把自己的遭遇告訴子女，對他們多作鼓勵，說自己就這樣過了一生，香港是知識型社會，得靠讀書改善環境。

由於家庭支援不多，四位子女中，三女兒來港時間不長，竟考入區內有名的女子中學——蕭明中學，令Mohammad喜出望外，不過最終都因配套不足，無家人支援而轉讀圓玄三中。（有關三女兒的學習遭遇，可詳見第二章〈社區〉「葵涌屏麗徑共融館」）

Mohammad很感激香港政府的幫忙，他現在很滿足，因為現時的生活比在巴基斯坦時好得多了。雖然有時想回鄉建屋安享晚年，但似乎所有的孩子都適應並享受在香港的生活，所以他都要視乎子女的看法再決定路向。

他希望子女在香港學好中文。他認為在香港，中文比英文重要，而且與本地人溝通，需要用中文的機會較多。這一點，Mohammad的想法與社區幹事Minhas（阿文）南轅北轍。

Mohammad Rafiq（左）、Minhas Rashad（阿文）（中）和筆者（右）。

Minhas Rashad（阿文）

阿文除了是共融館的社區幹事外，還是在港巴裔人士的明星。他曾參與由方東昇主持的《世界零距離》（巴基篇）、平等機會委員會的廣告等。他十歲來港生活，早年入讀官立嘉道理中學，現時在屏麗徑共融館任項目幹事，專協助社區內少數族裔的生活，以及推廣少數族裔與本地人的共融工作。阿文有三個兒子，他認為英語學習較中文重要得多。

> 我大兒子和二兒子都是入讀主流學校，但三子入讀地利亞，其實我知道對他有壓力，讀中文，又再讀英文，而且美孚地利亞也是普通的學校。因為我發覺我們讀的中文都未能達到本地人的水平，反而我們的英文都退步了，那不如回到自己強勢的學校。不及其他人，也不要比香港人弱。即使我們未必比其他香港人強，Band One 學校的學生水平很高。

阿文說自己是一個有經歷的人，做過很多行業。現時從事的工作，接觸少數族裔家長更多。他說，不少家長以為子女懂得講中文便可以了，但他們不知道講和寫是兩回事。你講得好，不等於你考試過關。

談到以中文為語言教學，阿文有很多意見，也表示不滿，尤其是推動中文教學後，少數族裔的英語水平較以往退步了，競爭力反而下降了。

> 現時香港推行中文作為第二語言，但我個人覺得這有很大問題，為甚麼？因為她是抄外國的，加拿大、廣州，他們有自己的母語，然後英文、法語或德語是他們的第二語言。但在香港無可能，除了mother tongue外，我們學好中文後，有沒有調低我們的英語？所以政府抄，但沒有想過在香港，中文、英文都要讀好，加上自己的母語。可能以前是

自己的 mother tongue，之後是英文，之後是中文；現在只是調轉，先中文後英文。但當我們的英文退步了，不論在升學和就業方面，有無幫我們 pick up？這些問題在細節，為何政府卻沒有仔細考慮？

阿文眼見英語對巴基斯坦孩子升讀英文中學有優勢。他分析巴基斯坦裔學生以英語面試時比本地學生出色的原因。

> 我們中心有三位女孩子入讀保祿六世〔書院〕，不是讀蕭明小學、主愛小學，反而三位小妹妹都是讀閩僑小學，為甚麼？因為她們（蕭明）用英文面試。大家知道，香港人的英文可能很叻，但他們不想出聲。我覺得香港學生的英文不錯的，可能比南亞裔勁。

> 而且，南亞學生的英文文法全是錯的，但他們有信心敢講出來。而香港人要全對才開口。所以南亞學生在面試有優勢。保祿六世的三個小妹妹我都認識，該校的水平當然比蕭明中學低一點，但老師會主動一點幫她們，她們現在還在保祿六世讀書。

> 其實她們如果讀主流小學，反而未必可以讀到 band 1 學校，因為你同本地人一起讀，你一定不會比本地人高，甚至你的英語水平都拉低了，咁你的平均都達不到 band 1 的水平，最叻只是 band 2。

這種對子女教育的部署，似乎已超出同輩家長的識見。因為他見到香港社會在教育制度上其實是對少數族裔忽視的。對於非華語同學來說，用中文升學，處處都有語言障礙，所以只能提升英文水平，加強自身競爭力，才是出路。

> 香港學生讀不到中六（大學），可能讀毅進、基礎文憑、高級文憑等，但是大部分都是用中文教的，又出現同一問題。

無疑，對於上一代人來說，在香港的生活確是比在巴基斯坦的生活好得多。可是，阿文覺得自己比較尷尬，如果在香港的生

活很困難的話，便打算回去巴基斯坦，巴基斯坦的人情味始終都比香港好些。他說：

> 香港是一個大的機器，個個都在工作。日後我退休，香港地連雀都無得玩。你又不會玩紙牌，在家做甚麼，難道數手指？但回巴基斯坦後，地方大，又不會要求你工作。你便可以找親戚談談，祈禱，這便是一種生活。反而我的子女，土生土長。他們的外表是南亞裔，但內裏的文化、節奏，都是香港的，要他們去到巴基斯坦，一個月，兩個月，無問題，但其實他們都已是中國人了。

Anjum Rizwana

女，50歲左右，育有四位子女，多年前隨丈夫從巴基斯坦到香港定居。她是少有曾接受高等教育的巴基斯坦女性，大學時主修英文、教育及經濟，但不諳廣東話。她來自有教養的家庭，姐姐是心理學碩士，兄長在巴基斯坦有自己的學校。她也希望子女成為有教養的人，尤其是女孩子，如果她們能學習，便不一定依賴丈夫。

Anjum Rizwana（左二）與四位子女（左一、左三、右一、右二）。

由於不懂廣東話，在香港生活難免困難。她曾有不少不愉快的經歷。她說：

> 香港人確實如此，對巴基斯坦人不願觸碰。有次我在醫院，聽護士說：伊斯蘭很臭之類。雖然我聽不懂廣東話，但我還是能從人的面部表情知道她的想法。

> 我從未 expect 過 nurse 的行為是如此的，那是公共地方，如果是沒有接受過教育的人的話，我並不奇怪，但護士是受過教育的人，怎可能如此？

又有一次，在街市的遭遇也令她很不愉快。

> I cannot speak Cantonese; I want to buy chicken, but I don't know〔how to say〕halal, so I take an empty box, check if it is halal food, but the Hong Kong 小販 respond badly. She took it〔the box〕... 我們只是不明白對方的語言，為何這樣無禮，或你可以不交給我，或你可以請懂得英語的人翻譯。我想在巴基斯坦，無人可以這樣對待別人。

雖然有多次不愉快的經歷，但這反而激發她內心堅強的意志。她從未有想過回巴基斯坦的意圖。她告訴自己，不可放棄。而這股堅強的心志，也深深影響女兒。談到大女兒莎芙在英國留學時，遇到特別情況要馬上搬離居所，她說：

> 沙芙在英國讀書時，遇到一些情況，要馬上離開親戚的屋子時，我告訴沙芙，你只有三小時收拾離開，沙芙當時說不能處理。我告訴她，你是我的女兒，我能處理，你也能處理，你可能做得比我好，所以請你處理。隨後，她收拾了所有行李，離開了房子。

　　事情總算解決，沙芙也成功完成學業，相信經過在英國留學的歷練，沙芙也將會像媽媽一樣堅強。媽媽滿意地說：

> I try to make them perfect. They are not perfect, but I want them be a good person, not only for job, but also in〔the〕society.〔我嘗試教好他們，令他們完美。他們不完美，但我想他們成為一個好人，不僅是為了工作，而是在社會上做一個好人。〕

　　雖然兩位兒子最終未能升讀大學，媽媽為此不免有點失望。可是，現時兩位兒子都擔任機場保安的工作，收入穩定。而且三位子女出來工作後，他們的薪金全都交給她，她只予他們幾千元，作為交通費和零用。這種極具生活規律的生活態度，相信只有極具教養和自律的人才能實踐。

　　媽媽是個自律但又開明的人。二子沙東問媽媽可否與本地華人女孩子拍拖？她的回答是：

> 我告訴子女，如果想拍拖，你有自由的，但請告訴我，與我商量一下，讓我想想是否對你好的。只要是穆斯林便可，是中國人也可以的，無問題的。我希望給子女moral value。

父母望子成龍無分國界　關鍵在於父母以身作則

　　家長本身的學歷固然影響到對子女的期望，這也必然反映在子女對自己的學業期望上。Anjum Rizwana來自有教養的家庭，自然希望子女都是有教養的。而且她與本地朋友互動的經驗更強化了自己必須堅強才能在香港立足的信念，故而也教育子女必須堅強。

家長的社會經驗也影響到對子女教育的看法。Minhas Rashad（阿文）多年來從事各行各業，現時從事社區工作，眼見不少少數族裔的家長和子女因英語水平不足而未能有社會實質流動。所以，他的看法是經歷多年在社會打滾的經驗之談。

不過，在香港社會還有很多家長活在自己小小的社群之內。雖然他們可能聽得懂廣東話，但他們對香港的情況是全然不知，也不關心的。正如阿文說，大部分巴基斯坦裔像活在香港人的上一代。

> 南亞人跟香港人是相距一代的，即是我們現在經歷的，就是你們的 80 年代，很多家長對小朋友都是「天生天養」，但香港人不是這個看法。回顧起來，其實我們上一代讀書不成，常掛念鄉下。現在的年輕人不想回鄉了，所以我們是相距了一代。

宗教領袖：「除了講道理，更講語文」

當我們走入社區時，除了談到香港少數族裔在本地社區的特色外，更介紹了個別社區領袖的工作，希望從他們的口中，了解少數族裔融入本地社區生活；學好廣東話，學好中文是關鍵所在。

另一方面，少數族裔重視宗教生活，尤其是巴基斯坦裔非常重視伊斯蘭教。穆斯林的身份讓不少本地華人對巴基斯坦人敬而遠之。其實，在香港，穆斯林數目最多的是華人，其次是印巴人士。只是由於巴基斯坦人信奉伊斯蘭教的比例最高，才有此錯覺。

九龍清真寺內禮拜的情況。

　　此外，本地華人對伊斯蘭教一直有很多誤解，導致不少港人對巴基斯坦人，甚至對伊斯蘭教出現極多誤會。我們嘗試以一個簡單的類比，說明一般香港人對伊斯蘭教的誤解。佛教也是一個普世宗教，但佛教在尼泊爾、西藏的面貌與佛教在泰國的面貌截然不同；佛教在中港地區的面貌與佛教在日本的面貌也南轅北轍。這多少與不同國家的風土人情有關。

　　同理，伊斯蘭教在中東地區有不同的派系，東傳至巴基斯坦、中國、馬來西亞、印尼等國，都有不同的面貌。所以當我們討論伊斯蘭教的時候，可能不時要提醒自己，不宜把一種宗教與不同國家的文化風俗混為一談，更不宜把宗教教義與社會衝突劃上等號，否則我們將陷入誤解和歧視的深淵。

我們並非討論伊斯蘭宗教的教義，只是希望說明本地的宗教領袖和導師如何領導穆斯林把宗教生活與世俗生活融合。

楊興本教長

楊興本為現任香港回教信託基金總會及香港伊斯蘭聯會教長、清真寺暨林士德伊斯蘭中心教長。

他在一次為本地教師而辦的講座上，談到穆斯林學生在學校要祈禱，又要在放學後趕着到清真寺學習古蘭經，學業成績跟不上，令不少本地教師困擾不已。楊教長向大家介紹伊斯蘭教對穆斯林祈禱的要求：

> 伊斯蘭教其實是一個很輕鬆的宗教，做物主不會給我們困難，會給我們容易。不會規定一些戒條，人是做不到的。午禱的時間很鬆動，由 12 時到 5 時都可以的，不是夠鐘便停。很多人對五次祈禱有很大誤解，其實全部計大約半小時，每次數分鐘而已，5 分鐘，最多 10 分鐘，不用很長時間。

此外，他也深明現時的小孩子很懶散，常常手機不離手，這似乎已是全球化的現象，任何族裔的小孩也是如此。不過，楊教長還是很驕傲地說，巴基斯坦的小孩子來到我們清真寺還是很聽話的。他還向老師承諾，如果小孩的功課很差，或是在學校的學習態度不佳時，可以隨時告知教長，讓他們都想想辦法。另外，楊教長也告訴大家，其實伊斯蘭教是非常重視學問的。他引述穆罕默德聖訓一句話：「求學問，就算遠在中國那裏，也應當去。」

由於香港與巴基斯坦的生活習俗截然不同，加上大都會和市郊的生活節奏也是迥異的，所以，巴基斯坦新移民父母在香港

楊興本教長為大家講解：伊斯蘭教對祈禱的要求其實很容易。

教育制度下顯得格格不入是有跡可尋的。可是，不少巴裔家長卻以伊斯蘭教的教條為護身符，推卸督促子女學習的責任。有時，連身為巴基斯坦裔的老師也為之氣憤。軒拉老師，一位在香港土生土長的巴基斯坦裔中文女教師，也告訴本地老師：「不用害怕巴裔家長，一定要告訴他們，在香港生活，必定要讓孩子讀書，否則你便犯法，便要回老家。」軒拉老師斷言，他們一定不會回去。雖然這是氣憤之詞，但也多少反映巴裔家長重視宗教多於子女教育的普遍現象。

古蘭經課程因人而異

　　楊興本也指出，伊斯蘭教的教義規定，參加禮拜必須以阿拉伯文誦讀古蘭經，起碼要熟讀首五章，甚至背誦部分古蘭經，

以便參與禮拜。所以穆斯林都要學習阿拉伯文，起碼要讀懂禮拜的經文。他說：

> 有看讀的階段，通曉，由頭到尾讀一遍便可，也有背誦通曉的階段。有些7至8歲便完成，有些10歲才完成，要視乎他們的情況而定。也有年紀較大的，15至16歲，不會回來再背。我們覺得，背誦是好事，但以不影響到你的學業為要。

有時候，有巴基斯坦小孩子說自己十時才由清真寺回家，哪有時間做功課？楊教長無奈地回應：

> 宗教上真的有這要求，有些放學便來，我們都要留意一下這個問題。他們只顧來背古蘭經，忽略自己的功課，是會有的。我也要提醒一下，必須先做好功課，再來背古蘭經。可能他們掛着過來，會忽略功課，我會留意一下。

這是一個傳教與授業的矛盾，傳道、授業、解惑，三者不分軒輊。在理論上，不論古今中外，一向如是。可是，在現實生活裏，不同的族裔有不同習慣和社經地位，對此三者都有不同的偏重。在香港這個金融大都會，所謂的知識型經濟社會，人人增值，唯恐追不上社會進步的步伐。巴基斯坦族裔恪守宗教傳統，本來是自由社會容許的範疇，可是在這個節奏急速的城市生活，這會否成為保守和與社會格格不入的隔閡？

馬蓬偉教長

愛群清真寺暨林士德伊基蘭中心宣教委員會主席，曾三次到麥加朝聖。他除了是虔誠的穆斯林外，更是一位教育家。他曾是穆斯林社區幼稚園校董、伊斯蘭鮑伯濤小學校監和伊斯蘭中學校董，對學校運作和語文教學是熟悉的。

馬蓬偉在灣仔清真寺宣傳委員會辦公室。

認識巴裔的頑固　認識華裔的頑固

我們談到穆斯林每天禮拜的問題，馬蓬偉承認巴基斯坦裔是很注重自己的宗教。

> 所以放學便去清真寺，有時候我辦一些班〔課程〕，希望小孩去學，但他們的反應是，不行，父母要我去讀經，他們也不上我的課。他們的 concept 是去到經文上。老實說，你同小孩子說，他們不明白的，經文說甚麼，他們不太明白的，一味是背誦。

伊斯蘭教是寬容的，馬蓬偉說到清真寺學習的時間是可以調節的，不會阻礙，當然有時未必可以遷就。另外，他也指出，不少巴裔人士實在難以融合香港社會。

> 以前也曾到訪香港大學，想了解一下巴裔人士的社區生活。我告訴他們，當時的社區沒有容納他們，看英文他們不懂，看中文他們也

不懂。我也訪問過他們（巴裔）。他們未去過圖書館，未去過游泳池，因為他們不知規矩，一望，不知是甚麼（中文字或英文字），便索性不去了，你叫他們怎融入社會。

當然，馬蓬偉也指出，是有巴裔人士與香港社會融合得不錯的，而關鍵還是在於教育。

我就覺得〔問題是〕怎樣去教育，其實現在很多都融入社區，當然我所指融入社區的，都是有見識的，或是知識高一些的，這些都融入社區。巴基斯坦人很多都是做生意的，他們在香港很多都是有錢的，他們都是融入社區才能成功做生意的。

香港人對巴基斯坦穆斯林確實有歧視，馬蓬偉曾是幼稚園、小學、中學的校董，他親身見證過家長這樣的說話。

為甚麼我這樣說，因為我做過幼稚園校監，也曾任小學和中學校監，有些家長同我談，如果你改了伊斯蘭個名的話，我就讀了。

「如果你改了伊斯蘭個名，我便選你」這句話確實是有歧視成份，不過馬教長還是好言相勸，邀請家長走進學校參觀。當然，家長還是沒有走進伊斯蘭學校參觀。不過，馬教長也見證了港人家長的轉變。他說：

以前不肯來，現在肯來。也有去其他學校，教得不好，回來我們學校，讚學校，欣賞學校。

馬蓬偉見證巴基斯坦孩子與香港孩子的學習態度不同。我們也不會怪他們，巴基斯坦人生育多，父母管教相對較粗疏，所以形成大家批評他們頑皮也好，活潑也好。中國人便說「無家教」。

教育功能 —— 年復一年 滴水穿石

馬蓬偉對未來仍充滿信心，只要教育的方向正確，不斷培育的話，少數族裔學習中文是一定可以成功的。他說：

> 我不是誇大，我在幼稚園同老師説，入到我學校，不准講烏都語，一定是中、英文。你一定要培訓。如果在家不識，這便是一個問題。你在校教他，但他回家同媽媽仍是説烏都語，因為父母不懂。所以我的構思，現在一路培養不去，到她做了母親之後，她便懂得同子女談了，當然一定不是即時見效，但我們一定要有這個目標。中學有很多識講，因為他們聽；聽得多了，例如你去日本，兩年你一定可以講流利日語，但你寫未必可以，看也未必可以。我的想法是一路浸，我的心態是幼稚園一路寫，到他12、13歲，甚至30多歲時便識寫很多。有時候新移民剛來時，你是無辦法的，這是我的看法。

從馬蓬偉教長的訪談，我們見到巴基斯坦裔的頑固，也同樣見到港人頑固之處。能打破頑固的只有教育，不論社教化和學校教育，都發揮重要功能。社區設施沒有顧及非華語人士的需要，補救相對容易。然而，要不同族裔共用社區設施，彼此接納則尚需時間。正如馬蓬偉教長的宣教和教育事業，只能日積月累，滴水穿石，打破隔閡。

黃尚禮老師

香港少數精通阿拉伯語的伊斯蘭徒，曾在香港大學教育學院協助教授「以中文為第二語言教學」，也曾到不同中學協助任教非華語學生。

黃尚禮早年在台灣大學修讀阿拉伯語系，大學二年級時加入伊斯蘭教，成為穆斯林，至今已超過30年。畢業後，尚禮先生

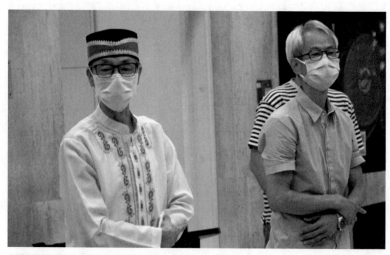

馬蓬偉教長（左）與黃尚禮老師（右）。

曾到約旦、伊拉克等地工作，主要是商貿工作，另外是貨物推廣，還要做老闆的翻譯。老闆搞生意，他則繼續學阿拉伯文。經過在中東的兩年後，便回港繼續工作。

由於黃先生有語言上的便利，所以他很容易轉到不同行業工作，包括零售、船務、酒店業、飲食業，保安，特殊教育、註冊教師、復康、港大公共衛生學院研究助理、教育大學體育學院等13種行業。而由於他有阿拉伯語的背景，所以曾受聘於香港大學教育學院，協助推動非華語中文教學工作。

讓香港人認識伊斯蘭教

黃尚禮的宗教和生活與阿拉伯文化和伊斯蘭文化關係密切，所以他經常被邀請分享阿拉伯或伊斯蘭文化。他認為伊斯蘭教除了是一種宗教外，更是一種生活，絕對不像基督宗教可以融入現代生活。最大的分別在於禮拜時的語言。他說：

它們〔基督〕的宗教可以用本地語言，但伊斯蘭教不可以，一定要用阿拉伯語，對宗教的投入度很高。另外，日常生活中每日有五次禮拜，但也要看穆斯林是否虔誠。我有些做保安的朋友，時間一到便做禮拜，但時間很短，幾分鐘便可。

但其實有職務在身的話，你可以不做禮拜的，事後補回便可。當警察捉賊時不可暫停，又或急救車急救員，正可以後補。

學生學習也是同一道理，學生求學是第一義。穆罕默德也有聖訓謂：「求學問，就算遠在中國那裏，也應當去。」意謂求學艱苦遙遠，也要努力前進。另外，黃尚禮也指出，雖然背誦古蘭經必須用阿拉伯語，但伊斯蘭其實萬事有商量。所以若穆斯林學生以學習阿拉伯文而逃避做功課，只是一種藉口而已。

伊斯蘭教徒最少要讀到五節阿拉伯文，以便在禮儀中誦讀古蘭經，背誦其中章節，可以參與禮拜便可。這是我們一種學習態度，真主知道的。阿拉伯語的老師就好像香港的補習老師，彈性很大的。可以同教長談的，可協調的。學習是一定要的，學習到某一個章節，懂了便可以停的了。道理班的教師都是教你拼音和大概的意思，文法也很少教的。最重要是懂得看和懂得背，最重要是感受清真寺的禮拜氣氛。

讓香港人認識巴基斯坦族裔習性

據黃尚禮的觀察，巴基斯坦人的時間觀念很差，但對禮拜的時間除外。可能他們受可蘭經一句話影響，意思是任何事由真主決定，但可能他們是有誤解的，以為我們先洗面，先吃飯，甚麼都不緊要。真主安排，給人有抵賴的感覺，但古蘭經真正的意思是要我們積極做事，樂觀做人。

雖然巴基斯坦被稱為「清真之國」，但仍受制於其文化風俗，且各處鄉村各處例，不過男孩子喜歡玩耍多於喜歡讀書卻是

共通的。在香港，少數族裔當然不只巴基斯坦人，但唯獨是巴基斯坦裔的生活和華人有很大差異，衣食住行皆不同，而且他們是根據自己的宗教和行為做事。

也讓巴人認識自己

黃尚禮分享與巴裔年輕人的接觸時，常感歎男的只說做警察，女的只說做幼師，其實他們還有很多選擇。不過，令他大惑不解的是，很多巴基斯坦年輕人成長了，但卻不知道他們的生活和前途如何。我們見到有巴基斯坦人做保安、做地盤、做百貨公司售貨員，但那班成長了的女生，大部分女孩子去了哪裏？可能大部分回祖家結婚。

除了當幼師外，她們另一選擇似乎只有護士。黃尚禮常為她們提供另類選擇。巴裔女生實在可憐，在重男輕女的傳統家庭觀念下，女孩子並不被鼓勵求學，中學階段已經被家長逼迫回鄉結婚生子反而時有所聞，所以黃先生不只一次在分享會為巴裔婦女發聲。

> 我想幫巴基斯坦女生，以前她們還可以做護士，因為主要還是用英語，但現在用中文多了。我告訴她們，雖然未必可以做醫護，但可以做抽血員，又或三級病房助理，也要用醫學用品的，又可以培訓成為物理治療師等。

任何在香港定居的人士，哪怕是任何一個族裔的人士，都可以憑自己的才能為香港作出貢獻。雖然香港的教育制度未必盡善盡美，但現時總算顧及不同需要的人士。這種普羅大眾和他者小眾的隔閡，應該隨着教育的發展不斷收窄。除了教學人員外，宗教導師也在自己的工作範疇為非華語教育貢獻良多。

為非華語中文教師抱不平

黃尚禮多年來協助教授非華語學生，接觸很多中文教師。他發現一個現象，並期望投身非華語中文教學的教師要認識自己真正的價值。

〔坊間〕普遍以為教非華語學生的都是第二檔次的老師，是被逼教的。校方通常找一些新老師，不會用資深老師，也不會交由科主任跟進。由於由新老師任教，又沒有很多人生閱歷，所以他們都很煩惱。而且教非華語學生給人的印象是次一等的，等同教特殊學生。我曾教一個學生，畢業後入屯門醫院工作，照顧嚴重智障的病人，一般人不會讚你有專業知識，只會說你有愛心。

其實教非華語學生時，責任很大，要求你認識的更多，因為你要同多民族接觸。用民族學來看，其實你要有一點技巧。

教師最前線──「外面的人想進去，裏面的人想出來」[2] 的故事

「教師質素」是教育成效的關鍵，相信這句話是教育工作者的共識。可是，以為「教師質素」決定教育工作的成效，可能把整個因果關係簡化了。

我們似乎忽略了對教學前線──「課室」的理解，也忽略了支援教師的後勤工作的重要性。如果忽略這兩項關鍵項目，將會對教師的工作以及教學成效出現不公平的判斷和評價。

---

2. 蛻變自錢鍾書《圍城》的名句：「婚姻是一座圍城，城外的人想進去，城裏的人想出來」。

　　「課室」是教師和學生互動的最前線，下文會把焦點放於非華語學生上中文課時的情景，當中有三個情景，關乎非華語學生在班中的比例。

「課室情景一」：本地華語班＋極少非華語學生

　　這類學校只錄取極少非華語學生，屬低濃度學校，通常十位左右，分布於不同班級。在一般的中文科課堂，全班25至30人之間，非華語學生人數通常由2位至3位不等。班上大部分同學都是本地學生，教師不會刻意為一兩位非華語學生調整課程，校方也不會特意照顧非華語學生。反過來說，刻意選讀這類學校的非華語學生家長，都希望子女融入主流社會。這類非華語學生極大部分都是土生土長，幼稚園和小學都在本地學校度過，只是他們的家庭常用語言不一定是中文而已。

　　校方通常希望這類土生土長的非華語學生能報考本地文憑課程。不過，也有老師表示，若非華語學生的中文科成績到中五級時仍岌岌可危，也會容許他們報考較淺易的GCSE。

「課室情景二」：非華語學生中文班

　　這類學校通常錄取不少非華語學生，每級可能都有一定數量，於是校方會設兩個中文課程，一個是本地文憑試課程，以考香港文憑試為目標；另一個是非華語學生中文班，以考取GCSE為目標，任教非華語中文班的老師，通常都是由中文科老師兼任。當學校得到教育局「支援非華語學生學習中文的特別津貼」，可以多聘請教學人員或教學助理任教。這類班別的人數要

視乎學校錄取非華語學生總人數，通常非華語中文班人數較少，師生比例較低，通常最多不過20人。

「課室情景三」：非華語學生中文抽離班

　　這類班別可出現於任何學校，視乎校方的資源而定。這類抽離班的目標除了支援非華語學生學習中文外，甚至肩負協助「空運到港」的非華語學生，由零開始，由發音開始，逐字逐句學習中文。

　　中文科教師時時刻刻在不同類型的教學前線奮戰。不過，正如上一節黃尚禮老師的觀察，一般人感覺非華語中文教師好像低人一等。另外，非華語中文教師通常是合約制教師，前途沒有保障，所以每當教師市場有「實缺」時，必定吸引有經驗的教師離職。反過來說，由於香港的非華語學生逐年遞增，對合約教師的需求愈趨殷切。

有「抽離班」是針對「空運到港」的學生逐字逐句教導發音。

我們也見到有教師對非華語中文教學情有獨鍾，願意委身。這種教師的情懷和流動，筆者希望借用錢鍾書在《圍城》的一句話，改動為：「非華語中文教育業界是一個原始森林，外面的人想進去，裏面的人想出來，還有很多人在裏面尋尋覓覓。」

三位非華語中文教師新鮮人

三位新任非華語中文科教師，在所屬學校任教未滿兩年。三位老師的故事迥然不同，但我們也可見到教師與非華語學生之間的互動。以下，讓他們訴説自己接受大學教育以及在教室奮鬥的故事。

利志文（化名）

男，第一年工作，完成香港教育大學「漢語為第二語言教學」學位課程後，便到官立嘉道理學校（西九龍）任教，任職教學助理，工作主要是中一、中三、中六級的課後延伸課程。他表示以教導非華語學生為職志，就算讓他選擇，他認為自有高明教授主流中文課程，自己反而願意在非華語學生學習中文的最佳時機協助他們學習。

> 我曾到北京語文大學交流實習，當時一班有15至16人，來自8個國家，真是甚麼國家也有，日本、馬來西亞、菲律賓、歐洲小國，遠至南美國家也有。那裏〔同學〕不同的膚色也有，不同的面貌也有，不同的語言也有。讓我感到驚訝的是嘉道理中學，一所本地官校，竟然非華語學生的比例比國際學校還要多，香港一般的國際學校與華語學生的比例只是五五之比，我感到好像回到北京語文大學。

我覺得這裏對學生來說是 "comfort zone"，因為他們的群體太大，而且都是來自南亞，尼泊爾都是一個很大的群體，巴基斯坦也很大，菲律賓也有一些。我聽學生説過，學校有兩個很大的語言，印地語和烏都語，這兩種語言的聽、説系統是一樣的。對學生來説，溝通是方便的，只不過讀寫有些不同而已。學生大部分都是用這兩種語文溝通的，常常都是説家鄉話，既然家鄉話都可以溝通，便沒有必要學好中文。

反過來説，當我在北京語文大學時，由於同學的國籍太不同了，所以共同語文是英文，或是中文〔普通話〕了，用中文溝通反而方便。雖然北京是一個大城市，但不懂英文的人還是很多的，所以同學買食物時也迫於無奈一定説中文，變成練習的機會很多。

我在「嘉道理」的第一印象，有時覺得他們很頑皮，那時他都會想有些霸氣，要壓住他們，要他們坐下。長時間下，同他們混熟了，反而發現不需甚麽霸氣，而是你得尊重他，是一個亦師亦友的人。又由於我主要的工作是tutorial class，我給他們的自由度是高的。我要求的不是安靜，你們可以説話，但一定要用中文談話，結果他們很靜，因為他們無信心用中文去講話。學院的課程是教我們盡量鼓勵學生，當我鼓勵學生多了，學生有了信心，學生便會多點聽我講，或是想多答問題。

正因為我學過「二語教學」，我才知道他們學習中文的問題。簡單來説，中文字對他們來説，好像一幅畫一樣。教育大學那邊告訴我們，讀寫教學法進行時，要強調字型結構，左右，整個課堂便教左右結構的內容，不要混雜其他結構，讓學生有個左右結構的印象，或方型結構，不要混淆。如果我站在一個一般中文教師的話，我可能不知學生的需要，或可能我要摸索很多年才明白這些竅門，可能他們不懂甚麽。

雖然非華語學生有很多缺點，但我覺得他們是值得幫助的。如果在學習時期，老師都幫不上忙的話，〔因為〕他們的家庭環境不同，有

些學生畢業後便不會繼續讀書了，會幫家人打理生意，或做基層工作等等，所以我覺得現時若不能把握這個機會，日後可能沒有機會。

羅偉（化名）

第一年出道，與利志文是教育大學同系的學弟，同樣在官立嘉道理學校（西九龍）工作，幸運地第一年便當上中文科老師，現時他任教中三、中四、中五的非華語班。

教了三個月之後，羅偉發現非華語學生其實是不差的，只是要找對方法讓他們學。理解文章時，他們不可能像母語是粵語的學生般整篇文章去理解，不可能的，可能要由詞語入手去教，將一個段落拆得細一些。在教育大學所學的字、詞、句、段、篇章等語文知識，初中的同學可能明白，高中的同學反而不太明白。可能初中同學到了香港很久了，也接受了小學教育，對中文字有一定認識；反而高中較多以難民身份到港，學中文倒是困難。

談到用粵語學中文還是用普通話教中文對非華語學生較為有利？羅偉認為粵語的市場是有點狹窄的，因為只有廣東省一個地區用，如果日後打算要到內地生活的話，還是要多學普通話。而且對非華語學生來說，用普通話學中文更是一個比較容易的方法，因為普通話只有四個聲調，而粵語則有六個至九個，如果用普通話教，對學生來說是簡單一點的。

李子珊（化名）

女，第二年（2019年）在「筏可」任教中文，算是中文科組中資歷第二深了。中文科組共有八人，去年共有六人離職，包括科主任。由於李老師已是中文科的中堅分子，我們訪談的內容都涉及課程策劃、課堂安排、考評安排、語境營造、新來港學生輔導

等關鍵議題。對於只任教兩年的教師來說，筏可的教學環境算是令她快速成長的「木人巷」。

我中四級有位同學，中文科不錯的，巴基斯坦裔，曾轉讀過本地課程，但她的壓力太大，後來又回到 NC 課程（非華語學生中文課程），可是在 NC 課程中又是成績最好的，NC 對她來說太簡單了。過渡位如何，兩個課程的差距很大，但她在 NC 班中又認為自己可以讀 DSE 課程，來來去去，中間少了一個位。

「應用學習課程」也是我們較難纏的問題，學生都是半強逼參加的，成績較好的同學是強迫的，而且教導的內容都是艱難的，如果有些學生真的很不想的話便寫家長信，但只有一位是這樣做。4B 班 25 人，會按能力分為高、中、低。高的同學全部都要參加「應用學習課程」，中等的由我決定。今年由我決定誰可以參加的，例如今年有學生雖然能力中等，但說話完全不行，雖然閱讀方面不錯，但我也不建議他讀。今年中六級為了應付 270 小時教學課時，便有 10 個星期回校上課，全日全程補中文，所以學生是很反感的。加上導師問題，這裏又山長水遠，有時導師有事來不了，補課時間便更加長了，所以學生就更討厭了。

對於我們濃度高的學校，教學語言也是困擾的。其實學校鼓勵老師一定要用中文教學的，但始終限制很大。我們有很多新來港的學生，如果你不斷跟他們講中文的話，他們的進步不是很大的。我覺得我們的非華語學生的〔中文〕能力很低，如果你不用英文輔助一下，他們是不用學了。我今年中一第三組有一位新來港學生，零中文〔認識〕，無辦法，我逐個單字教導。當他連最基本的字都不懂時，便要安排其他事給他做。不過，學校課業你又要稍為追得上，這便麻煩了一點。當代課遇上該同學時，馬上捉該位學生出來又講〔中文〕。

至於中六級學生無任何公開考試壓力，所以他們便學粵劇或文化課程，玩下啦，但其實他們對學粵劇不太感興趣，他們學甚麼也不太

中一級非華語學生在進行粵劇課程。

喜歡的。我們上課時做點簡單工作，有時候看點中文書，看中文電影時反而好一點。他們反而不太喜歡中文嘢，很奇怪的。

兩位初出道的教師很重視在教育大學所學的教學理論，期望用於教導學生。李子珊已經獨當一面，對非華語中文教育的課程領導工作有深刻了解。不過，三位老師均承認非華語學生頑皮疏懶的特質；同樣明白非華語學生高不成、低不就的困境；因他們同樣經歷過教授「空運到港」學生的艱辛。不過，他們就是非華語中文教師群體的未來主力。三位老師都已於2021至2022學年離開原任的教職，在非華語中文教學的路上邁出新的一頁。

我的班上來了位非華語學生

鄧慧玲老師，女性，可藝中學老師；文歷，土生土長巴基斯坦裔男生，可藝中學最早一批非華語學生。由於班上只有兩位

非華語學生，文歷是其中一位，另一位是俄羅斯裔男生。校方希望非華語學生儘快融入本地社會，故沒有特別為兩位調適中文課程。

鄧老師與文歷共度六載，2020年8月，文歷畢業，並完成中國語文科文憑試。現時文歷入讀毅進課程，並立下志向投身警界。鄧老師除了見證文歷的成長外，亦見證了非華語學生成才的實戰經驗。

鄧老師也關照文歷，從中二開始，鄧老師已不當他是非華語生，學習中文上待他與一般華語生無異，但也因應文歷的特點調整教學策略。文歷的讀寫能力不錯，鄧老師就給他「簡單的指示」，例如：情緒字眼、簡單文句、疊詞、排比句等，文歷便依指示，非常努力地重複操練。

> 文歷是一個感情豐富，很顧家的男生。他看到爸爸工作很辛苦，又親眼看見媽媽生弟弟，覺得媽媽很辛苦，所以他寫親情很深刻、很好。你叫他寫親情，他是能寫的，你叫他延伸到其他感情，他也可以寫到的，文歷就是這樣一位聽教聽話的開朗年輕人。

> 可能你見到他的作文無甚變化，但愈寫愈穩定，因為這是他的真感情。我教寫作時要他們寫真感情，而非自己杜撰。因為他們閱讀量低，你要求他們依據文本創作自己的感情很難。所以文歷是基於自己的感情發展出來，他覺得這樣容易掌握。

> 說話方面，由於涉及文歷的生活經歷，加上校方的刻意安排，他拿捏得比較好。我們三班同學在說話訓練時互通，文歷能接觸不同同學，加上他大方得體的性格，模仿能力又強，我們再造就他一把，雖說每次組別是不同人，但都會安排一位自己認識的朋友在小組之中。因為他有很多朋友，說話方面是不擔心的，所以他得這個成績是合理的。

當然我們是有兩手準備的，文歷問過我：「學校會否替我報GCSE？」我由頭到尾都說不知道，你只管讀好DSE，密集讀。到了中六那年的12月，教務組便說可以報了。我便對他說，報考當實習文憑試。

我們用拖延策略，到最後才決定。由於GCSE的課程淺很多，如果你應付到DSE課程，你無可能應付不了GCSE課程的。我們老師的策略是統一說法，我們有兩班，到考試之前，便教他們點點技巧，做一點past paper，如果做DSE past paper可以的話，GCSE的卷子一定淺的。兩位非華語學生也考了，文歷好像考到A star。

文歷經歷六年千辛萬苦學習中文，可惜文憑試中文科考試最終還是不合格。不過，他在個別卷目的成績還是不俗，卷二寫作能力合格、卷四聆聽及綜合能力更獲得3等，加上他考獲GCSE A star的成績，成功完成中學課程，並入讀毅進課程。

令人欣喜的是，雖然文歷的文憑試中文科不合格，但他完成了中學課程，超越了雙親的成就，突破家族在香港的局限，向當警察的夢想邁進。

鄧老師和文歷六年來的互動，共同譜寫了一位年輕人奮發向上，老師悉心栽培的故事。雖然故事並非大團圓結局，但對於文歷及其家人來說，已是非凡成就。鄧老師和文歷的故事，也讓我們重新思考「成才」對於每個人的意義。

孤軍作戰　土法煉鋼

張麗球老師（化名），女性，曾任教九龍區某第一組英文中學，男校，中文科合約老師，現已離職，後曾任導遊，又再到其他中學任教。

　　張老師任教的中學只錄取了四位非華語學生，分別是菲律賓裔和巴基斯坦裔，後來其中一位同學退學。至於餘下三位同學都已畢業，而該校自這三位同學之後，再無錄取非華語學生。

　　張老師的工作繁忙，除了身為一般語文科教師教「三班中文」外，還要負責學校SEN學生和非華語學生的事務。不過，最令張老師苦惱的是校方面對三位非華語學生，根本不會撥出額外資源協助。另外，她發現就算是教育局、香港大學、理工大學提供的講座、工作坊、課程都不足以支援自己面對的困境。

　　由於三位同學的中文水平完全跟不上大班進度，他們的中文課以抽離課堂和課後延伸的形式進行，也即是說，張老師要自行編製教材給這三位同學。

　　與張老師伙拍的只是一位課後延伸課堂的導師，這位導師也是非華語中文教學的「新鮮人」。每當她找來任何教材資料，先要指導導師一次，再由導師指導學生。她發現學生的中文對答溝通是無問題的，最差的是聆聽能力，而令她最失望的是教育局的「第二語言架構」。

　　　　測試是非常有用的，但我測試了很多次，由於我期望太高，我又見他們唔識答我的問題，我便先給他小六程度的測試，但不斷降，不斷降，我買了高小的教材，後來不斷降到小三、小四。而且我在坊間是找不到小一、二的聆聽，還要我的學生可以做得到的水平。

　　　　即是說，學生的對答是無問題的，但聆聽不行，考試的聆聽能力是很深的。對非華語學生來說，是不可能localized件事，是不可能的。

　　　　聆聽對老師來說是很痛苦的，無適合的教材幫到學生。坊間是有幾套的，李陞是教育局出的聆聽教材，有一套是港大的八達通，有

一套是地利亞出的。我覺得李陞好點，八達通便是跳來教的，我不斷要找合適的來教，找到合適的後便「攤長」來教，有時候也要交給導師教。

幸而，由於全校只有三位非華語學生，同學間未見歧視，只見他們與大伙兒玩得開心。

因為是男孩子，他們志趣相投，打波，聽歌，吃飯，沒有很大障礙。我問過學生，在宗教方面反而有矛盾，有學生在宗教堂時不肯祈禱之類，他是伊斯蘭教徒，他聽到宗教老師的想法與自己的想法有些出入。

至於同事方面，張老師認為他們面對非華語學生，感覺是徬徨而非討厭。

他們最大的反應，就是唔知點，他們（非華語學生）每一年都升班，都有不同的老師接觸他們，但我們的非華語學生太少了。他們第一時間不是討厭，他們第一件事是想點教，點計分，萬一唔識怎算，這是一些有責任感的老師的擔心。

這種徬徨的感覺也見於為非華語學生報考公開考試。由於無前車可鑑，張老師甚至不知道為非華語學生報考公開考試的竅門。

我根本不知道要註冊，我們不是註冊學校，後來我才知道如果你要做註冊學校，你才可以有考生考非華語公開考試，否則你的學生便變成自修生的形式去考。雖然政府有津貼，但我們錯過了申請為註冊學校，所以要家長自行付款考試，家長當然嘮嘈，但最終都願意付款。

第二年我知道註冊學校學生才有資格成為學校考生，我覺得上的課很廢，我聽不到這些資料，我聽不到detail位，一定要做註冊學校，先可以有學校考生。

　　我要講怎樣可以知道流程，考評局真是有一手，當你未報考試前，她們永遠都不會告訴你所有事。當學校成為註冊學校，學生又付了款進入考試程序，她們才有內聯網，裏面才有幾個files，按完後你才知道有咁多筆記，怎樣考，怎樣準備，怎樣聽資料。

每當考試時，張老師設計的考卷，都要一手包辦，她說：

　　找來一本小學的，加上 past paper 以及別人的考卷，左拼右拼，才拼成一份卷，你才做到 continue assessment 成份，又有 past paper 成份。例如你只做 past paper，我看你可以捱幾年。如果你只做小學的卷，又同國際試不接軌，你要「土法煉鋼」，但你要記住，我只有一個人做。由報考，到考官，到理解考試過程，到做剪裁的卷，都是一個人。

　　雖然她很羨慕圓玄學院第三中學的非華語中文教學團隊的規模，學校同時教授主流中文和非華語調適課程，兩個系統，兩個教學團隊同時運作，團隊還時常出外分享。可是，張老師心中非常質疑。

　　如圓玄三中，已有很多非華語〔學生〕……他們便等死吧，你知唔知，他們考文憑試的比率是每年下降的，這些學校是沒有回頭路的，一旦你收了〔非華語學生〕，你以為可以五五波，但他們不斷「掠」你，七三，八二，最終你全間學校都是非華語〔學生〕。

　　張老師的處境正是絕大部分新任職中文教師所面對的，傳統中國語文科出身，由於資歷尚淺，要任教非華語學生，而且學校也礙於經驗不足，沒有額外支援。張老師便是在跌跌碰碰下，艱苦成長。可惜，張老師寶貴的經驗並沒有在學校善加發揮，她終於在2018年夏天離開學校，轉職導遊，不再接觸非華語學生。她常引用校長一句可圈可點的話：

> 良心事業，低調處理，我們校長常這樣説，如果你們做出了口碑的話，便會愈來愈多。良心事業，做得好，千萬不要被人知。

2018年與張老師做訪談時，教育局的撥款非常單薄，若錄取1至9位非華語學生的一般官津學校，只有5萬元津貼，還要向教育局申請。時至2020至2021學年，教育局的撥款增加了，若學校錄取1至9位非華語學生的話，自動獲15萬元津貼，不用申請。至於錄取10位至25位非華語學生的學校，將有80萬津貼。[3]對學校來説，將可進一步紓緩人力資源壓力。

收生不足 危急存亡

許淑慧老師（化名），女性，曾在北角半山某中文中學任教。由於港島東區學生數目持續下降，不少學校面對收生壓力，所以學校錄取了不少非華語學生，有些甚至是「空運到港」，由零起始學習中文。

學校對外飽受收生壓力，對內還要爾虞我詐，互相指責。許老師甚至曾因訓練學生參加比賽獲獎而遭到同事白眼。似乎連非華語學生也看到這點，學校收生不足，自己便是學校的貴客，甚至對學校的課程指指點點，諸多要求。

> 又唔想做功課、默書，寫少少嘢都會用自己國家的語言發怨言。只要他們知道收生困難，很多嘢都會跟老師提出要求……

---

3. 見教育局通告第8 / 2020號《加強支援非華語學生的中文學與教新撥款安排》。

其他科目的老師仍不肯轉變自己的教法，數學老師仍用傳統的教法，更用中文教學，一點英文都不用。當然老師可能英語水平不足，或英語水平不及學生，容易被學生食住，有些老師的課堂秩序很差，學生常走出課室。

不同種族之間的互動

學校的非華語學生主要來自兩大族裔：尼泊爾和泰國，但兩個族裔的文化頗為不同，泰國是東亞國家，與中國文化的關係較為密切，較重視師長的地位；尼泊爾雖然與中國接壤，但國民性情較為強悍。若教師錄取非華語學生只為湊足人數，而對族裔的民族性全無了解，課堂教學將會遇到極大阻力。許老師似乎對兩者有深刻認識，她說：

> 雖然尼泊爾裔學生的外貌較討好，英文相對而言較好，一開口便對答如流，又活潑點，開心點，可是有些學生較「野」。我們的尼泊爾學生大部分住在佐敦，當中亦有學生涉及黑社會活動，或其家人涉及黑社會活動⋯⋯

> 至於泰裔學生視老師是自己的第二個父母，如果你錫他們的話，真是錫他們的話，他們會當你是父母。但泰國孩子的外表無咁靚，給老師的感覺，皮膚較黑，邋遢點，不論男女也是，講說話呀，給人的印象都是邋遢點⋯⋯

> 〔我要在班上〕建立公平，他們會指住那學生，用粗口便罵。又會笑同學皮膚黑。是的，膚色是有影響的。所以一開始要公平，而且一開始時你要仔細一點，私底下又要，又要夠惡。他們通常都是笑皮膚的，咁你便罰他。你要讓他知道在課堂上是不可以種族歧視的。要向他們解釋，你們的父母都被人歧視，你現在正歧視別人。

　　既要公平，又要擺平不同族裔的矛盾，這是許老師與非華語學生的互動。至於學生其實主要看朋友「關係」而選校，學校地理處所反而不太重要，甚至有區外學校出動老師遊說學生轉校。許老師說了一個個案：

> 　　有一女孩子，因為男朋友在另外一間學校就讀，很想去男朋友的學校，便告訴父母。雖然，父母明知子女要在香港讀好中文，但由於子女的自主性，所以最終都是任由子女去另一所有收非華語學生的學校就讀……

> 　　地利亞與我校都有競爭學生的情況，曾有地利亞書院的老師遊說學生轉過去讀書。而學生轉校的原因是一大班朋友在那邊，可以一起讀書。

　　許老師既要教導本地學生應付文憑試，同時又要面對不同族裔之間的緊張和矛盾，更要面對學生隨時嚷着要離校退學的威脅。同事之間也是貌合神離，許老師正是在這種複雜的「關係」中游走。

時間倉促　應試為本

　　很多學校都做「校本課程」，但觀乎校本課程，不外兩方向，第一種是指向GCSE，第二種是從由零開始的新來港非華語學生，但後者的校本教材卻考不到GCSE。

> 　　我今年做校本課程，我用 local 的加 GCSE 的課程合體，當你看本地課程的文章時，有些是適合 GCSE 的學生，不過當中有很多中文字是無意義的，例如：「了」字，而且對於他們是難以理解的。老師必須懂得篩選文章，內容是適合他們考試的，還要篩走一些無意義的字，只要簡單而且意思通順的文章便可。

有位泰籍學生去年才入學，完全不懂中文，由零開始。我發現下半年，那位女孩子的理解能力提升了；我只是解釋了一些詞語，而她可以自行估到文章的意思。

教育局文件排山倒海

至於教育局的文件更是排山倒海，全港有錄取非華語學生的學校，只要有申請撥款的，都有規定的文件，有給學生的，又有給家長的，有評估，有報考GCSE的。雖然這是必須的工作，但許老師任教的學校，這類行政安排全歸班主任。她說：「甚麼都是班主任填，班主任收，甚麼都叫我跟，所以行政工作是極多的。」

最終，許老師在該校任教兩年後離職，轉到大埔一所中學任教，仍是合約老師，不過那所學校收生較為穩定，聽說該校也有非華語學生，許老師以往累積的教學經驗，仍可派上用場。

逃離煩囂 走進異域

程菲老師（化名） 在官立學校任教接近20年，本科是中國語文及文學。大學畢業後便投考官立學校，通過公務員試後，第一所被派駐的是位於九龍塘的文法中學，任職助理教育主任。她在這所學校任教接近15年，之後被調派到一所專錄取非華語南亞族裔的學校，一年後晉升教育主任。她笑言自己是少數被調派到該校後，樂意接受任教非華語學生的本地老師。

對非華語學生的固有印象

程老師很享受與非華語學生共聚的時光。

程老師憶述 2016 年暑假，接到教育局轉校通知時，令她印象最深刻的是午飯時，同事忙不迭跟她談天。說起來，原本由學校門口回到座位兩分鐘的腳程，竟用了 45 分鐘。最要好的同事滿懷關心的說：「你愛整潔，被派到那裏，他們很臭的，你怎捱？」又說：「那裏的學生很差的，出了名的，點算？」不過，回頭馬上又說：「你做訓導的，又多鬼主意，應該可以應付的⋯⋯」

程老師惴惴不安了一個月。九月一日，甫踏進學校，令她印象深刻的是三五成群的非華語學生，歡笑，歡呼，不太禮貌。然而，讓她大感意外的是，就算素未謀面的學生，都會主動向你打招呼，笑容可掬，就像多年無見的老朋友，男同學見面甚至馬上互相擁抱，人人如是。往後的日子，所有學生同樣熱情對待她和所有老師，令她始料不及。

懶惰是天性的？

該校的巴基斯坦學生為數不少，都是伊斯蘭教徒。除了奉行素食外，還要一日祈禱五次，有些學生放學後馬上要到廟拜

神。當然，有多少學生借宗教為擋箭牌，逃避學習？我們不得而知。

　　這情景與華人社會重視學習，「萬官皆下品，唯有讀書高」，以及「書中自有黃金屋」的傳統觀念背道而馳。據程老師的觀察，巴基斯坦人重視宗教多於學習。只要不介意做運輸物流、地盤工、飲食業，在香港是不愁生活的。對於巴基斯坦學生來說，這類工作已經是大成就了。而且，學生家長本人也是地盤工、運輸工人，子承父業，有何不當。雖然如此，但她說也有同事不知是玩笑還是戲謔，說：「你們不用努力啦，以後還不是做pizza hut？」卻令她不是味兒，因為這是歧視的說話。

　　程老師有位學生課餘正是在pizza hut兼職，在廚房工作，華人則多數做樓面工作。不過，這位「巴基仔」的英語流利。有一次，樓面的人同外國客人溝通不了，竟然要到廚房尋幫忙，由於他的英語好，所以便由廚房變成樓面。這位巴基仔反而取笑中國學生英語差。

　　當然，程老師也不反對大部分非華語學生實在非常懶散。有一段話也道盡了她的心聲：

> 他們完全是 lack of motivation，唔想學，因為他們覺得，〔中文〕對於他們是困難的，對他們來說是第三、第四語言，日常生活又不需要用到。再加上香港是一個國際城市，他們識英語已經是很高尚了，他們何必咁艱苦學一種第三語言。其實我校有很多program，他們十考GCSE前，我們有lunch tutor，嘗試做抽離的小組教學，甚至要他們放學後做文化欣賞，我們花很多人力物力，但拉牛上樹，日日放學捉羊，捉他們來，近乎罰他們的，捉他們學，但他們不願學，並不是我們無提供資源，無提供機會去學……

After GCSE exam，他們覺得完了，no matter 他們覺得不合格，完了。我們會鼓勵一些較好的〔學生〕考GCSE AS，他們拒絕，我們告訴他們有政府津貼，你只需要給幾百元，考一考吧。學生說，不用了，thank you。

三文四語的負擔

程老師活潑精靈，常常反客為主，模仿非華語學生不純正的粵語腔調：「呢——D——無——用——啦！」又說，自己派給學生的工作紙，他們轉頭便丟棄，有時候都好激氣。不過，平心靜氣時，其實中文對他們來說，已是第三語言了。一般來說，非華語學生的母語是本國語；第二語言是英語；第三語言是法語；第四語言才是中文（粵語），如果還要學普通話的話，甚至已是第五種語言。對於他們來說，其實懂英語在香港生活已是綽綽有餘了。

性格隨心　率性好動

非華語學生上課的出席率也是很低的，程老師說她的班通常只有50%至70%出席率。每天早會例必排隊，但有一天竟然全班缺席，令班主任老師非常尷尬。

不過，非華語學生對於音樂和體育的天份和熱愛，是華人學生拍馬也趕不上的。筆者曾經隨程老師參觀該校學生參加全港啦啦隊綵排和比賽，只見三層疊羅漢，底層是眾學生奮力穩定基礎，最上層是靈活的男生。眾人隨着音樂表演動作，雖未至專業水平，但老師都看得目瞪口呆。最後的學生一躍而下，男生們把女同學接住。此刻你會感受到年輕人生命的動力和熱誠。

跟教練黃先生談了幾句，原來非華語學生的言行實在讓教練吃盡「驚風散」。綵排從未齊集練習，就是比賽前的練習也漫不經心，整天說："easy, relax, everything is fine."教練就是為這些事既擔心又氣憤，不過當你見到大家的表現時，又會驚訝他們的精彩表現，可能這就是非華語學生的處事態度，身為老師也需重新學習，重新適應。

非華語學生熱愛音樂和體育。

「要佢教非華語，簡直廢咗佢武功」

龍家倫老師（化名） 同在嘉道理中學任教的，在校已有四年光景。校長對他非常器重，甚至認為他任教非華語學生「簡直是廢咗佢武功」。

龍老師接受訪談時緊張兮兮的，就像回到四年前初任教非華語學生時的歲月。回憶當年也是緊張兮兮的，他對非華語教學一點概念也沒有，加上前任老師沒有留下多少教材和資料給自己，讓他更感惶惑不安。

心態轉變　調整教學

上任半年，龍老師時時刻刻想離職，甚至想過離開教育界，轉行一走了之。導致他有這想法的是自己盡了全力教學，但非華語學生的表現實在令他沮喪。

> 開初，我發現學生在課堂以外是頗友善的，跟你稱兄道弟，一起玩是可以的。但一入到課室，你是一個老師，他們就未必聽你的話，我發覺我做不到教學工作，當然下課後可以好friend，但上課不可以的，我最初入來時是很大打擊。每次上課我也準備很多，但入到課室我發覺完全做不到的，可能最初我入來時expectation太高，今堂我砌了這麼多個字，同我學晒佢，但最後是不可能的，本地學生一堂抄十個字便十個字囉，那十個字便是你的了，但他們是不可以的，學三四個字都不能，甚至連一個字都不識寫……

> 一開始我不知道，也不懂得怎樣教，入到去，我還以為像中國人的方法，逐字同他們讀，教小學生似的，但他們不受的。其實第一年，我過了半年後很想走（離職），我很想找另一份工作，不知怎的，又過了，後來慢慢適應了。

龍老師的看法正代表大部分本地中國語文科出身的教師的心聲。本地大學中國語文本科出身，加上語文基礎深厚的中文科教師，以教授本地學生的心態教導非華語學生，在非華語學生的課堂內處處碰壁是在所難免的。

對於非華語學生來說，正如程菲老師說的，中文對非華語學生來說是第三語言，學習動機本已薄弱。反過來說，當我們易地而處，設身在印度新德里，一個印地語和英語流通的國際大都會，要我們學習印地語，我們心中的感受，自然就是非華語學生的感受。

　　既來之則安之，日常教學工作還是要做的。龍老師法寶盡出，可惜學生依然固我。

> 我慢慢摸到他們的特色，他們坐不定，可能中國學生，我全堂板書，無問題的，但他們是不可以的，隨時5分鐘10分鐘已支持不住，無心機，睡覺，初初發現他們有這些習慣性，有些東西要變，40分鐘要變成10分鐘，4組，每10分鐘做不同工作，10分鐘玩kahoot，逗引一下，當有心學習後，抄寫一下，分組活動一下，類似這樣，要課堂常變，倒頭來，他們可能很開心，但辛苦的是老師，是我。因為同上一個傳統中文堂是很不同的。你準備的比平常多，你要想遊戲，如果他們不玩的話便不用上課了。你的創意要在你備課時激發出來。電子教學可以幫到學生，但我不可以堂堂電子教學，所以常變，在變的過程，我覺得用不同的方法去刺激學生，這過程下我覺得很吃力的。

考試救亡之道，還是師生關係？

　　校園生活不單只是上課，還有考核和升級，這時候便是學生最緊張的時節，本地學生如是，非華語學生如是。不過，由於非華語學生平日的態度較為輕鬆，所以到考試來臨時心情難免較為緊張。

> 無錯，〔學生〕平日是不緊張，但考試時最終也會緊張考試的，那時學生會主動找你的了。但是官校的特色，office hour 是 office hour，完了後我有第二個身份；但那時候學生會找你，而找到你的時候便知道你的重要性。如果你在那些時間幫助他們的話，師生關係會更好。學生會想到，你真是會幫我的，師生關係就是這樣建立，但大前提是他們肯主動。

挑戰文憑試？勿浪費時間！

教育局的官方立場是希望非華語學生最終融入本地社會，最有力的表徵便是非華語學生有能力參加香港中學文憑考試中國語文科考試。龍老師認為他們是可以嘗試的，也不可能全無機會，可是以現時嘉道理中學學生的程度，考取合格似乎天馬行空。對於非華語學生投考文憑試中文科，他有其看法：

> 其實這班同學，要看心態，是可以試的，但他們要確保有個學位，或方便他們日後報讀課程。學一些深的中文（文憑試課程）是可以的，但考試角度來説，絕不是好事，完全是浪費時間，我是這個看法。教育局有個框架（第二語言架構）指引，其實只是將傳統的那個切細了，但事實上能否配合到，將進度拉上來，我覺得未必。加上考評局無一個考試的準則，無一個考試制度給這班非華語學生，純粹跟坊間的GCSE，IGCSE，其實同DSE的分歧很大的，GCSE，IGCSE其實小學程度而已，如何可以銜接到DSE課程？

若可選擇⋯⋯

龍老師在嘉道理度過了四年，當問及若有選擇時，他期望選教主流中文科，若可選擇，一定轉任主流中學。

> 我一定選傳統中文（笑），我會選DSE中文，開心點，起碼（和學生）溝通到先，很多時候我教非華語，都是用英文多。用英文教中文，我認為是隔了一重。

2020年9月，龍老師考入教育局，轉職課程發展主任，專責視學工作，相信不再需要在課堂內面對非華語學生，看來他的目標和志願是達到了。

體育成績是要投資的，
學語文也是同一道理，
你準備好未？

劉智恆

劉智恆（Sunny Sir），香港空手道精英運動員，大學本科是工程系，現在修讀運動研究文學碩士。2018年開始，在伯特利學校任職「學校體育計劃推廣主任」，2021年滿約。這個計劃與劉智恆的想像有落差，不過他在伯特利學校的經驗，卻體驗了非華語學生在香港學習的境況。

　　我最初以為在體育堂推廣，但原來在體育課上已有專屬的老師，所以我發揮的空間不大。我主要在課餘和午飯時間推廣運動，我要主動接觸學生。另外還有行政工作，每年我要準備財政預算搞活動，民政事務局每年有12萬元搞活動，我要與學校商討這筆錢怎樣運用。

　　伯特利學校屬非華語學生高濃度學校，全校有三分二為非華語學生。學校近年以足球項目在校際比賽表現最為突出，在元朗區獲得冠軍，據劉智恆的觀察，這與學校的尼泊爾族裔和巴基斯坦族裔喜愛足球有密切關係。校方也以此為體育發展重點，可是伯特利學校未有成立籃球和排球隊。

獨特的校本語言政策

由於校內少數族裔佔全校大多數，超過三分之二學生為少數族裔，當中以尼泊爾和巴基斯坦裔為主。而校方為了方便同學溝通，加上學校與區內一個巴基斯坦會的會長關係密切，而烏都語既可成為少數族裔的共通語言，又可加強學校與巴基斯坦會的關係，會長又是烏都語的教師，這種密切關係脈絡和社會資本就在伯特利中學植根了。

我校有位老師專教他們烏都語。如果有些同學連英語都不懂的話，烏都語便是這些學生的溝通語言。所以他們圍內應該可以溝通的，但廣東話對於他們來說，真是較困難。

天生我才　運動轉化能量

除了烏都語之外，劉智恆相信體育也是一項全校共融的媒介。可是，他也發現困難重重。學校有三個學生群體，分別是：尼泊爾裔、巴基斯坦裔和本地華人學生。

伯特利學校的足球隊表現不俗。

有老師開玩笑地總結經驗：尼泊爾是「純」、巴基斯坦是「曳」、本地生是「呆」。我認為巴基斯坦「曳」大可用在運動上，用另一個層面是「醒」；本地生是「呆」，用另一層面是「努力」，其實他們只是不知道另有一種方法。他們在語文做得不好，在運動可能是好處。我覺得可以轉，「曳」的學生便透過一些遊戲，可以運用他們的腦筋。

體育是要從小投資的

不過，想要參與體育訓練成才，甚至以此進入大學，劉智恆認為不可能只在校際比賽取得一兩項獎項便可以獲得推薦，而必須是長期投資的回報。他眼見巴基斯坦裔學生普遍都有體育天份，可惜不少都浪費了這個天賦，究甚原因正是家長缺乏資源和支援。

對於我而言，體育是一種投資，就算你有天份都好，你不讓他參加青訓，只讓他在學校，只是魚缸的大魚，也是無辦法成長的。我都是透過這個方法入大學的，回想我的家人有付錢，讓我參加訓練班。

但學生的家人的概念是不用太㩒，他們無投資，只是在學校或街場踢波，他們運動的 achievement 不可能達到很高。運動怎樣計算那運動員的能力，就是靠比賽，比賽就要比賽費，說到底就是錢，但學生家長就是最缺錢，他們很難透過運動提升自己。

巴基斯坦先天的優勢是有的，很高很瘦，肌肉比華人多，運動應該是㩒一點的，如果家人察覺的話，真是可以透過運動員計劃入讀大學的。

團體運動 共融手段

未有社會運動，未有疫情時，我們仍堅持有板球班的，學生的反應很熱烈，但球例真的很複雜。有時候我加入一齊玩，但都是學不懂。去年學校想搞一隊〔板球隊〕，雖然已登廣告聘請教練，但疫情下

還是找不到。我已經找同學做隊長，找了一位中五級的學生去做，那學生不斷問我甚麼時候可以比賽。學校未必搞得成，但學生常問，可以借工具玩，球和板。我實在不懂這項球類，我又不知何謂安全，何謂不安全。

可是，就算推動團體運動，共融之路仍遠。團體內少數族裔的濃度低，共融的成效大；當濃度高時反而是共融的障礙。

在學校，我認識你〔自己人〕便可以，我不需要認識華人，比例低的話便迫使他要同本地華人談話、溝通，那麼成效便會高。濃度太高的話，他們便不需要這樣做。就算運動都是一樣，我不傳球給你的話，我便不需要做一些尷尬的事，例如有些celebration，由於他黑，我便不同他慶祝，這是一個比喻。

老師的角色是為他們穿針引線。

實際上，有得玩的話，他們是不會介意的，但你要製造一個環境給他們合作，因為踢班際、社際比賽，他們都是選自己族群，而是要老師刻意穿針引線，選一些不同族裔以及本地華人合作的機會，讓他們交流。如果不是老師take care這件事的話，他們很自然地便分開的。因為我要談戰略、部署，我為何不選熟悉自己語言的人呢？我同你講英文，本地華人學生也未必聽得明白，非華語學生的母語也不是英語，詞不達意的話，就不理想，尤其team sport。

性別差異　女生怯於出頭

伯特利的非華語女學生很被動，甚至老師鼓勵她們參加運動，女同學還是不敢觸碰。Sunny Sir去年想推動女子足球，他找了六、七位女同學參加。我見到兩位同學在旁邊很想參加。我問她們為何不參加？她們說父母不准我們參加。我說反正你們都回校了，便來踢一會，你們又穿了褲子，是方便的。她們最終還是說：「不」。

伯特利中學的女子足球隊終於成立。

智恆老師見到校內的性別歧視的情況不嚴重,但:

〔性別歧視〕感覺上是有少少的,男生是有點大男人主義的。伯特利的女生沒有太大自卑感,我覺得她們都樂於現狀的,她們不覺得有問題。我也經歷過有學生馬上要走,要回巴基斯坦,她們知道有些事是自己控制不到的,但目前在香港的生活,她們是enjoy這環境多一點,她們是沒有長遠目標的。

自身經歷 激勵學生

劉智恆常以自己成為空手道精英運動員的故事鼓勵學生。

我很遲才起步,中學才參加空手道,但我不斷去做,並不是我知道自己日後是港隊,而是我 keep 着去做。後來我入了港隊,我還是堅持去做,亦不知道將來的事。我還會繼續去做的原因,就是我的夢想。如果你心中只有結果,我相信你到達結果之後你便會停,便不會持續前進,例如你想 30 歲前賺3萬元,當你達到之後,so what,是否40歲之後都是3萬?如果用錢去衡量,這樣你是沒有進步的,如果你想做一些事件,完成後有更大的夢想時,錢只是一件微小的事。

空手道是劉智恆夢想的原動力。

以體育運動造就身份認同

在香港生活，少數族裔融合本地文化是必然的過程。雖然現時仍未見到共融，但劉智恆見到體育已向正確的方向邁進。完成伯特利中學的任期後，他將會繼續在其他學校推廣體育運動。

> 現時我們見不到他們融合，但我們見到他們趨向融合，不論本地人又好，非華語學生又好，都希望為香港足球付出，他們不一定在學校融合，可能在足球場內融合，在傑志融合，在港隊融合。

「又咁又咁又咁⋯⋯」活在差異世界

張正輝（化名），是「筏可」的資深老師，在「筏可」任教了二十多年，歷經學校由津貼中學轉制直資中學。

他對惲校長的領導策略深以為然。惲校長支援弱勢社群學生的用心也深得他認同。

> 我們有社會的認受，如果社會人士覺得這所學校真的浪費資源的話……會覺得學生人數又不足，還要我們出錢營運……但我從各方面聽到的回饋又不是這樣。雖然教育局的編制裏，我們是有殺校危機，但我覺得教育局都不想我們被殺，這學校有它值得存在的原因和價值……不過，資源如何投放才是最恰當的呢？每個人的想法都不是一致的。例如：你用了很多時間照顧一個學生，有人會認為這些時間可以放在另一位學業更好的同學身上。因為人的時間有限，所以資源如何擺位，在團隊內必須有共識，也必須要有一個很強的領袖，校長令人佩服的地方，就是可以令一群愛學生但有不同想法的教職員，愈來愈近。

「筏可」就在惲福龍校長以「愛和關懷感動學生」的教育願景領導下，及老師的日常教學下，實踐筏可中學的「感動教育」。[4]

支援弱勢　不分彼此

「筏可」中學現時有學生270人，對於一般學校管理層來說，這個數目足以令其枕食難安。可是張老師反而認為這是最好的情況，是我們的「優勢」。他表示：

> 當然，我們如果收到500人的話，很多事都會很好，但現在不足300人，我覺得也可以是好事。我們收生有壓力，但我們不會將學生

---

4. 惲福龍校長一套「感動的身教，以鼓勵代替責備」的「感動教育」，可詳見《溫暖人間》第365期。

「筏可」的學生不多，反而是該校的優勢。

不足單純看成是一個問題，有時這反而是一個優勢。說實的，愈少學生，有些優勢會更加明顯的，這就是剛才談的獨特性，我們的學生很特別，孩子需要你去想，如何去遷就和造就他們。

除了非華語學生外，筏可也有為數不少的SEN學生，支持他們的學習實在要很大的耐性和空間，正是張老師口中的「彈性」。

Tailor made就是體現彈性，因此大家常常都很趕忙的，你常常見到我們很趕，因為事情不一定是這樣的，你要去想、去調整，又咁又咁又咁，很忙，就是這樣。

筆者訪校期間，筏可中學正進行每年夏天「一畝心田音樂會」的綵排，全校的非華語同學都必須參與一個表演項目，大家忙得不可開交，既要應付日常的課堂，又要騰出時間練習。校方一方面得到「全球華人基金」的資助，又得到香港音樂界名人趙增熹協助。對學生而言，無疑是一次難得的學習經驗，但是未必所有同學都樂於參與音樂表演，個別學生不認真是有的。主辦

既要綵排又要顧及日常課業，筱可的課程必須有很大的彈性。

機構不斷修整表演的內容，又要照顧學生的情緒，令雙方都疲於奔命。

　　張老師常常分享學生的個案，由於學校的規模不大，人與人的關係密切，每個人在學校都是重要的，提出的要求都會得到重視。例如最近有一位很特別的學生，他有個特別的生活習慣，每天清晨 5 時便出門，7 時30分準時到學校門口等候。老師知道後，提出提早15分鐘開門，即是職員提早15分鐘回校開門給學生。終於在惲校長的斡旋下，成功協調同事，讓學生可以早點回校準備上課。這正是校方善小為之，對應這個世界就是千差萬別而作的其中一個例子。

滴水穿石　艱難寸進

　　談到非華語的中文教學時，同學的表現突出，崔副校長也非常欣賞同事的表現。該校連續兩年有學生考入本地大學，2018年有八位，2019年有九位，非華語和本地學生的比例相若。而以現時的考評制度來說，中文科的資歷政策對非華語學生來說是有利的，我們當然也歡迎這個制度。

我們應考GCSE中文科的成績很好，前一年是舊課程的最後一年，〔我們〕鼓勵多學生去考。老師很辛苦，最後有90%學生取得合格，連學中文只有幾個月的同學，都願意嘗試。

從不少老師口中，我們知道GCSE的水平只及小學三年級水平，這考試雖然協助非華語學生應付入讀大學學位的難關，但對於提升非華語學生的中文水平仍有一大距離。現時，張老師正支援一位中一級巴基斯坦裔非華語學生讀文言文。他心存盼望，雖然一片主流聲音都認為非華語學生難以應付中文科文憑試，但他認為彼岸未達，變化還多，只視乎你如何抉擇。

當人知道可以選擇一個較易的考試時，便自然捨難取易。我不如用時間去玩或做其他事。當然，他們〔學生〕不會這樣說，他們一定說我要學好數學，用時間溫習通識，就讀個較淺的中文吧。而這個〔孩子〕只是中一級，只要努力，其實他的中文都可以吵過其他人，問題是他能否維持學習的動機。

流失量高　先天缺陷

同事的流失量大是筏可的先天缺陷，早在20年前已經如此。惲福龍校長也表示，每當教育局有額外撥款提供給學校時，對「筏可」中學都是災難，必然導致大批教師離職。也有曾負責「筏可」的語文教學支援人員表示：「由於筏可中學太遠了，教師流失量也太高，不少課程發展都難有延續性。」

張老師便是在這個充滿張力的環境下，摸着石頭過河。雖然如此，但他對以「二語架構」和香港推動的「中文為第二語言課程」，頗有深刻和前線體會。（相關論述可詳見第五章〈「資」「產」〉）

吳嘉恩老師（中）多次在不同場合分享非華語中文教學心得。

「一百個非華語生，便有一百套校本教材」

吳嘉恩，天主教慈幼會伍少梅中學中文科主任，在該校任教10年，由非華語教學助理做起，歷任非華語合約教師、中文科主任、社區推廣主任，現已是該校的資深教師之一。2020至2021年度，吳老師還獲得「司徒華獎」的「好老師獎」。[5]在吳老師眼中，非華語學生與本地華語學生其實沒有分別，只要你用心，他們是會感受到的。加上她任教的是男校，男孩子的特性是爽朗，而吳老師的性格也是豪爽的。

> 我覺得不同族裔的小孩子，只要你用心教他們，他們感到你的關心是一樣的。我教本地學生的經驗都是一樣的，只是教學法的不同。

---

5. 司徒華獎由香港教師協會舉辦，吳嘉恩老師獲得「第九屆好教師獎」。

回顧初出道時 非華語學生上課總是「食」

當然男孩子實在是頑皮的，憶述最初出道時便要任教非華語學生，雖然是一個小班，但那時的非華語學生個子高大，常欺負初到貴境的老師，所以第一年是頗辛苦的。她憶述時笑言：

〔學生〕上課會吃飯的〔未到午飯時間的〕，無論幾點，上我的課便吃飯，為何上第一課又吃飯，上午飯前的一課又吃飯？午飯後又有東西吃的？永遠都有蘋果、香蕉、提子在傳來傳去，他們很喜歡吃水果。我的困局是為何你們堂堂都不吃，只在我的課堂吃？

明顯地，學生是欺負新任老師，不過她一直得到校方的支持，而且校方感到我對學生不錯。後來校長走過教室或走廊，飯便會消失，或塞入書包中，學生終於尊重這位新老師了。這是早年在學校任教時的趣事。

「惹火班主任 一碗麵救回一位學生」的故事

又是一個有關於「食」的故事。2021年，吳嘉恩獲得「司徒華獎」，多家傳媒追訪時，吳老師自稱是「惹火班主任」，並分享自己「曾以一碗麵救回一位學生的故事」。她稱：「沒有頑劣的學生，只有等待被愛的學生。」

當時有位學生危坐在欄杆上，聲言要跳下來。吳老師聽到消息馬上跑去協助，當時學生已雙腳懸空，情況十分危急。她也不知道怎麼做的，社工建議，學生都信任你，才要求見你，不如你用「陪伴」這招。吳老師忽然想到吃。因為已僵持了很久，大家都肚餓了。吳老師對學生説：「我肚餓了，可以陪我先吃碗粉？」[6]

---

6. 見《立場新聞》網頁，2021年5月17日。

學生當時可能也真的餓了很久，感覺很辛苦，加上老師要自己陪伴，所以該學生真的聽老師的話，一起先解決吃的問題，當然危機也迎刃而解。吳老師感歎，學生從來其實只需要有人「陪伴」。

老師靠一碗麵竟救回一位在自殺邊緣的學生。

「二語課程」為非華語學生度身訂造？還是為他們自我設限？

由於吳老師用心在非華語中文教學工作上，很快便對這範疇的工作有深刻的體會，尤其對以中文為第二語言教學的看法感受良多。之前，她是認同需要二語課程的，但擔任科主任後便發覺二語課程的種種缺陷。她說：

> 在課程和教學法方面，不是阿諛奉承教育局，其實是有需要二語課程的。但這個二語課程，我有時會反思的。我在港大修讀教授非華語學生的二語課程。但當我們有二語課程時，我們是否又局限了他們呢？反過來說，我們強迫學生多點讀英國文學，我們學生的英語水平會否提升？你們有選擇時當然不會選英國文學，到底有甚麼方法讓學生主動（學習中文）？過去兩年，我故意營造可以轉讀本地華語課程的渠道，最終無一位非華語學生轉到華語課程。他們會問我一個問題，為何我要讀難的課程？

更深刻的問題是二語課程的概念，不論在內地、台灣等地，都是為外國人而設的課程。可是，在香港的教育環境，尤其是中學教育，非華語學生的光譜極其廣闊，有以難民身份暫居香港，亦有土生土長的孩子，也有幼兒期間隨父母到港生活的。香港的「二語架構」是否回應了極其複雜的非華語學生和家長需要？吳嘉恩老師也點出了香港「二語架構」特點。她說：

> 二語課程架構，小步子，其實都是本地課程，掛羊頭賣狗肉而已。

當然，二語課程無疑比本地學生的中文課程淺易，這是不爭之實。不過，二語課程會否正因為其內容較淺易，反而為土生土長的非華語學生設定上限。吳老師有多年經驗，她也問：

> 我有一個很大的反思，其實他們〔非華語學生〕從小學已在香港讀書，讀到中學，為何他們的根基都是這樣的，究竟我們的教育出了甚麼問題，這個我無答案的。

> 似乎有些因素是我們忽略的，可能是非華語中文教育在10年間發展得很快。我覺得可能方向很不對。這兩年我較多做行政工作，到底問題在哪，是否給我們第二語言架構後，我們便可以解決非華語學生的問題？還是我們替他們封了頂？

開「實缺位」好過撥款

教育局對非華語中文教育的支援，除了第二語言學習架構外，還有非華語中文教學的撥款。雖然發展至今天，該筆撥款已近乎經常性撥款，但是學校得到撥款後只能聘請合約教師。

> 我培訓了你兩年，你在外面有實缺，又會走了；這對學校發展，極不穩定。加上學校有殺校危機，走都是人之常情。我寧願少收50萬，

但你〔政府〕給我一個實缺位，好讓學校的非華語合約教師可以轉入職系架構，不用年年轉。

這個構思可行與否，自然是教育局的考慮。不過，吳老師的建議從另一角度道出現時非華語中文教師在學校的困境。由於不是實缺，所以很多合約教師都是抱着「騎牛搵馬」的心態，職業進階通常先是非華語教學助理，接着轉到原校或其他學校做合約教師，一兩年後又再找尋中文科實缺教席。

如果是中國語文文學本科生畢業的話，就算可以兼任非華語中文教學和傳統中文教學，但也必然不甘願擔任合約教師，總會千方百計找尋實缺教席，這必然造成非華語中文教學團隊的不穩，教師欠歸屬感也必然導致教學質素未能提升。

第二代非華語生　連母語都失掉的一代

第一組別學校的非華語學生，只是中文科出問題，至於吳嘉恩任教的弱勢學校，非華語學生的所有科目都有問題。

> Band one school 可能只是中文科出問題，其他學科是理想的。但我們的同學，來到我們的弱勢學校，可能不只是中文科出問題。我們一些非華語學生，連母語也不行，例如我們有些學生是土生土長，父親一開始跟他們説英語，好像我們有些香港人希望自己的子女的英文好一點，常常同子女説英文，但家長自己的英語一點也不好，這樣會令小朋友失去了母語……

> 我們見到有些學生在香港的第二代，甚至第三代，父母都不懂烏都語，講也不流利，因為母語使用者都有純熟和不純熟之分，也不代表懂。就算我找一位同學跟他翻譯，寫拼音，給他解釋，原來他連烏都語都不懂。中文、英文、母語都不懂，好像沒有了自己的語言。

這情況其實常出現於新移民家庭的第三代，因為第一代新移民還會在家採用母語與第二代溝通，但由於移居地沒有母語的語境，所以母語在幾代之後，愈來愈淡化，甚至如吳老師所見的情況，父母以為英語在香港很重要，於是連母語也犧牲了，希望子女學好英語，在香港將來有出頭天。可惜，正如吳老師說，連家長自己的英語都不好，又沒有合適的英語語境，所以不少弱勢家庭的非華語學生連母語都失去，變成「失根的蘭花」。[7]

做「紮鐵」梗好搵過「教練」

吳老師盡心竭力為學生，但也並不是每位學生都領情，令她非常失望。她曾經錄取三位尼泊爾裔學生，屬表兄弟。憶述三人的故事時，嘉恩老師還是難掩失望之情。

> 我們都很用心教他們，放學又補課，期望會有不錯的成績。可惜，大哥在中四便離校；二弟、三弟讀到中六。我們曾特意為這三兄弟開過一個職業中文課程，與健身有關的，例如二頭肌的特性。後來我們又請了一位健身教練到校，真是教他們健身的知識，甚至為他們製作了一張小小的證書。我們又同一些外間機構合作，希望協助三人。但是最終他們離開時，甚麼都無，最後三位選擇的工作，不論中四離校或中六離校，他們選擇的工作都是一樣——「紮鐵」。

雖說職業無分貴賤，但身為老師，用心教學，甚至說服校方動用資源，為學生安排了最適切的課程，最終三兄弟還是從自身的眼前利益考慮，對其希望他們能通過教育提升自身社會階層

---

7. 原句摘錄自陳之藩作品《失根的蘭花》。

的好意無動於衷。後來，三位回校與嘉恩老師談近況時告訴吳嘉恩：

> 紮鐵可以賺最多錢，6至7萬元一個月，他們回校同我們説，其實讀書有何用，現在我賺錢比你多。老師，我們賺10年錢，我們可以開一間小店。

這個案可以呈現非華語中文教育的基本問題，可能還是回歸到語言學習的用途上。到底語文教學的目的是甚麼？是生活工具還是一種身份認同的手段？這個經歷實在令吳老師感到不愉快，但是教學工作仍是要繼續的，天生好動的吳嘉恩又把很多點子放到教學工作上。

小結──人物如何互動？

這一章我們介紹過不同群組的人物故事，當中各人物群組如何互動，我們可歸結為幾條脈絡，分別是：語言、飲食、交友、宗教、體育、婚姻、就業。我們希望透視不同人物互動的態度，檢視大家是以一種怎樣的態度待人。

語言

語言是溝通的工具，在非華語學生的社群，英語是最常用的溝通工具。甚至有高濃度學校由於錄取的學生主要來自南亞族裔，加上「印地語」、「烏都語」、「尼泊爾語」屬同一語系，語意和發音相近，為了讓不同少數族裔學生有共同語言，便設立「烏都語」課，讓大家可以溝通。

　　不過，一般學校都要求學生學習粵語，並以粵語溝通。對不少非華語學生來說，在中文課堂上便是他們聽、說中文的全部機會了，有同學特別珍惜。反過來說，在中等濃度和高濃度學校卻是另一番光景，非華語同學之間講的大都是英語，甚至是本國語言，粵語根本是第三或第四語言，說話動機不強。而且，每當非華語族裔在學校的人數眾多，自成一群時，同學見面自然講本國語言，連教師的勸告也不理睬。

　　我在不少課堂見到教師的教學語言都是中英夾雜的，這情況在非華語學生中文抽離班是常態。否則，學生連老師講甚麼都不明白，只會加速對中文失去興趣。當然，不少教育局官員口口聲聲說要學好中文，這是在香港生活的工具。可是，不少非華語人士在香港只需懂英語，日常生活便可以混得不錯，而且非華語學生普遍的英文口語流暢程度都較本地學生，甚至比中文老師都有過之而無不及。

　　至於在低濃度學校，我們見到另一種極端情況，尤其只有一兩位非華語學生的班別，學生因身處的環境，被逼與本地華人學生溝通而多講了中文，但同時也因膚色、飲食、宗教差異而被本地學生忽視，甚至歧視。我見過有泰裔學生在本地文法中學讀了一年便轉到地利亞書院繼續學業。當然，也有成功融入本地同學社群圈子的。「可藝」的文歷，由於個人性格好動、外向、健談，深受同學歡迎。

　　非華語年輕人掌握中文聆聽和口語溝通能力相對是容易的。可是，他們應付閱讀和寫作則相對困難。我見到有非華語學生就算在高中嘗試選讀主流中文班，但不足一個學期，通常是三至四個月，非華語學生便感到難以適應，本地華語學生會取笑非華語學生的粵語發聲不準確，又會嫌棄非華語學生拖慢了教學

進度。在這個壓迫性的文憑試中文科考試制度下，非華語學生寧願回到自己的舒適圈內，在非華語班考取GCSE。

對於非華語學生考香港中學文憑試中文科的議題，有官立中學校長常常提問為何非華語學生甚少參加DSE考試。校內同事雖然將校內非華語學習中文的情況如實相告，但是有校長拒絕接受現實。

不過也有津貼中學校長為非華語學生說項，既然考評局容許非華語學生以GCSE考試取代DSE，學生完全無誘因投放更多資源和心力應付文憑試，而且校方也不會鼓勵這種取態，因為中學最重視的是學生的學業成績，教育局這個理念正與學校的想法背道而馳。

無論如何，總有非華語學生成功入讀本地大學，取得大學學位，但他們在大學的生活大抵用英文溝通，中文水平並沒有提升。所以，就算學業成績優異的學生，仍然是英語優於中文，加上他們的膚色，仍然是香港人的「他者」。

飲食

在校園，飲食是學生社交的重要媒介。每天的小息時間，每年的學校旅行，學生慶祝活動，畢業前的謝師宴等，都是無食不歡，而且飲食習慣也最能反映學生互動的態度。

筆者訪問的兩所有佛教背景的學校早已不規定師生齋戒，反而是以穆斯林為主的嘉道理中學，小食部並無豬肉食品，也無牛肉食品，全是雞肉和魚肉。最受學生歡迎的是燒賣、魚蛋和印尼撈麵，全都是清真食品。

在校任教的老師不少也是穆斯林，所以連教師聚會飲食也與別不同。初到嘉道理任教的程老師談到第一次參與教師聚餐的景象，原來「嘉道理」從來不會全體老師出外用膳，只會叫外賣到學校，所有都是清真食物，而且每種食物的盛器前都會有介紹，以免不同宗教的教師不能觸碰，發生誤會。

信奉伊斯蘭教的學生，由於只能吃清真食物，所以通常不會與同學外出午膳，就算偶有外出，都會千挑萬選。這種飲食的隔閡，無疑令他們與本地華人學生或非伊斯蘭教學生少了相處機會。

宗教

宗教給人一種神聖不可侵犯的感覺。不論任何宗教，只要一提起，便給人一種忌諱的感覺。加上，你對宗教不認識的話，只要別人一提起宗教，便有一種肅然起敬的感覺。

伊斯蘭教，在香港有一塊神秘的面紗，人民似乎只知穆斯林很虔誠，只吃清真食物，常常要到清真寺，「給人一種不會改變、不接受外來文化，更是一種暴力、具侵略性的宗教形象。」（Gordan Conway, 1997）。911事件後，有香港人更把伊斯蘭教和伊斯蘭國等同起來，變成恐怖主義的同義詞。

我多次參加任教非華語學生的教師聚會或研討會，大家都會遇到一個困難，學生放學之後常到清真寺「拜神」。經過馬蓬偉教長、黃尚禮老師多次在教師會議期間為老師講解，甚至與教師一起參觀清真寺，才令教師對伊斯蘭教得到一個較清晰的輪廓。

黃尚禮多次說到，穆斯林一日五次祈禱，每次其實只需幾分鐘。放學後到清真寺學習的是古蘭經的阿拉伯語，用來參加禮拜之用，足夠便可，而且可以和經師商量遷就。有教師就抱怨學生通常只是以宗教祈禱作為躲懶的藉口而已。他說，其實伊斯蘭教是一個好學的宗教，當學生以宗教作為擋箭牌時，老師便可以駁斥學生，穆罕默德說過：「求學就算要到中國，也是要去的。」

體育

在嘉道理，有老師抱怨巴基斯坦裔男生好逸惡勞，對讀書提不起興趣。不過每當巴基斯坦學生拿起曲棍球棒，簡直變成另一個人。小息時，巴裔孩子不顧一切，立刻奔跑到校園內的曲棍球道，馬上發球和揮棒，只聽見歡笑和歡呼聲。當上課鐘聲響起，孩子又不情不願地回課室。

雖然這是巴裔男生難得一見的活力時段，但校內其他族裔的同學反而難以打進他們的社交圈子內。由於嘉道理的曲棍球隊教練和領隊都由巴裔老師負責，雖然沒有明文規定其他族裔不能參加。可是，全隊都由巴基斯坦裔的師生佔據，外人根本無法加入，加上本地華人對曲棍球並不熱衷，更造成巴裔曲棍球專利的局面。

婚姻

對香港中學生來說，中學生涯與婚姻似乎太遠。不過，對印巴裔女生來說，婚姻是並不能由自己作主的人生大事。這對於本地年輕人來說十分匪夷所思。不過，確有實例是巴裔女生讀中二

或中三時，已被家人「夾」回老家結婚。軒拉老師就是誓要為自己的幸福拼死的女生，她最終成功自由戀愛結婚，有自己的教育事業，也成為後來者的導航。

早婚和迫婚對於都市人來說，似乎是失敗人生的標記，但世事往往出人意表。我還記得一個個案，有一位巴基斯坦女生在中學期間回鄉結婚，沒有完成學業。後來，丈夫到香港找工作，女生跟隨丈夫再到香港。雖然沒有完成中學階段，但由於她讀過中文，已足以協助丈夫在香港開設一間小店，成功創立自己的小生意。

就業

曾有學生投訴，老師當着學生面前說：「你們不用努力啦，反正你們都是做外賣仔、速遞仔⋯⋯」我不知道這位教師是在甚麼情境下說的，是戲言還是認真？但無論如何，這句話都帶有深刻的歧視成份。

本地華人根深柢固地認為白領階層優於藍領階層，我們相信求學是攀上成功的階梯。一般的非華語學生的成績不及本地華人學生，加上非華語家庭的經濟情況不佳，孩子通常要在課餘兼職，一來幫補家計，二來為自己賺取零用錢。最容易的兼職途徑便是速遞員或外賣員。我還聽過一些個案，有非華語家長領取了綜援後，自己把錢花了，沒有給子女一分一毫。子女當兼職以賺取零用錢，也可能是情有可原。

南亞族裔年輕人的擇業，男的偏好投考紀律部隊；女的偏好投身幼稚園教師，這兩種職業似乎是他們理想職業的定型。在不少教師的故事裏，都見到南亞男、女生有這種職業導向。

　　我們也見到不少教師和宗教導師期望非華語學生不要自我局限。黃尚禮老師就為學生分享自己在多個行業的所見所聞，指出前路是多的，非華語學生也是有選擇的，就算護士做不成，也有驗血員、化驗員等工作，不要局限自己的視野。可是，筆者見到的現實是，由於家境不佳，非華語學生往往急於賺快錢，連老師的悉心栽培也付諸流水。「伍少梅」的吳嘉恩老師為尼泊爾學生安排健身教練課程，但最終學生做了紮鐵工人。雖然職業無分貴賤，但我們明白學校是希望為學生找到個人才能，可是學生最終還是選擇出賣勞力，浪費了校方一片好意。對於讓非華語學生透過接受教育追求社會向上流動的機會，這理想的教育的路仍是漫長的。

「資」「產」

非華語中文教學推動多年，「課程」、「教材」、「考核」、「教學法」、「教師專業交流」、「學生成就」等，都是寶貴的「文化資本」和「產出」。另一方面，我們也可從人物的互動，檢視各項「資」、「產」的成就。

「中國語文課程第二語言學習架構」由上而下的半製成品

2013至2014學年，特區政府取消非華語學生「指定學校」，轉而資助錄取一定數額非華語學生的一般本地主流中學。一年後，即2014至2015學年，教育局推出「中國語文課程第二語言學習架構」至今。

不過，教育局的一貫說法是：「中國語文課程第二語言學習架構並非一個預設內容較淺易的中文課程。」學習架構的目的是希望測試非華語學生現時的中文水平，從而協助前線老師制訂適切的校本教學方案。[1]

這個架構除了協助非華語中文科的老師外，還有一項行政和檢測功能，所有接受教育局有關非華語中文教學撥款的學校，都要進行「前測」和「後測」，並要妥善保存學生的成績，以檢視經過一年的教學工作，學生的水平有何轉變。

---

1. 見教育局「中國語文課程第二語言學習架構」簡介。

由社工推動教育專業的故事

「中國語文課程第二語言學習架構」並非由教育界人士、組織或團體提出，反而是由「融樂會」創辦人王惠芬，為少數族裔力爭多年，最終爭取到的半製成品。

王惠芬的社工生涯一直為在香港生活的少數族裔爭取合理權益，而且她與教育局官員斡旋超過10年，目的是「要一個有系統有質素的一條龍中文教育」。她認為：

> 社會是很實際的，不懂中文，少數族裔根本無法生活，整個社會不會遷就他們……就結果而言，讓少數族裔學習中文，看似是高舉了中文的地位，但你現在問我，我仍覺得沒有做錯。少數族裔學好中文，可以保護自己。平等機會不單是指入學讀書，還包括他們在畢業後，擁有經濟上的平等機會。[2]

可惜多年來與政府官員的爭取皆不得要領，直至2012年的特首選戰，王惠芬在四位候選人中穿梭遊說，並得到唐英年的積極回應，後來梁振英也不甘後人，馬上與王惠芬見面，甚至把少數族裔議題納入選舉政綱，「承諾設立中文作為第二語言的課程」。終於，梁振英當選第四屆香港特別行政區長官，但事情並未如想像中順利。王惠芬催促梁振英兌現承諾，否則提出司法覆核，控告特區政府及教育局歧視少數族裔。

---

2. 王惠芬的說話，參見黎苑珊《公義的顏色——王惠芬與少數族裔的平權路》一書內的引文。

由「課程」變成「課程架構」

特區政府也有所動作，當年仍是政務司司長的林鄭月娥約見「融樂會」副主席余志穩，並重申政府將會重設「扶貧委員會」，並開設「特別需要社群專責小組」。王惠芬則全力遊說「扶貧委員會」和「中央政策組」，並向「中央政策組」提交《少數族裔中文作為第二語言政策實踐先導計劃書（Pilot Project）》。最終，政府採納了「融樂會」的計劃書，各項措施可詳見本書第一章，除了「以中文作為第二語言學習」，「課程」變成「以中文作為第二語言學習」「架構」。

一位曾任特區政府高官的高先生（化名）談到王惠芬的故事時，他的印象還是很深刻的。

> 當時的〔融樂會〕CEO 叫王惠芬，她是一個「很激」的社工，她主動找上門。其實，我不會將這件事放在我的 focus 內，因為太少人〔少數族裔〕，但王惠芬是一個很 effective addict 的人，她搞很多活動，聯絡很多傳媒，如果你用壓力團體這詞語，她真的很 effective 的。

而且，少數族裔的人數雖少，但社會危機確實正在增加。高先生再說：

> 是的，雖然只是10,000左右的人，但清晰地是一個 growing problem，因為你見到南亞人來港有加速的趨勢，而我們的入境政策都很寬鬆，如果我們不處理的話，它將在十年二十年之間變成一個很大的問題。這個很大的問題不是小孩子讀書不成，做一些很低下的工作，不是，而是當我們積累很多讀書不成，又年青力壯，又 frustrated 的人，最終 turn into what？Turn into crime！其實現時也出現很多這些跡象。

　　高先生回憶當時的工作在三個關鍵位置，分別是幼稚園、升中、高中升讀大學。而王惠芬爭取的就是「以中文作為第二語言學習課程」。高先生憶述：

> 王惠芬當時很想政府做一個Chinese as a Second Language〔課程〕，但政府企硬，説這些二等貨色我們不會做的。因為政府認為，搞一個Chinese as a Second Language〔課程〕，必然成為一個二等貨色，到時候學生又不喜歡，出來又無用，因為〔想法〕是這樣，所以當時我們認為不要碰壁，後來做了一個有彈性的，叫甚麼ladder、framework的東西〔以中國語文課程作為第二語言學習架構〕。其實同我們的要求都很接近，都有grading之類，有分階段學習，有分階段評估。

由上而下　功敗垂成

　　談到「課程」概念，與「學科」、「計劃」、「目標」、「模式」、「實施」、「評鑑」等等環環相扣（李子健、黃顯華，2002）。可是，「中國語文課程第二語言學習架構」只是由現時的主流「中國語文課程」，以小步子的形式為學校的非華語學生進行測試評估[3]，繼而由學校設計「校本教材」教導非華語學生。

　　王惠芬也明白學習架構由上而下，教育局內部以至前線學校的抗拒極大。

---

3. 以《中國語文校內評估工具——非華語學生適用》（《評估工具》）為非華語學生進行測試。

由2006年開始到現在，錢派多了，重視程度高了，非華語學童入讀主流學校的人數上升了，中文水平亦進步了，但這些改善是否完全來自學校的認真關注，甚至是教育局的主支援？其實不然。[4]

自2014年，教育局對錄取非華語學生的學校額外撥款，以及推出「中國語文課程第二語言學習架構」和提供各種支援教材和評估以來，校長和老師其實並不太歡迎轉變。王惠芬說曾經有校長打電話投訴她，學校被迫接受撥款，被迫用錢，其實用政府的錢也是很麻煩的。

更有甚者，原本學校有權不申請教育局的非華語學與教撥款。可是2021至2022學年，學校不用填寫申請表，教育局也自動因應校方錄取多少非華語學生而獲得撥款，也有學校獲得撥款後一直沒有為非華語學生提供任何支援，這也是實情。

前線教師看「二語架構」

對於「二語架構」，不少前線教育人員歷經多年實踐，都有不少經驗之談。「筏可」的崔惠儀副校長雖然沒有直接任教非華語學生的中文，但作為學校領導層，對於學校推動非華語中文教學，仍感到教育局的支援不足。她說：

以我校〔筏可〕為例，我們10年前開始收非華語學生，開始注意他們的中文教育，即第二語文學習，感覺教育局可以多做一點前期的工作。所謂前期工作，我舉例，這個所謂二語課程〔架構〕是否很接近

---

4. 王惠芬的說話，參見黎苑珊《公義的顏色——王惠芬與少數族裔的平權路》一書內的引文。

學生的學習需要。我覺得對於一些高階的非華語學生，是可以的。教育局是將現有的中文課程框架調淺了，但不足之處是較少從二語的語言學角度去切入，例如我是一個外國學生，我完全不懂中文，我怎樣可以透過一些很初階的學習模式或課程，去建立學習中文的知識基礎。例如：九聲、拼音法等的學習方法。因為〔非華語學生〕到中學才學，他不是一個小學生，很難以兒歌的形式去學。二語課程內容很淺，很幼稚，跟人的成長都不配合的。我們成人學習第二語言是要求一些技巧、拼音，又或是如何將句式分析。雖然我沒有深刻研究，但我發覺二語對這些沒有很大的支援。

在「筏可」的教學環境，有不少非華語學生是「空運到港」的，學生的年紀不少，心智已成長有一定水平。正如崔副校長的觀察，教育局只是把現有的中文課程調淺了，並沒有從第二語言學習的策略方向出發。正如成年人學習外國語時，必然從該外國語的發音開始。為何反過來說，粵語的學習卻不可能從拼音出發，硬要從字型和字義出發？

至於實踐操作方面，二語架構只是一個檢測工具而已，而且全無配套可言。曾在英中任教的張麗球老師（化名），測試中一非華語學生的中文水平時，發現二語架構內的測試不太合用，而且讀、聽、講、寫的能力分裂。對非華語學生而言，聆聽能力支援不足。她說：

> 我覺得最差的是政府做的第二語言架構，是測試，有本嘢是測試學生到「小幾」程度的，測試是非常有用的，但我做了很多次測試。由於我期望太高，又見他們〔非華語學生〕識答我的問題，我便先給他們小六程度〔的測試〕，但不斷降，不斷降……我買了高小的教材，後來不斷降到小三、小四。而我在坊間找不到小一、二的聆聽〔教材〕，且是要我的學生水平可達到的。

即是說，學生的對答是無問題的，但聆聽不行，考試的聆聽能力是很深的。對非華語學生來說，是不可能localized的一件事，是不可能的。

談到撰寫校本教材時必須依照二語架構的等級水平，很多時候是浪費時間。黃尚禮老師，既是宗教導師，又曾協助任教非華語學生，談到二語架構時，也有很多不滿。他說：

我離開非華語中文教學工作，原因是很多時，是〔處理〕文件工作。但我想從興趣引發學生學習中文的動機。一切由心開始，接觸中文，希望〔學生〕從這個氣氛中接觸中文，覺得學習中文很開心。

前線老師便是交文件和照第二語言架構寫題目。例如我寫「我的學校」，便要跟KL11之類。我每星期上一堂，一個小時，但寫文件卻要4至5個小時。又要有報告，督學又要來觀課等。我不介意，但這些工作很無知，完全是阻礙教學。督學人員又要事事挑剔，又說不跟架構去做。

花四至五倍時間備課，本來是一件好事，可是全花在文件撰寫，只是為了符合教育局有關「二語架構」的要求，導致黃尚禮老師離開自己熱愛的教學工作崗位。張麗球任教的學校，只有四位非華語學生，從來沒有教育局的人員支援學校，也從沒有派員到校視學，可能自己任教的學校是「細戶」。她說：

現時政府執行政策很敷衍，我去年已交了財政報告，但她們一年後才打電話來告訴我無交。後來又說交了，又說未交，總之是一場誤會，因為給我們的錢太少了，她們的力全去大戶身上。如果學校有一半以上〔非華語學生〕的叫做大戶，我們得幾個的是不會理的，我們連個官都未見過。她們批了幾年錢給我們，但我們連個官都未見過。但SEN一年來一次，甚至幾次呢。

　　談到二語架構的本質時，現時任教中文科的巴基斯坦裔軒拉老師更直指是核心問題所在。她說：

　　　　很多人常說大陸唔好唔好……但大陸有一套完整的課程，包括考試。但我們現在的課程，來來去去都是根據現有中文課程設計的，現在只是小步子，但完全沒有第二語言元素……內地、台灣和新加坡都有為非華語人士設立的課程，當中包括考試。當中的程度，如到某程度便等同華人學生的某水平，可以一起上課的，相等於一個母語者的水平和程度。我有考過這個試，我達到level 5，其實很簡單的。

　　軒拉老師也提及，教授二語課程，拼音是入門基礎，可是在香港非華語教育界並不認同。

　　香港教育局從沒提倡本地中文教師教授母語拼音，但它卻贊成非華語學生以自己熟悉的語言注音，協助自己認識粵語發音。

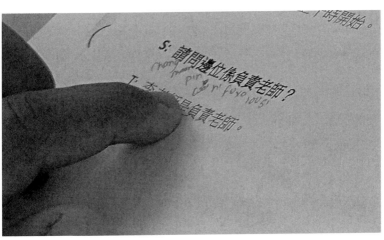

非華語學生都以自己熟悉的語言注音輔助學習粵語發音。

教師應接受學生用適合自己學習的方法，而不必要求他們使用並不熟悉亦不易學習的標音符號，亦須讓學生知道，漢字漢語才是學習的最終目的，標音符號只是輔助學習中文的一種手段，是在學習過程中出現的一種輔助手法而已。[5]

似乎全球不少華文社會，都對以漢語為第二語言作了課程設計，當中應該有：中國內地、台灣、新加坡。這些都是以華語、漢語、國語為法定語言的地區。尤其是內地和台灣，更是以普通話和國語為母語，而且中國有一個龐大的教育市場。除了漢民族之外，內地更有很多少數民族和外國人希望學習普通話，以便在中國生活。

反觀香港，母語是粵語，以中文為第二語言的課程在先天上失了優勢，以粵語為第二語言的中文課程，在世界教育市場不大，充其量只有香港、澳門、少數東南亞和北美個別香港人聚居的城市而已。在香港，現時大約只有8%適齡學童是非華語學生，而且通常都在較弱勢學校就讀，這更難讓香港的教育當局有動機為這群弱勢社群的學生施以更大援手。

而且這也涉及一個行政問題，若果教授非華語學生粵語拼音的話，是否所有教育文憑的本地學生也要先讀粵語拼音？不過，粵語是香港人的母語，香港學生從來沒有在中、小學讀過粵語拼音，若對任教非華語學生的老師要求他達到粵語拼音的某個水平，是否會帶來另一次反對和抗議的浪潮？

---

5. 見《中國語文教育學習領域中國語文課程補充指引（非華語學生）》。

「以中文為第二語言課程」的專業性和必要性

筆者於2021年暑假前參加由教育局課程發展署主辦的非華語中文教學分享活動，主禮的教育局官員仍振振有詞，指出不會開發一個較淺易的「中國語文第二語言課程」，可能這個正是教育局要求所有官員統一口徑的一貫做法。

不過，前線教學人員，包括校長和教師，對以中文為第二語言課程的訴求，卻是另一番意見。

樂施會和香港大學的研究報告指出，「第二語言架構未能解決實際需要」，並指出「前線教育工作者不約而同清晰指出，中國語文課程第二語言學習架構過分理想，不切合非華語生的實際狀況。再者，不少老師認為自己欠缺以第二語言教學的訓練，為非華語生特別設計教材，以配合他們實際的學習需要。研究團隊認為當局有必要為老師提供一套能配合主流課程及第二語言架構的完整教材。」（香港樂施會，2020）

上述的研究報告雖然以小學為研究對象，但同樣的問題也發生在中學教育，而且中學教育與公開考試、升學、就業息息相關，二語架構過分理想以及與非華語學生升讀大學的門檻顯得格格不入。

軒拉老師也大膽提議，若要建構二語課程，大可參考內地和台灣的經驗。

> 我認為我們可以參考大陸的二語課程架構，因為她的課程是很合理的，在甚麼時候學甚麼；在甚麼時候考甚麼水平的考試。而到達某水平便可有多少字詞量，亦很清晰寫下，如單句、複句。台灣更清楚，寫作、口語全部列明，並列明為何這程度，而所有部門公司都知道這個程度代表甚麼，但香港沒有。

高先生回憶，2010年時任教育局常任秘書長（謝凌潔貞）很強硬，而自己當年實實在在希望為少數族裔爭取一個得到香港公眾認可的資歷。他說：

> 當年王惠芬逼我們考慮的是，第二語言課程必須聯繫到一個考試系統，which means 這課程是一個較淺的課程。2010年的教育局局長吳克儉，我想他也不懂這些事，都是他的常秘（謝凌潔貞）處理，很強硬的，差不多你不用同我講了。她說這些次等的課程，我們是不會做的。

> 當時我們不希望碰壁，於是製作了一套有彈性的系統，有不同的 assessment。雖然非華語學生未必有 full set DSE，最少我拿着一張文憑，有中三學歷的，至少出來找工作時，張證書都有點用。IGCSE 無用，大家都知相等於小學程度，但到現時他們都不想搞這件事。

經過接近十年的努力，我們可以見到近年非華語中文教學人員的互動，已經由上而下逆轉為由下而上的訴求。十年前由王惠芬向平等機會委員會、候任特首、扶貧委員會等爭取的「中國語文課程第二語言學習架構」是一個由上而下的產品。經過接近十年的教學實踐，教育界前線人員發現架構過分理想和空泛，進而要求教育局加強投放資源，建構一個正式的「中國語文第二語言課程」，這是教育局必須回應前線教育人員的訴求。

「校本教材」 八仙過海

教育局推出的「中國語文第二語言學習架構」，並無課程內容，也無教材，而是由學校因應校本情況，為非華語學生設計合適的校本教材。至於任由前線學校製作校本教材，是百花齊放，

還是禾雀亂飛?適合非華語學生學習中文嗎?尤其當非華語學生已升讀中學,他們將要面對公開考試和升學的抉擇時,只一個欠缺教學內容的「中國語文第二語言學習架構」,就能夠回應特區政府多年來的施政報告?[6]

高先生(化名)對政府的政策和前線教師的工作,評價是中肯的。他指出:

> 大體上它們〔教育局〕是有回應的,做了幾件事。2016年開始資助幼稚園,你收了多少學生便有多少資助;然後他們開展了Teacher Training,也開展了Applied Learning。可是,問題是「唔湯唔水」,很坦白的。因為她們始終並不重視這件事,總之我們做了,交了差,俾了錢你,便「校本」囉,你們學校搞掂,所以禾雀亂飛,尤其是資助學校,大家都很清楚。

> 基本上都是教中文的老師任教非華語學生,教中文的老師要教這批以外語為主的學生去學中文,如果你不曾接受一個full time的專門訓練,我想像到當中的難度頗高。有些老師摸下摸下,自己可以做出一些很有創意的教材,我曾見過。但你不可能依賴老師都英明神武,個個都有創意的,很有主動性,尤其你不是很有essential(必要),好像SEN是有essential,但EM學生都是沒有(必要)的。而且相信不少津貼學校都不是主流,最多是全校一班或半班,所以實在是「唔湯唔水」,更弊是沒有監察成效,outcome沒有一個中央系統監察。

正如高先生所說,我們見到學校和老師,在非華語中文教學的領域投放大量資源,建構「校本升學系統」,讓非華語學生見到進路和希望;也有學校研發「校本教材」和「學習工具」,

---

6. 2013、2014、2015、2018年的《施政報告》均有提及支援非華語學生學習中文是各項語文措施中的重點。

從非華語新移民學生的處境，並從二語課程的角度出發，極具創意；更有不少學校以一種「聯盟或集思會」形式，編訂適合校本情況的教材，並與業界分享。以下，筆者將從上述三條脈絡，呈現非華語中文教學業界的「教育專業資本」（Professional Capital）（Hargreaves and Fullan, 2012）。

建構「校本升學系統」　讓非華語學生有進路

在前文多次提及的香港道教聯合會圓玄學院第三中學（以下稱「三中」），不論是非華語學生的中文能力進階系統、校本教材、教學法，都是經過刻意安排和經營的，把非華語中文教學工作辦得有聲有色。

推動校本教材的同時，校方也建構了非華語學生升學的進階，這反映了校方對學生中文能力提升的期望。該校由張炳傑老師和黃健豪老師負責非華語學生中文教學的統籌工作。

表 5.1　「三中」的高中中文課程規劃簡圖

課程＼年級	主流中文/主流中文（不考DSE）	高中中文（一）	高中中文（二）
中四級	中等教育考試（GCSE）		
中五級	DSE/修畢課程（獲頒發證書）	中文課程（GCE AS/AL）	應用學習中文（APL C）
中六級		實用中文	

張炳傑老師為友校老師講解「三中」的教學規劃。

　　先談校方對非華語學生中文能力系統的規劃。該校中文科共有18位老師，全校中文科的上課時間是共通的，在香港有學校如此重視中文科以及投放資源實在難得。

　　黃建豪老師（2020至2021學年轉職到另一所學校，並升任副校長）介紹校方的規劃的好處是隨時可升級的，因為中文科的初中是跨級分組，同時段上課，如果某同學中文成績突然好了，那麼第二學期馬上可以轉到高一階梯課程的課室。這種編班形式的靈活性頗高，還可以引發學生自我挑戰，追求學業成績，見到即時成效的能量。當然，「三中」投放豐富的教學資源也是成功關鍵。

　　至於高中，則是同級同時上課。張炳傑老師介紹非華語學生，不論任何水平，上中文課時都在準備不同水平的公開考試：

中四級自己打通，同一時間這三班一起上課，我們所有學生都考GCSE，因為是為入大學。你不是中四考了的話，你入不了大學。中四之後不論你讀甚麼，你都讀GCSE，所有打通，同級分組。中五級時我們又有Applied Learning，大家在應付不同的東西，有些讀緊本地的中文，有些讀緊GCE中文，有些讀Applied Learning中文。

有關「三中」的教本教材，黃健豪老師回顧，最初是跟香港大學的教材，並外購服務的。可是，他發覺現成教材完全不符合實際生活情境[7]，用了一年後便自行編製校本教材。

我很記得第一次開會時是暑假，又有副校長，又科主任。我很記得第一課是〈筆盒不見了〉，是故事甚麼的，我很不開心。我第一句問：「筆盒不見了不會不開心的，會買新的，但手機不見了就不開心。」證明心智與年齡是不吻合的，只是找一些小學的讀本，全篇課文是沒有重點的，隨意找個故事來學的。

他認為二語課程必須與日常生活有關，反對只外購服務供應商的現成教材。

我們研發自己的校本教材，以貼近生活為原則；外購的課程，我們問有無可能找到我們學生可以用的情境，他們有得學，有得用，這才是二語課程。

從該校的校本教材課題看來：「香港人身份」、「不一樣的語言」、「保安員的一天」、「病人的權利及責任」、「食物安

---

7. 有關非華語中文的現成教材，香港大學針對GCSE和GCE課程編寫的《新版中文八達通》和《高中中文》；地利亞修女紀念學校（百老匯）編訂的《沉浸中文》；香港教育城的《中文容易學》。另外，還有李陞小學和八鄉小學校本編製小學程度的校本非華語中文教材，都受到非華語中文教學業界青睞。

全」、「信仰各異和諧並存」等，確實與非華語學生的日常生活有密切關係。

張炳傑老師還介紹說，同學參加 GCSE 和 GCE 考試之後，中六級的非華語學生還必須參與學校自行編製的「中六實用中文課程」。

中六級學生做甚麼，我們同課程發展處寫了一系列高中課程的實用課程〔中文〕，同林安博士一齊寫的，由教授閱讀廣告開始，我們的前設是多元文化助理和教學助理……我們教寫求職信、寫履歷表、職場普通話、說話、自我介紹、模擬面試，所以涵蓋了閱讀、寫作和說話，不過是按職場的要求去做。

這是中六學生讀的，學生由九月至二月上課，學生表現都幾積極的，真是有用吧，我們的課時不太多，都是三小時六課，都有興趣的。

反而他們有興趣普通話，因為他們平時一直上中文課，普通話課則較少，高年級都有興趣接觸普通話的，純粹談天，因為時數不太多，所以普通話不能太深，只是教溝通。

表 5.2 「三中」校本研發的「中六實用中文課程」

　　「三中」由於刻意經營，提供多選項給非華語學生，加上非華語學生與本地學生各佔一半，有互相砥礪的作用，故非華語學生學習中文的動機較強。

　　雖然不少非華語學生都明白只需持有GCSE中文科合格，便可豁免文憑試中文科考核，用GCSE中文科成績投考大學。不過，非華語學生未必知道只持有GCSE中文成績，在投考政府工作時，資格還是不足夠的。非華語學生必須持有DSE或「應用學習課程（非華語學生適用）」，才有一定學術水平投考政府工作。對於非華語學生的誤解，黃健豪老師說：

> 我們不斷播片，說GCSE找不到工，不過這不是中文科做，是學生支援組做的，講社會很艱難，周會時給他們看。我們發覺非華語學生普遍對社會的認知是非常不足，乃至他們難免有天真的幻想……你自己講是不行的，要播片的。

　　「三中」的校本規劃已盡量把這個非華語中文教學的系統性漏洞堵塞，不過還有不少學校正面對這漏洞之苦，尤其當非華語學生知道只需合乎GCSE中文科成績，又無遠見之時。其實這只是把問題延後三至四年，先讓非華語學生進入高等教育系統，至於非華語學生能否畢業，甚至能否找到工作，則閣下自理。

走出校本　跨界貢獻

　　談到校本教材，除了服務本校學生外，對業界，以及跨業界同樣貢獻良多的，自然數到「伍少梅」的《非華語學生中文課程一日一詞學習手冊》和「中文字母學寫字」。

「伍少梅」的非華語學生有不少是新移民，有的中一、中二，甚至中四才到港（有關「伍少梅」的校情，可詳見本書第三章）。加上該校錄取的非華語學生主要來自巴基斯坦，烏都語是拼音文字，這類學生對於漢字的遺忘率高，加上家庭支援薄弱，該校的吳嘉恩與中文科團隊研發的《一日一詞學習手冊》才應運而生。

「伍少梅」的《一日一詞學習手冊》封面

2014年，吳嘉恩老師已經有許多累積起的來校本教材，當時只是黑白印刷的朗讀工具和篇章。至2018年，吳老師想修訂之前那個黑白版本，並希望修訂內容，以及轉為彩色版。由於她曾經有印務工作經驗，對出版刊物有點認識，因緣際遇下，便設計了一本可以讓學生自學的《一日一詞學習手冊》和「點讀筆」。

只要你用「點讀筆」按在「一日一詞」的內頁上便會發音。

我們由2014年開始把筆記輯錄成冊，至2020年出最新一版，再配以點讀筆。我們的學生遺忘率高，而且也似以往我們學英語時，總是有字忘記怎串，執筆忘字，我們希望學生在家時，老師不在身邊時，有多一個工具可以幫忙。慶幸我們在疫情前完成了手冊，結果這本手冊便是我們非華語學生應付疫情時最大的幫助。

我們希望做到的是，每組做到有粵語拼音，有中文字母的筆劃索引，加上點讀。我校最多的是巴基斯坦裔學生，所以手冊上有中文和英文，還有烏都語的讀音，再加上中英文例句。

吳嘉恩老師的《一日一詞學習手冊》和「點讀筆」，除了協助校內非華語學生外，還支援不少社區組織，以《一日一詞學習手冊》和「點讀筆」協助少數族裔新來港家長學習中文，實踐「家長教育」。此外，她正籌劃一個計劃，是由匯豐善慈基金資助的，希望協助婦女學習，尤其是少數族裔婦女。她說：

中文字母操圖示

　　我們希望常常在學生身邊，但當我們不在學生身邊時，我們希望有工具和方法，可以幫助學生學習。

　　另一項「伍少梅」的校本資源是「中文字母學寫字」，這個學習軟件是由腦外科教授黃震遐和陳耀良先生合作研發的。陳耀良是「伍少梅」的校友，所以「伍少梅」的學生自然是第一代受惠者。陳耀良先生研發將中文字簡化為21個字母，並附以口訣，方便學習。

　　這個學習軟件共有三部分，分別有：「中文字母」、「符號」、「動作」，三個元素連在一起，叫「中文字母寫字口訣」。由於陳耀良深明男孩子好動的性格，加上非華語人士對漢語缺乏興趣的特性，所以希望師弟學習時多一點動作，故而加入字母操。而且他研發時盡量簡化字母的數目，讓他們記憶容易一點，這樣或者他們的興趣也會多一點。

雖然這個中文字母寫字方法可能顛覆了傳統中文教師的想法，但對於非華語學生，尤其是新移民學生，學習效果良好。據吳嘉恩老師與我們分享的前線經驗：

> 我們發現，新移民學生大約半年至一年便可以學懂寫和記憶到基本的中文字。

> 如果學生用這輸入法，大概三至四課，就算通篇中文不太明白，但可以打到（字）和查到（字）。

雖然這個識字或寫字學習軟件未必適合所有學校，但「伍少梅」卻根據校情，善用上述兩項校本教材和校本資源，為該校大量新移民非華語學生提供適切的教材和教學法。

聯盟集思　邊教邊試

近年，香港大學教育學院、教育局課程發展處及教育局語文支援組均主辦過不少工作坊、教師學習社群、支援計劃等，讓前線學校參與。同時，也有不少由地區學校自行籌辦的研討交流活動。不論由哪個機構牽頭，都會讓志同道合的教師和學校組合起來，共同面對非華語中文教育的困難，此舉對於業界貢獻不少。然而，這種組合或合作仍停留在各自為政的狀態，原因就是欠缺一個明確的課程、政策、目標、考核、跟進的整體規劃。正如前特區政府高官高先生（化名）說：

> 我做了四十多年公務員，你pay attention或應酬是兩回事，資源可能都是差不多，當你pay attention是兩回事，完全不同，我希望somewhere、somehow打動到教育局，用multi-approach……大家

都覺得教好這班南亞裔的孩子無蝕底的，根本是賺的……我們香港的老師水平是高的，因為校本，自主性較大，只要我們有框架、有政策、有資源支援，老師就有動力。由學校擴至一個社會，我們都習慣一個小政府，但小政府不等於甚麼都不做，政府要有framework、support，如果我們有個will power，我們的自主性和能量便很大，不用樣樣事你做甚麼，我又跟住做甚麼。

教育局課程發展處和語文支援組的工作都帶有任務性質的。在2021年7月由課程發展處主辦的「非華語中文教學周年分享會」前，主禮的教育局高官仍聲稱：「絕不會辦中國語文第二學習課程，不會搞一個次一等的課程出來。」而所有參與分享的教學團體就只能在這既定的框架下做自己的工作。

另外，教育局語文支援組，顧名思義是支援前線教師的教學工作，也跳不出「中國語文第二學習課程架構」的局限，仍以「小步子」格局支援教師教學。此外，每當教育局的課程文件推出時，語文支援組必然在支援工作滲入課程文件的元素，例如：2014年推出「學會學習2.0」課程文件時，支援非華語中文教學的主調便與「四個關鍵項目」[8]掛勾。

反過來說，學校的前線教學經驗正是大學和教育局所珍視的，若欠前線教學經驗的實證，大學和教育局的理論架構便來得空泛，所以有教師開玩笑，到底是語文教學支援組支援學校，還是學校支援語文教學支援組？

---

8. 四個關鍵項目為：「從閱讀中學習」、「德育與公民教育」、「運用資訊科技」、「專題研習」，可詳見《中學教育課程指引》，2017。

　　雖然各自為政，但我們仍樂見不少學校持續革新校本課程，正如上述提及的「三中」和「伍少梅」，因為多年參加支援計劃，加上新同事的加入，改變了科組的文化和氣氛，推動了科組的士氣，並不斷嘗試新的教學方法，不論教師的教學動力和學生的學習態度也有改善，大大提升了學校的「教育專業資本」（Hargreaves and Fullan, 2012）。

　　「嘉道理」是官立中學裏錄取非華語學生最多的，由於近年不斷有學校開始錄取非華語學生，所以持續有友校請求到嘉道理取經，求取教導非華語學生的方法。「嘉道理」因應2019年以來的新冠肺炎疫情，與校內其他科目聯繫，建構跨學科閱讀，在多次分享會中展現了「西九龍大校」的風範。（有關嘉道理中學的校情，可詳見本書第三章）

　　「嘉道理」的伍慧兒老師（化名）表示，雖然校本情況並不太理想，非華語學生太多，學生很怕做閱讀理解，但她同意教外籍學生一定以有用為主。她說：

「嘉道理」發起的活動及跨科合作成果。

我將很多以往的筆記都丟了，重新用文章的形式去學。第一，學生做閱讀理解不會害怕，因為平日都是如此，而且我們的輸入好一點，output也會好一點，所以我便寧願教深很多。

如果教外籍學生的話，一定是實用而又貼近生活的教材。我們教他們職業，不單教工種，我還教未來哪些職業將會消失。這是遠的景象，而我希望他們知道，他們學的中文，每日跟人溝通是有用的。

由前線學校自行籌辦的組織，遠較教育局和大學「在地」，教師的自主性也較高。尤其對新任非華語中文的老師而言，在一切茫無頭緒之際，前人的經驗確是引路明燈。

另外，伍老師的話確實是經驗之談，普遍非華語學生只視中文為一種生活工具，所以實用性對他們尤其重要。下一節，我們將會見到教育局的「應用學習中文課程（非華語學生適用）」，正是針對非華語學生中文學習的實用性而設。

讓人「既愛且恨」的「應用學習課程」

2014至2015學年，教育局推出「應用學習中文」（非華語學生適用），「旨在提供模擬的應用學習情境幫助非華語學生奠定職場應用中文的基礎，以及獲取另一中文資歷，為升學及就業作好準備。一般而言，非華語學生只修讀及報考香港中學文憑考試甲類科目的中國語文科或乙類科目的應用學習中文其中一科。」[9]

---

9. 非華語學生完成「應用學習中文（非華語學生適用）」課程並取得合格後，便可獲資歷架構第三級，詳見教育局網頁及課程提供的學院網頁資料。

現時，香港理工大學專業進修學院、香港浸會大學持續進修學院、香港專業進修學院都有提供相關課程。香港理工大學專業進修學院提供的課程是「商業服務中文」；香港浸會大學持續進修學院的是「實用情境中文」；香港專業進修學院的是「實務中文」。三所專上學院提供的課程，與職場要求的中文關係密切，課程大綱和相關資料內提及的行業情境包括：旅遊、酒店、零售、物流、紀律部隊、護理健康、物業管理、教育科技等，種類繁多，為非華語學生拓展實際工作場域的中文語境。[10]

「應用學習課程」設有兩個模式：模式一，非華語學生可以到學院指定的上課地點；模式二，學院與學校合作，並派導師到學校提供應用學習課程，即所謂「包班」，通常採用模式二的學校都錄取了一定數目的非華語學生，如果某校有26位或以上的非華語學生參與應用學習課程，甚至可以「包班」。

學院的課程宣傳片中，有學生表示這是一個「難度適中」的課程，有助提升中文水平，甚至對日後升學有一定幫助。[11] 不過，我們同時見到課程面對的挑戰也不少。課程屬學生自願選擇，費用全數由教育局支付，雖然有其吸引力，但由於應用學習課程必須達到270小時教學時間，如果單單用日常上課時間，遠遠不足270小時，所以學校通常安排學生於課後或週末上課。

學校推動應用學習課程的策略也是各出奇謀。有學校經由持續進修學院介紹課程之後，讓學生自行選擇參加與否；也有學校包班。不過，由於並不是必修項目，自然也是成績較好的同學參加。如果是星期六上課的話，課程的受歡迎程度自然大減，甚

---

10. 見教育局應用學習中文（非華語學生適用）網頁資料。

11. 見香港浸會大學持續進修學院的網上宣傳短片。

至被學生討厭。有中學雖然包班，但與學院合作的經歷艱苦萬分。有負責非華語學生應用學習中文事務的老師現身說法：

> 老實說，他們〔非華語學生參與應用學習課程〕是半強逼的，成績較好的同學是強迫的，而且字都是難的，如果有些學生真的很不想讀的話便寫家長信，但只有一位是這樣做……

> 中四級會按能力分為高、中、低，〔能力〕高的同學全部都要參加應用學習課程，中等的由我決定，今年有學生雖然能力中等，但說話完全不行，雖然閱讀方面不錯，但我也不建議他讀……

> 我們佔〔平日〕課堂，我們星期一有兩堂，〔放學〕後再補課，這樣順着下去好一些。以往有很多投訴，去年的學生很不喜歡上應用學習課，超不喜歡上，〔出現〕很多問題，導師也有問題。

學校曾經安排非華語學生星期六回校上應用學習課程，但學生普遍反感，而且選讀的學生通常成績較好，所以老師一句話：「成績好的學生被逼參加」，值得細味。加上學校位置偏遠，對遠道前來的導師也有很大壓力。每當導師請假時，學生對應用學習的負面印象更深。

校方也在實踐中學習，並不斷在教學時間安排作配合，後來又安排學生在中六級時，有十天全日回校上課。老師說：

> 我會在各方面減少他們的反感，今年較好，可以連接放學時間，減少星期六上課的時間，星期六回校上課學生是很反感的。加上中六，他們都想讀書的，不過就算好的學生都討厭〔星期六上課〕。

> 當然，當中是有好處的，通常上七堂，其中有兩堂是我教他們的，我會告訴他們，現時你們的中文較另外一班好，進步是大的，但過程是痛苦的。

「包班」的困惑

雖然是「包班」，但學校原任老師都要參與部分教學工作。另一間中學也以包班形式上課，但也是苦不堪言。負責老師對於課程導師的教學質素良莠不齊表示憤怒。

早兩年我們做到包班，其實狀況反而很慘。那位老師拿住筆記，那些筆記不太差，但一課只教十個詞語，教到我的學生死晒。

我們已經向校方爭取到。當時我還不是科主任，我是第三年跟住一班 APL 上，我罵到癲，要那老師走，由我教！我的學生不會咁討厭我的課堂，但我要協助導師，要學生安靜坐下來。一課堂 50 分鐘，只寫刻板，然後抄 10 次，這是甚麼教學模式。我們很辛苦做到一班包班，你（政府）又不讓我們教，在外面請一位有大學學歷，無教過非華語，唔識教書，我知道是一位博士……

有時人多勢眾也未必是好事，對於一所學校包班，行政安排可能方便，但學生未必自願讀、導師又良莠不齊，或準備不足，都使學生的怨氣更大，所以就算教育局設計「應用學習課程（非華語學生適用）」的原意雖好，最終對學校和學生來說也變成了不愉快的經歷。

「單行俠」也未必是壞事

至於學生方面，有高濃度學校的非華語學生參加過課程介紹後，只有兩位同學參與課程，他們是泰裔女學生Kim（化名）和菲律賓裔的男生Peter（化名）。當中只有Peter一位男生完成課程。

　　Peter升讀中六，明年將準備文憑試。現時（2021年8月）差不多完成整個課程了，只餘下寫作部分。對於「應用學習課程」，他是欣賞的，並表示對工作實際上有幫助。暑假期間，Peter在一間餐廳兼職。他說「應用學習課程」確實有助他的工作，因為他所屬的工作團隊唯獨他懂中文，若要招呼本地客人則由他一手包辦。

　　Peter的中文成績在班上名列前茅，他有點傲氣，常常把老師的課堂習作迅速完成，然後做自己的事。不過，當他參加了「應用學習課程」後，態度有些轉變。他說班上的學習氣氛不錯，雖然偶然有一位同學整天跟別人聊天，但也未至騷擾課堂。反而有一位巴基斯坦裔同學退學了，不過他並不是跟不上程度，而是他的水平太高，並準備考文憑試，他的中文水平已大大超出我們。Peter離開了校園的舒適圈，他見到很出色的學生，很用功的學生，也見到很散漫的學生。

　　其實Peter最初參加「應用學習課程」時也覺得很困難，也多次想過放棄，不過他最終也挺過來了，主要是因為母親和導師的鼓勵。現在，他的「應用學習課程」差不多完成了，像是黑暗隧道盡頭的曙光。他的一段說話實在道出這位視香港為家的年輕人的心聲：

> You know you will have a job. All they know is that, they come to Hong Kong〔and they〕have to work. They would be facing Chinese〔language〕. The work … especially〔if〕they need some professional jobs, at least they need to speak the basic, so they need〔to learn Chinese〕. This〔knowing Chinese〕help (them to) work in Hong Kong. All you need to do is try your best to prepare the test. You don't need to read all the pages in the

book. It is not as hard as you thought. First when I was in Form 4, I struggled a lot. But my mom, my instructor, tried to push me to the hardest. At the end, it really works. It is worth〔trying〕. It is really like the end of the tunnel.〔你知道你會工作。他們都知道，他們來到香港需要工作，而他們將要面對中文這問題。工作——特別是若他們需要一些專業的工作，他們至少要講基本的中文。他們需要這個能力，這有助他們在香港工作。你需要做的就是盡你的全力準備考試。你不需要閱讀書中所有的頁數。它沒有你想像般的難。首先，當我中四時，我是很掙扎的，但我的媽媽、我的導師，她出盡力推我走到最艱難的境地。最後，這真是可行的，這是值得的。這真的就像走到隧道的盡頭。〕

另一位泰國女生 Kim，她與 Peter 是同班同學，上了幾節之後便退學了。她並不覺得課程太深，也不覺得星期六上課浪費時間，只不過剛巧遇上家庭問題。媽媽找到新工作，她要協助媽媽照顧家中幼小。應用學習課程星期六上班，加上學院要計算出席率，不足70%也不能算是完成，於是便跟校長談了兩次，最後決定退修。

閱歷多了　夢想大了

雖然自己未能完成課程，但 Kim 對未來充滿期盼。她沒想過長留在香港，也沒有想過回泰國，她夢想到外國生活，希望到巴黎學烹飪。

如果我找到工作，我的父母便會回泰國，我便可以寄錢給他們。我夢想到外國，很多同學都是這樣想的，我主要受他們影響。我想離開舒適圈，做一些新的工作。我的世界很大，不是只有一個地方。如果有機會的話，我會go straight forward。

　　至於 Peter 則希望留在香港發展，他甚至同意以「應用學習中文」取代非華語學生以 GCSE 豁免文憑試的措施，這樣可以提升非華語學生的中文水平。談到夢想，Peter 心繫香港。他說：

> Hong Kong is in my heart. I know Hong Kong is small, but〔there is〕so much in Hong Kong I have not seen. For example, university if just a tour〔I have visited a university〕, but I am not experienced〔I have no university expereince〕. My first choice is〔staying〕in Hong Kong.〔我的心在香港。我知道香港很細，但我還有很多香港的事物未見過。例如：我只參觀過大學，但我未試過大學生活。我首選是留在香港。〕

「應用學習中文（非華語學生適用）」的意義

　　其實應用學習的設計，幾位學校的負責老師都是欣賞的。不過，這個課程似乎完全沒有涉及中學教師的意見。有老師表示：

> 應用學習的過程是沒有問題的，你要放一科只計合格或不合格，但都叫放在 DSE 證書上，我都接受的，但我覺得你完全不聽業界的聲音。或者你將主導權交回老師，或為何你不相信我們〔老師〕，即好像做 SBA（School-based Assessment，校本評核），為何你不相信老師的判斷，又或交換吧？如果幾間都辦應用學習課的，倒不如交換教？

　　若從取得入讀學位課程資歷來說，「應用學習中文」可能是多此一舉的。另一位來自高濃度學校的老師說：

> 其實應用學習是讀一些招聘，實用的、在職場上寫的、見工……如果學生已叻到識的話，可以看到履歷表的話，他 GCSE 取 C 以上一定無問題。他以取得 JUPAS 入場券為主，他何必為 1 分，我們簡直是拉牛上樹，而且應用學習課程給人的感覺是高不成，低不就。

也有老師道出學生不願意參與應用學習的心聲。她說：

> 最初找成績好的學生參加，可以是星期一或星期五放學，或星期六全日，畢竟讀足270小時，學生說騙人的，同學去玩，去做兼職工作，我無。

在香港這個重視績效的社會裏，應用學習課程高不成，低不就是事實，非華語學生也看在眼裏。不過我們也見到個別非華語學生，努力掌握身邊僅餘的中文語境，盡量爭取讀聽講寫的機會，一步一步增加個人的中文「習得」。當筆者追問Peter對應用學習課程導師的印象時，他反而回答：

> I believe if the students have the passion to learn Chinese, it is not a problem of the teacher, not the teaching style. Because ApL (courses) have course schedule (and) course books, with 3 sections, 3 different parts. Each part has its content. I don't believe (it) is the problem of the teacher. It is the willingness of the students. (我相信問題是學生是否有熱誠去學習中文，不是老師的問題，而不是教學方式出問題。因為APL有時間表，有書、三個部件、三不同的部分，每個部分都有它的內容。我不相信那是教師的問題，這更多是學生的意願。)

對於老師覺得應用學習課程「高不成，低不就」，「應用學習課程（非華語學生適用）」的校外評審委員黃錦沛表示，現時坊間對應用學習課程仍有不少誤解，以為應用學習有職業訓練的意思。他說：

> 應用學習不是代替本科學習，例如酒店管理應用學習不可能取代酒店管理。我們只是提供基礎的知識，讓他們日後選擇發展該項興趣，或者有其他選擇。我們是想達到這個目的。我們不是希望完成應

用學習之後，〔學生〕便可投入市場，應用學習的角色不是代替VTC，VTC的職業培訓是培訓一個人出來，馬上可在行業工作，我們只是門檻，為學生提供基礎，讓他們認識這種工作，日後產生興趣，〔學生〕還是可以不選擇〔從事這種工作〕。

「應用學習課程（非華語學生適用）」的最終目的是提升非華語學生的中文水平。課程設計希望取材自社會上有較多人就業的行業，例如：零售、旅遊與款待，課程內容較生活化，讓非華語學習語言時有多點興趣，這就是課程設計的原意。

可惜，「應用學習中文（非華語適用）」的參加人數並不多，每年只有百多位非華語學生完成課程。黃錦沛坦言：「較預計參加的人數為少，但能夠協助這百多位非華語學生，甚至只有幾十位，如果他們多認識一點職場中文，多一點生活的本錢，我已經相當滿意了。」

語文學習，就是這樣一點一滴累積下來，並且要逐步擴大語境範圍，應用學習中文課程正是這樣一點一滴累積，一步一步擴大。

「體」「藝」縱橫　非華語學生的「另一片天」

「群體運動有一種『群體認同』（Identity），甚至是展現一種個人的『社交認同』（Social Identity）的功能。」（Jeremy MacClaney, 2006）對於學生來說，群體運動也是找尋友儕朋輩認同的重要媒介。而且，在港的少數族裔，我們明顯看到他們從體育運動中找到一種身份認同的脈絡。

少數族裔如何透過體育運動達至身份認同、學業成就、生涯規劃及社會共融？筆者將從非華語學生運動成就轉化為學術成就的脈絡，加以探討。

體育運動──自強不息 拓展人脈

參與群體運動，除了強身健體外，對年輕人的意義，很可能是一條交朋結友的渠道，透過參與群體運動，也可形成一種「歸屬感」（Sense of Belonging）或「團結感」（Feeling of Togetherness）。尤其對非華語學生來說，體育運動對於族裔內的團結，甚至認識本地朋友，都是極佳的媒介。巴基斯坦男生最喜歡板球，但是板球在香港並不流行，只是印巴裔人士的圈內活動。若要以板球等印巴裔人士流行的體育運動融入，我們必須投入更多。「嘉道理」的體育老師黃以諾表示，校方希望透過體育，營造共融的環境。

嘉道理的男生在小息時間也練習板球。

現時，嘉道理有個「S1S2 programme」，不論本地華語學生或非華語學生，必須過三關，參與板球類（cricket）、曲棍球（hockey）、欖球（rugby），目的是打破這些球類活動專屬於某些族裔的感覺。

群體運動除了提供共融的機會和氣氛外，對孩子學習中文也有幫助。巴基斯坦男生也喜歡足球，不少巴基斯坦男生回憶小時候學得一口流利粵語，原來足球正是學習的重要媒介。巴基斯坦年輕人莫路熹，中學時就讀「三中」，現就讀香港大學文學院，憶述當年學習中文的趣事，他也是在足球場上提升中文口語的水平。他說：

> 我在外邊參加了足球班，我參加了校隊，又參加event，但當時我的中文不是太好。我的隊友全是本地人，溝通有點問題。我記得第一日踢比賽，我全場只有一兩次觸球，是我自己擺波的，無人傳球給我，問題是隊友聽不明白我說甚麼，我用英語叫"pass, pass, pass"……後來教練告訴我，要學番「交直線」、「高波」等中文字詞。外面都有人教我的。

當然，踢足球只是推動非華語年輕人學習中文的動機，學習第二語言，必須日積月累。莫路熹表示，中文必須不斷研習。可是自從入讀香港大學文學院之後，以英語溝通為主，說中文的機會不多，現時自己的中文口語水平反而退步。

把「體育成就」轉化為「學術成就」

體育運動也可能是學生生涯規劃的脈絡。非華語學生參與體育運動，除了滿足個人興趣外，間接引發了學生學習中文的動機。甚至有非華語學生透過體育成就，進入高等院校，跳升至另

一社會階層。「筏可」近兩年都有非華語學生憑體育成就入讀本地大學。該校崔惠儀副校長說：

> 我們體育科連續兩年〔有學生〕入大學，都是用多元卓越獎學金，都是用運動〔Rugby〕和社區服務入大學的，而兩屆都是非華語學生。去年的是泰國人，今年的是中、英混血兒。泰國學生小時候讀書也不是特別叻，不過人很善良。另外，混血兒則是讀書叻，但就沒有目標方向。老師便不斷訓練〔他〕，有〔參加〕毅行者、做運動，同學便以體育老師做 role model，最後入了浸會大學讀康體。你說這個是否好成功，我見到他們找到興趣，又找到目標，他們是可以做得好好的。

黃以諾老師也見證了其中一位體育運動成績卓越的學生入讀大學後，仍然在體育運動發光發熱的個案。

> 我印象很深刻的還有一位非華語女同學入讀英文系，她也有〔參加〕啦啦隊活動的背景，入讀大學後繼續在啦啦隊和舞蹈方面發展，協助大學的舞蹈學會，很多姿多彩的。

「筏可」的啦啦隊訓練。

衝創體育事業 回饋語文學習

老師苦口婆心勸勉非華語學生讀好中文，但學生不太可能頓悟，而是要待日後發展事業，才知原來中文是非常重要的。每當有了這醒覺，非華語學生學習中文的動機便大增，成功的機會也自然增加。崔副校長談成功考進浸會大學的泰裔學生時說：

> 語文科的角色，你不要想學生做利君雅咁叻的人，但他們會慢慢意識到中文對於他的職業，以及對於他的面試，應用學習都有幫助。當訂立了目標，他在語文科便會好好地學習。但反過來，他中文讀得很好，再想融入社會，這些例子未必有。語文科是一個輔助和一個工具，這是一個很現實的工具。

體育發展與語文運用也是息息相關的，黃以諾以其親身經驗，分享兩文三語在香港任何行業和環節都是重要的。

> 兩者是有關係的，尤其在球類運動。舉個例子，當非華語學生參與本地的足球訓練，甚至要參與教練和球證訓練時，由於本地的訓練主要是用粵語訓練和教授的，所以學生必須掌握粵語。當然，若學生提升至亞洲水平，到亞洲國家接受訓練時，就必須掌握英語。

不論是啦啦隊、表演藝術、體育運動，都未必直接與非華語學生的中文學習拉上關係，但這些活動對於非華語學生融入香港社會，卻起了積極作用，起碼學生因為參加體藝活動，認同自己在所屬學校是一份子。甚至，我們見到個別成功例子，可以透過體育運動升讀學位課程，成就自己生涯規劃的重要一步。

小結

這一節讓我們從「二語架構」、「校本教材」、以GCSE中文科取代中文科文憑試、「應用學習（非華語學生適用）」這幾條非華語中文教育的脈絡，檢視非華語學生學習中文的意義。

教育局一貫的立場是無意另搞一個淺化的中文課程，所以「中國課程第二語言學習架構」只設學生水平等級描述和測試，讓教師了解非華語學生的中文水平，從而協助前線老師制訂適切的校本教學方案。

據老師普遍的意見，「二語架構」使教師了解非華語學生的中文水平，立意雖好，可是，沒有協助前線老師制訂適切的校本教學方案卻是可圈可點。前線教師會否編製校本教材，或是採用坊間教材，教材是否適合學生需要，一切任由前線教師自行探索，教學成效只能視乎教師的教學經驗和熱誠。

至於豁免非華語學生的中文科文憑試，並以GCSE中文科取代，這種權宜策略似乎已經不起時間的考驗。2012年為香港中學文憑試開考之年，以一個國際認可的考試豁免非華語學生應考文憑試中文科可能是因時制宜。可是，經過十年教學實踐，若教育局仍以一個公認只有小學二年級水平的中文考試取代一個中學六年級的中文考試，對非華語學生而言，似乎早已弱化了他們日後的中文成就。

後來，「應用學習課程（非華語學生適用）」應運而生，教育局立意也好，但同樣受制於豁免文憑試中文科的策略。學生普遍捨難取易，當非華語學生的中文水平達到入讀大學的門檻後，大多便把心神放在其他學科，導致中文學習停滯不前。加上參加

「應用學習課程」純屬個人抉擇，參加的學生人數不多，也未能為非華語學生的中文水平帶來多大的轉變。

前特區政府高官，高先生（化名）指出，多年來，教育局確實是做了一點工作。

> 可是，很坦白的，問題是「唔湯唔水」。因為它們始終並不重視這件事，總之我們俾了錢你，便「校本」；你們學校搞掂，所以禾雀亂飛，尤其是資助學校，大家都很清楚。

學習語言的最佳時機是由幼兒開始，故此幼兒園和小學階段極為重要。中學階段漸漸接近升讀專上學院和就業。雖然香港奉行兩文三語的語文政策，但是大家都明白，操流利粵語，掌握中文，才容易在香港謀生。我們見到個別非華語學生憑個人的體藝天賦闖出另一片天，固然可喜可賀，但個別成就還是未能從根本解決非華語學生學習中文的困局。

對非華語學生而言，學習中文的原因主要是作為生活的工具。與香港中國語文教育學習領域課程指引所說的「價值觀」和「態度」似乎格格不入。[12]我們懇切期望，局方重新思考非華語學生中文教育的社會定位，以及編訂一個有本地化，有系統的架構，讓所有非華語學生都可以採用的課程，這個教育界的新領域相信正是非華語中文教育的當務之急。

---

12. 新一版的中國語文教育學習領域課程指引（小一至中六）雖然把二語架構和應用學習課程也涵蓋其中，但基調仍是幫助非華語學生儘早融入主流中文課堂，並無顧及實踐課堂和校情。

未來

我們已探訪了不同少數族裔社區，與從事少數族裔工作的社工、社區幹事、宗教領袖，討論少數族裔的現況和前景；我們也走訪了幾所具代表性的中學，與校長、教師、學生，討論非華語中文教學的局面和困難；我們甚至登堂入室，訪問少數族裔家庭，與家長和青年人談在香港的生活和前途；我們也拜訪了前特區政府高官和現役應用學習校外評審委員，了解政府當局對少數族裔華語中文教學的政策。

既然有這些社區脈絡協助非華語學生學習中文，而且學好中文有助少數族裔融入香港社會已是社會共識。這一章，我們將考察非華語學生歷經多年中文學習後，對未來的想像。年輕人對未來的想像倒過頭來將可對從事非華語中文教育的持分者帶來啟示。

我的「香港夢」

「夢想」一詞從來都是含糊不清的，我想做個有錢人，我想飛黃騰達，我想做李嘉誠等，都是信口雌黃，並無意義。不過，香港於 20 世紀 70 年代起，經濟起飛，社會上層職位不斷增加，造就了工人階層出身的子弟只要努力，都有機會成為中產階層的夢想。

香港的中產階層，一種自 70 年代開始出現的新社會階層，生活富裕又穩定，是令人羨慕的社會精英，這是「一種個人努力加上一點運氣，可以成功的具體表現」（呂大樂，2015）。香港作為一個移民社會，成為中產階層便是很多家庭的奮鬥目標，不少成功例子便成就了一個又一個「香港夢」。

在香港，成為中產階層是人人有機會的，也是造就不少家庭脫貧的機會。前特區政府高官高先生（化名）都有這種體會。

> 我們讀好書，找到好工作，像我們 typical Chinese 力爭上游，我們脫貧，大部分人都知，由我到你們，都是靠讀書，找一份中產的工作，如果是叻仔叻女的，便可以自己去打拼，就算不是叻仔叻女的，安安分分，隨着社會增長，我也變了一位中產階層了，〔大家都〕是這樣脫貧的。

對於少數族裔的第一代移民來說，成為香港的中產階層者尤如鳳毛麟角，通常寄望下一代出人頭地是第一代移民的夢想。不過，並不是所有子女都能讓父母如願以償。有非華語學生透過個人努力，升讀大專院校，畢業後從事護士、幼稚園教師，半隻腳踏進中產階層；少部分投考紀律部隊，晉升後也成為香港中產階層的一分子。可是，也有為數不少的非華語學生學業不成，繼續從事運輸、建築、飲食業的低下階層工作，出現跨代貧窮現象。

香港遍地黃金 回鄉留港無所謂

毫無疑問，香港是一個掘金天堂。我們在不少非華語家長的訪談之中，都清晰見到這個看法。當中很多都希望賺足夠的金錢後，便衣錦還鄉，買地建屋。不過這種上一代的想像，可能隨着下一代在香港出生或在香港接受教育而轉變。

Mohammad Rafiq

Mohammad Rafiq 與四位子女的故事，可詳見第四章。他任職保安員，一家人的生活尚算穩定。Rafiq 曾問過子女會否回鄉，四位子女雖然都是中途到香港求學，但大兒子反問：「我們回巴基斯坦做甚麼？回去旅行無問題，但回去做甚麼，怎適應？」子

女都想留在香港。他分享自己的夢想，其實只希望一家人一起生活，住在哪裏也無所謂。他說：

> 因為時代不同了，我會同孩子談，但取捨都是孩子的事，這是他們的生活，我們只能與他們同行，很多事不能強迫，只能身教，只能談看法。例如，有錢我想回巴基斯坦建屋，但若他們不想回去，都是無用的，最終都是看他們的看法。

Mohammad Rafiq 在香港雖然賺取足夠金錢維持一家生活，也供養了四位子女的教育，可是四位子女都未能考上大學，而且他在香港大半生時間當保安員，怎樣說也不可能稱他為中產。

Raj

另一個案是第一代移民在香港已經成為中產階層的故事。

Raj 原籍尼泊爾，祖父輩曾在印度生活，他現在是九龍城一家印度餐廳的合伙老闆。Raj 來港 26 年，育有兩女一子。大女兒

Raj 經過多年奮鬥，終於有自己的店鋪。

現年24歲，兩歲時到港，在國際學校完成中學課程，現在澳洲升讀大學，修讀護理學。另外一女一子則在香港出生，幼稚園和小學都在本地主流學校就讀，兩位都在「三中」就讀，二女兒也剛完成中學課程，幼子則升讀中五，在校的成績頗不錯。

Raj最初來港的目的只是賺取生活費，家中兄弟早過他到港。他初時做薄餅運輸，後來有自己的店鋪。他的家族在馬來西亞有經營食肆，但生意不太理想，所以他們都到香港找尋機會。

Raj在家裏常用尼泊爾語與子女溝通，當中也夾雜英文，但從沒有用中文溝通。由於大女兒在印度出生，所以還可以用母語與父親溝通，但她已不能閱讀尼泊爾語。一對弟妹由於在香港土生土長，只能與父親用英語溝通，與同學則用中文溝通，已不能用尼泊爾語溝通了。

Raj一對在香港出生的子女，大抵想自己是香港人吧，Raj也不大清楚。他曾經為子女找本地學校，女兒曾投考九龍塘真光女書院，但由於面試不成功，便報讀「三中」。他也知道該校專門錄取不少非華語學生，而且成績不俗，於是便報讀了。

Raj較重視子女的英語水平，雖然他也明白在香港生活，中文是重要的。對於他來說，雖然香港只是一個賺取生活費的地方，但他已住滿了七年，取得了永久居留權，而且也在香港置業。日後他的退休生活將視乎子女的發展，可以留在香港，也可能到外國生活。

談到歧視問題，Raj並沒有理會這事，也不覺得自己被歧視。至於子女在學校，他也不覺得被歧視，還說兒子在校有不少朋友。

雖然兩位第一代移民的遭遇迥然不同。不過，我們同時見到非華語家長在香港的生活穩定後，都會安排自己的子女到香港，期望子女未來的生活，求學、擇業，甚至成家立室，日後可以有比自己更好的機會。

Minhas Rashad（阿文）

筆者與兩位家長訪談時都是用英語交談，其實兩位是懂得聽說中文的，但讀和寫則不行。至於另一位家長，筆者可以與他用流利的粵語交談。Minhas Rashad（阿文）常自嘲是「兩頭草」，也分不到自己是香港人還是巴基斯坦人。他說：

> 我的上一代較好，我是尷尬位。上一代來香港搵食，他們的親戚朋友在巴基斯坦，退休便回巴基。我（第二代）就比較尷尬，如果在香港很困難的話，我便回去巴基鄉下享受人生也說不定，巴基斯坦的人情味始終都比香港好一些。

當年輕一輩巴基斯坦人在香港出生，接受教育，他們的想法自然與上一代不同。新一輩明知自己的膚色、宗教和語言和本地香港人不同，但他們也未必感到自己屬於巴基斯坦，他們似乎更認同自己是香港人。阿文長時間擔任社區幹事，眼見很多年輕人的轉變。他說：

> 新一代年輕人是不會同巴基斯坦人比較的，我一定同香港人比較的。我在香港出生的，為甚麼我要同巴基斯坦比較呢？如果你說巴基斯坦好得多，這樣說是否想與巴基斯坦年輕人翻臉……

阿文分析，現時巴基斯坦裔家庭普遍較香港一般華人家庭滯後二十年。可能是經歷不同，而且上一代巴裔同胞在香港普遍不理會香港的事情和發展，只顧眼前賺點錢而已。

阿文（右）為平等機會委員會拍攝海報。

　　南亞人跟香港人是相距一代，即是我們現時經歷的，就是你們的八十年代。回顧起來，其實是一樣的，上一代讀書不成，常想鄉下。現在的年輕人不想鄉下了，所以說相差了一代。

　　阿文常常參與不同的媒體工作，包括：無綫電視的節目《世界無疆界》的拍攝工作，希望可以向港人介紹祖國和老家的情況，使香港人對巴基斯坦有更完整的認識。另外，他也參與「平等機會委員會」的宣傳工作，相信這也是阿文的夢想。他說過：

　　　　我不主張政府給魚，而是教他們怎樣捉魚，或給他們機會捉魚。因為提供者會以為我俾了很多嘢給你，但攞的人永遠覺得自己攞唔夠。

我係香港人？

我是誰？這是一個「身份認同」問題。香港的教育對非華語學生陶鑄了一種怎樣的「身份認同」？有非華語人士聲稱：「我都係香港人」；也有非華語學生在香港土生土長，在香港讀了十多年書，最終GCSE中文科不合格，一直拒絕講粵語，並堅持在香港生活，講英文便通行無阻；甚至有年輕人日思夜想離開香港，到外地，或回國發展。

「身份認同」可以法例上的定義，也可以是主觀感受。而且要確認香港人的身份認同，很多時候只是一種直覺的感受：「感覺自己屬於這個地方，便說自己是這個地方的人。」（周永新，2016）

而且，兩個層次可能是互不相干的，甚至可能是矛盾的。你有香港永久身份證，在法例上你便是香港人。可是，當一位少數族裔人士走進本地社區，説一口流利英語，加上膚色與本地華人有異，就很難讓人信服你是一位地道香港人。

「粵語」是香港人身份認同的「入場券」

雖然如此，我們還是得認同在這個社會裏，掌握某些技能，大家才能認同他是「自己友」。在香港，粵語維持了香港人身份認同的「根」（梁慧敏、李楚成，2020），能操流利粵語便是香港人身份認同的入場券。

Jeffrey Andrews

Jeffrey Andrews對於自己能成為第一位少數族裔社工，現在回過頭協助少數族裔與本地社區融合。他常對別人聲稱：

我是香港人，我有香港人的身份，我不是EM, that is what we want in the future。大家都問，who are we? Yes, we belong to China, but we are Hong Kong人。

這是我們的 special identity，我們講廣東話，上海人講上海話，your own unitedness。如果我們印度和巴基斯坦人不懂講廣東話，we are lost，永遠都有 separation。We don't have a sense of belonging to Hong Kong。But once 你識講中文，你同人溝通，人地 accept 你。

當你懂粵語，香港人對你是外人的戒心自然放下了不少，這是一種身份認同的開端，也是溝通的開始，因為你用本地慣用的語言溝通，大家都輕鬆了。Jeffrey Andrews 在聯合國難民中心工作，他的一番話實在值得再三玩味。

每次我帶一些 client 去政府部門，他們常說，we always get discrimination, they don't treat me right。我會同他們一齊行，我見到其實兩面都 nervous，但一講中文，輕鬆了，你識講中文，ok，慢慢，you get the way easier。又你想搭的士，的士司機都不想停，但當你搭到的士，以為你不懂識中文，但一講中文，便輕鬆了很多，it is really connected。

至於，對於學生來說，中文水平除了是主要學科的成績外，更重要的是一種地道香港人的象徵。軒拉老師回憶自己還是初中學生時的遭遇，

我一定要學好中文，證明我是一個香港人。因為，那時候我不接受自己是一個巴基斯坦人，身份認同的問題，為甚麼我會咁黑？為何我是巴基斯坦人？我希望自己是華人。所以當時有人問我是甚麼人，我不太想告訴他們，我是巴裔，但連我自己也不太接受這身份。

當我與兩位訪談時，由於軒拉老師任教非華語學生的中文科，是實實在在的中文科老師，所以我們全程用流暢的粵語溝通。由於Jeffrey Andrews是社工，所以我們對話時，大家都是「中英夾雜」。不過，這似乎更近乎「港式中文」。

不過，懂得講中文便是香港人嗎？似乎又不可以這樣簡單化。這裏，我不是討論非華語人士講的是「標準粵語」或所謂「港式中文」。懂得聽說粵語只可算是一個門檻而已，但是否加碼懂得讀寫便成為完全香港人？懂得讀寫，無疑可能讓你更容易得到一份工作，但懂粵語，有工作，是否就是香港人身份認同指標？

香港人的態度 「理想一起去追」

剛舉行的2021年東京奧運會，香港奧運游泳隊奪得歷來最佳成績，其中何詩蓓連奪兩面銀牌。原來她是中國和愛爾蘭混血兒，早年在跑馬地聖保祿中學畢業，操一口流利粵語。後來在美國受訓，最終在奧運奪獎，為香港體育界發光發熱。何詩蓓的父親來自愛爾蘭，她的卓越表現一度被遊說代表愛爾蘭出戰國際賽，但她婉拒，並說：「我在香港出生、長大、開始學游泳，能為香港出賽和爭光，是一件很光榮的事。」[1]

我們從何詩蓓的例子看到幾個香港人身份認同的特徵。第一，她是土生土長的香港永久居民；第二，她能操流利粵語；第三、她在香港接受主流學校教育；第四，她對家庭和香港體育運

---

1. 見「東網專訊」、「大公文匯電子報」及香港各大報章。

動界都有非凡貢獻。當然，香港人不必每位都成為奧運獎牌得主，而且對絕大部分的非華語學生來說，何詩蓓的家庭支援不可能與他們同日而語。

Meeran 和 Hina

Meeran 和 Hina 是一對異國情侶，男的是印度裔，女的是巴基斯坦裔。我與兩位認識是一次機緣巧合，看完一部港產電影，以印度男生在香港生活和追求香港女孩子為題，電影內容不怎麼出色，但讓我認識了兩位新朋友。

Hina 中學畢業於聖瑪加利女書院，後升讀香港大學社工系，現時服務難民，主要是印尼和菲律賓人，日常的語言是英語，有時候也要跟本地人講廣東話。

Meeran 在印度出生，一歲時隨父母來香港生活。家裏有父母和弟弟，父母在印度完成大學課程。Meeran 一直在香港接受教育，現在香港大學校外進修學院就讀電腦科技。

Hina（左）和Meeran（右）

Meeran中一至中四在大角咀李國寶中學讀書。中五的時候，媽媽叫他回印度讀書。在印度的一年，他只是玩和讀考試的內容，全不能適應，要求回香港繼續學業。回港後，他到伊斯蘭脫維善中學就讀，並完成中學課程。他除了考文憑試，還考了GCE普通話和GCSE中文科。

Meeran的廣東話說得比Hina好，我們訪談時，他全程用廣東話對答，他說由於自己喜歡運動，尤其喜歡足球，很多中文都是參與體育運動時學到的。他說：

> 我攞了很多opportunity。我的中文也是在外面學的，我有很多朋友，在外面踢波時學的，在外面做運動時學的，上課時老師教你怎樣取分，合格便可以，不是教你怎樣溝通。我有些朋友也是自己踢波，不同別人溝通，一來練波時，見到全是中國人，下次便不下來了。他們一定要自己人才玩到，否則便不參加，或做自己的事，離開。我不會，我的朋友有中國人，我以前玩過田徑，踢過波，兩個都是中國教練。

Hina的學習過程很刻苦，得到現時的成就，她很是滿意。但她的家庭支援不及Meeran，但雙親對自己的要求也是嚴謹的。而且她並不滿足於現時所有的，還計劃修讀Advanced Social Worker Course，之後還會修讀碩士課程等。

談到香港人的身份時，我們不禁提及2019年的香港社會運動。當時，不少非華語朋友都說，這是香港人的問題，與我們無關。可是，Meeran和Hina對這件事有自己的看法。Meeran對社會事件是有深思的，他有到街上看過，但他是一位理智的人。

> 我也不太喜歡政治，我爸爸叫我不要參加，我自己也不想，如果我們在街上對罵，打爛東西，情況可能會差一點的。我有行過落街，如果我join，有甚麼好處，應該是沒有甚麼好處，no solution。

Hina也表示了自己的看法。她說：

I think getting informed is your responsibility, to know what happened in Hong Kong. You should know what you do is breaking the law, you cannot say that you did not know. 〔我覺得去接收資訊是自己的責任，去了解香港發生甚麼事。你應該知道自己所做的是犯法的，你不能說你不知道。〕

兩位都清楚香港發生的事，熱心關注之餘，也不會魯莽行事，並有理智的抉擇。Hina非常重視守法精神，Meeran親身見過街上發生的事，但冷靜反思。兩位都是為自己、為家庭、為未來、關心香港、追求夢想，在崗位上發光發熱，都蘊含「香港人」的心態。

我唔係香港人！

有不少非華語人士視香港為家，準備長期生活；也有人視香港為金礦；也有人視香港為踏腳石，只要賺夠錢便遠走高飛。

香港歧視厲害　我想遠走高飛

念恩

念恩是中泰混血兒，父親是香港人，母親是泰國人。念恩在泰國唸小學，後舉家隨父親到中國內地生活了一年，之後再移居香港。她的中學階段是在香港渡過。

據她自述，初到港時，中文的成績是差的。初中時還只是停留在理解中文單字的意思；數學和英文科好一點，但因為讀的是

念恩（右）與泰裔友人合照。

中文中學，所以英文始終不及班上的菲律賓和巴基斯坦同學好。
念恩回憶初中時與同學的接觸和溝通：

> 初中時我根本唔夠膽講，也唔識講。那時候我是中一級，人較為
> 純品。同學也很主動，放學後去網吧，有男孩子，也有女孩子，也叫我
> 們去打排球，但我也玩得不好。我們有同學住恒安邨。有時候我們喜
> 歡放學後到公園hea。

念恩的中學成績不錯，考上了專上學院，對於「空運到港」
的泰裔學生來說，已是難能可貴。之後她轉到公開大學入讀學位
課程，再入讀城市大學社會科學院。她談到在專上學院時，遇到
不少非華語同學，大家普遍對中文學習都是抗拒的。她說：

> 高中入大學之間，中途讀其他課程時，那時未入城大，中間讀
> college。當時遇到一些少數族裔的朋友，菲律賓，巴基，同他們傾談
> 之後，開始 sense 多了，因為他們有自己的 culture。我 feel 到他們很
> 不喜歡學中文。因為他們 speak English all the time。我常常從他們
> 的口中聽到 Chinese in a negative sense。

在整個大學教育過程，念恩的學習和溝通全用英文，只有替人補習時偶爾講中文而已。讓念恩最回味的是到英國交流的時光。她說：

> 我自己幾喜歡 college education，我認為無論學業和活動都較傳統學校好。喜歡玩甚麼，自己去玩；喜歡學甚麼，自己去學。學習又不是死背，有很多 assessment 的形式。我又遇到一些朋友是 non-local 的，有少數族裔，也有讀國際學校的學生，感到一個 cultural diverse 的環境，有點像我在英國 exchange 時遇到很多外國學生。我去牛津時很多國際學生，外國人見慣，黑髮黑皮膚。雖然不可能太熟，可能英國人多會同歐陸人士一起，但他們 join 甚麼活動都會叫大家一起。

念恩對香港人的歧視有很深感受。她慶幸自己是膚色較淺的泰國人：

> 由於我的膚色較淺，如果我不出聲，人們還以為我是香港人，所以我說，我的中文較我的朋友好，因為大部分人都同我講廣東話。

反而，她有些巴基斯坦同學，六歲來港，讀本地學校，聽得懂廣東話，但他裝作不明白。念恩發現，香港人的歧視，與語言能力也有密切關係。她回憶自己讀大學時的情況。

> 由於我讀文科，但我在班上的英文是最差的，〔華人〕同學問我 IELTS 幾分？我有 7 分，同學讚我咁勁，很多香港人都考不到的。我一入大學時，已是 7 分，我的非華語朋友都是 7.5。我覺得城市大學較好的是多不同國家的學生。在校園很多時都聽到同學講英文。可是，我在本地社區上講英文，會被人望住。如果你渣（差）的話，就被人話扮晒嘢。若果我講英文，好像 show off 似的。

念恩的故事相信是很多非華語學生的寫照。小學和中學都讀本地主流學校，都是弱勢學校，由於收生不足才錄取非華語學

生。教師對非華語學生的認識和支援都不足。念恩本可憑藉非華語學生的身份應考GCSE中文科，但由於教師認識不足，被迫考文憑試，中文科僅能合格。

另外，校內的非華語學生的英語一般較中文好，當然英語水平也較本地學生好得多。對於香港本地學生來說，能操流利英語，是夢寐以求的成就，但膚色較深的非華語學生卻是本地香港人避忌的。雖然程度未必說得上歧視，但語言隔膜始終是非華語學生與本地學生貌合神離的源頭。

念恩在英國交流的感覺很好。她希望到外國生活，但現時她的經濟環境尚未許可，所以只能不斷找機會。現時她在機場擔任資訊科技工作，也希望重投教育工作，無論如何，在香港，教育工作相對是一份穩定而薪酬不錯的工作。她回憶在英國的生活及自己的夢想：

> 很多種族的人一起玩，環境也舒服很多，沒有香港咁細。我去完〔英國〕之後很喜歡，之前幾年我開始看美劇，我喜歡 free 一點，open 一點，不喜歡 bounded by stupid rules，所以將來我希望到這些地方。我最近計劃去外地，有時我覺得自己唔 belong to here。

「連鄉下親友都不認識我，我只想教潛水」

國泰

另一位泰國裔年輕人，國泰（化名），23歲（2021年），有自閉症和讀寫障礙，現時在一所修車店工作，工作是由九龍城宣道會泰人恩福服務中心負責人黎李翠玲師母引薦的。

早在小學二年級，父母已獨留子女在家，有疏於照顧的紀錄。中學時，他入讀了區內一所傳統男校，是第一選擇，當時父

母也為國泰高興。然而,中一時,同學不太歡迎國泰。當年發生「菲律賓脅持人質事件」,不少學生甚至用殺手「門多薩」的名字稱呼他,國泰一直很不開心。

只在那所男校讀了一年,國泰便轉到地利亞中學完成餘下的中學課程。其實該校的泰裔學生也不多,學校以錄取巴基斯坦和尼泊爾學生為主。而國泰其實也害怕校內的兩大族裔。幸而,地利亞中學的中文科下降到一個較容易的水平,所以他能應付中文科的功課。但對於國泰來説,跟其他少數族裔同學的相處仍是困難的。

印、巴、尼泊爾裔學生都喜歡體育活動,可是國泰不擅長體育,巴基斯坦同學很喜歡的板球,他一點也不感興趣。他曾參加過劍擊,亦有與來自其他同是地利亞學校(協和、月華)的劍擊成員交流,不過他參加劍擊的目的,是希望得到較好的操行成績而已。

國泰的英語不錯,我們的訪談,他全程堅持用英語對答。可是他説自己的英文不能説是好的,而且他討厭寫作,導致英語的文憑試成績一般而已,只勉強升讀工業學院的基礎文憑課程。可是他還是高中學生的心態,常常遲到,只在工業學院學習一年。不過,國泰完全明白自己只能入讀基礎課程是由於文憑試失敗所致,但他也不知道可以做甚麼。

> 師母offers me a job, a car repair [job]. [I am] also studying in VTC, but this lime is form 3 class. Sometimes I enjoy my job. I need to aware [of] police. Last time I got yelled by police, because we cleaned the cars [on the street] and made the street dirty.[師母給我工作,是汽車維修工作。我也在 VTC 讀書,但這次是中三課程。有時我很享受工作,但我要留意警察。上一次,有警察向我喊叫,因為我們洗車時,把街道弄污了。]

　　國泰也有自己心目中的理想工作，他希望成為潛水教練，加上在泰國家鄉，這也是一項流行的運動，有很多潛水學校，吸引很多遊客參與。在地利亞讀書期間，老師曾向學生介紹這運動，他說起來時仍非常陶醉。

　　At Delia, they showed us that the job is relaxing. One Hong Kong guy has become a diving instructor, successfully moving to Australia and teach people there. He failed in DSE; he just finished F6. I know that for a diving instructor, F6 is enough to go. I don't know〔if〕I am going to be a diving instructor or a commercial diver. As a commercial diver, they will send you to do anything about diving. I have dived in Thailand once, I quite enjoy that, but I〔am〕still a kid...〔在地利亞讀書時，他們向我們介紹這工作很輕鬆。有一個香港人成為潛水教練，並成功移居澳洲繼續教學工作。

潛水教練是國泰的夢想職業。

他DSE不合格，只完成中六。我知道要成為潛水教練，中六學歷已足夠。我不知道我是否會做潛水教練，還是商業潛水員。若你是商業潛水員，你會被派做不同的工作。我曾在泰國玩過一次潛水，很享受，但我還是一個小孩……〕

不過，國泰的父母仍然希望兒子能做汽車清潔的工作，因為他們想國泰回泰國，開設一所汽車清潔小店，可以做個小老闆。可是，國泰似乎不太願意。他認為自己不像泰國人，泰國人也不相信我是泰國人。在我的村裏，由於我不說本地語，他們認為我不是本地人，我的口音也不太純正，而我講英語時，他們也覺得很奇怪。現時，國泰仍然為不菲的潛水教練班費用籌謀，但一切毫無頭緒，他常一臉茫然。

「我唔會返鄉下了，我會說英語，但唔想講中文」

對於土生土長的非華語年輕一代來說，他們在香港接受教育，受香港本地文化影響至深。他們的母語雖是本國語，但在香港已無語境。英語由第二語言變成第一語言，但又不等同母語。對於土生土長的非華語年輕一輩，粵語只可說是第三語言，甚至是無關痛癢的語言。以下三位「嘉道理」的學生，正可以說明不少年輕一代的心態。

簡華卡

簡華卡（Zhan Wakar），巴基斯坦裔男生，香港出生，小學時就讀李鄭屋官立小學。母親能夠操流利的廣東話，過新年時

簡華卡（Wakar）兼職模特兒。

也會跟隨香港的習俗，給他利是。母親甚至請中文老師替兒子改中文名，因為她想兒子有中文名，方便將來在香港生活。然而，Wakar對學習中文一點興趣都沒有，甚至有點抗拒。即使在香港土生土長，但他仍然不能用廣東話跟別人溝通，就連一般對答也有困難。Wakar在GCSE中文科考試中，只獲得F。他說：「學中文興趣只是50%……懂得英文在香港生活已經足夠了。」

　　Wakar希望做健身教練，在一次參觀工業學院時，他發現了學院有這方面的課程，於是便報讀了。在修讀健身教練課程期間，他也兼職當時裝模特兒。這位開朗的男生，總算靠自己雙手在香港闖出一片天。

Wakar簡華卡（左）、Dayan（中）和Ella（右）參加學校的啦啦隊綵排。

Dayan及Ella

　　Dayan，印度裔男生，印度出生，小學時在香港就讀中文小學，所以他操得一口流利廣東話，聽講都沒有問題，對答如流。他在GCSE中文科考試中獲取A。他說：我是非常努力學習中文的。其實，中學時，課後他已在薄餅店兼職，而且他的英語實在流利，又善辭令，很快已由廚房職位轉到樓面，招待客人。

　　Ella，菲律賓裔女生，在菲律賓出世，小學時到香港就讀。她在GCSE中文科考試中，獲取B。筆者問她對於學習中文有何觀感，她說：想說得流利一點。

　　我們見到更多人視自己是香港的「過客」，雖然這群人可能最終都不會視香港為家，甚至不會稱自己是「香港人」。不過，這群年輕人還有一種香港在全世界難得一見的共同價值，在狹窄的自由之地裏，竭盡自己的才能，找尋自己的理想。

期望家長以身作則　全民學中文

　　要消除不少非華語學生學習中文的癥結，除了認真解決課程和教學法的問題外，還要協助學生背後的家長學習中文，融入香港社會，否則非華語新來港人士不能説粵語，在香港做草根階層工作，子女讀弱勢學校，學業成績永遠低落，容易造成跨代貧窮。

　　尼泊爾族裔的民族性很能吃苦，他們夢想在香港得到較好的生活，很多勞動工作也難不了他們，可是這批家長的工作時間很長，缺乏學習中文的機會，他們甚至犧牲與子女溝通的時間。區內的社區幹事為他們辦很多廣東話班，除了融入香港社會，學習廣東話還可以找回與子女的溝通機會。尼泊爾社區幹事Judy 説：

> The first problem faced by Nepalese is language. In some countries, they have requirement. You must learn their language。我覺得這是好好的方法，就算你已有碩士學歷，甚至博士資格，也要學該國語言，before you go to that country.

> But not only for the kids〔to learn Cantonese〕, but also for the family. They〔family members〕can only speak a little Cantonese, cook some Chinese food，〔識講廣東話〕起碼可以同

個仔溝通。阿媽，我今日要做功課，中文功課，但阿媽都唔識溝通。我見到這個problem。媽媽常常要工作，在bar、restaurant. After mom come back home, the kids are already asleep, because they are very tried. I think there is the communication gap, so the language is the major problem.〔媽媽放工後，孩子都睡了，因為他們都疲倦。我覺得這是溝通障礙，所以語言是首要問題。〕

這個情況在泰國族裔之間同樣出現。不少泰籍人士到港後，仍一直看泰國電視節目，大部分泰裔家長不能聽說中文，這樣對子女的成長影響極大。所以九龍城泰裔社區中心負責人黎師母積極辦家長教育，希望家長多接觸中文，在子女面前以身作則，讓子女也更投入學中文，儘快融入香港生活。黎師母說：

> 他們〔泰籍家長〕很窄〔視野〕，來來去去都是泰國的生活模式。咁他們〔子女〕不會成長，以及日後他們在香港會好唔掂！我常同家長講，他們是泰國人，但在香港也要做香港人。不要看他們是企堂，他們都會做一隻鑊（天線），給他們看泰國電視。一看泰文便不會看中文，那中文怎辦呢？我常叫他們不要做這件事，但多數仍然是這樣。而且現時有YouTube，連鑊仔都不用了，即是〔我們〕要幫他們的阿媽，要開放〔接納新事物〕。

至於巴基斯坦裔的情況，較尼泊爾和泰國族裔好一點，他們在香港落地生根的歷史較尼、泰兩個族裔長一點，但是巴裔人士普遍對香港的事務不聞不問。社區幹事阿文說：

> 〔巴裔鄉里〕個個都識講廣東話，但他們來了香港多牛，連基本香港的事都不知道。他們生活在自己的空間裏。無接觸便甚麼都不知道。但又為甚麼他覺得〔自己〕好呢？因為他不是把自己和香港人比較，他們將自己和巴基斯坦比較，便覺得好囉。

前特區政府高官高先生（化名）多年來的公務員生涯讓他認清非華語人士問題的癥結在於語文。他說：

> 其實萬惡貧為首，他們很多都是lower income class，這與中環IFC，那裏都有很多是外來人士，卻是完全不同的social strategies，所以當他們來到香港時，你不處理好語言和integration的問題，這是第一關；如果搞不好，其他關便有問題。

> 並不是說他們學懂廣東話之後不會作惡，我們都有很多人作奸犯科，如果他們像上一代印度人，聽得懂，講得通，他們會留下來settlement的意願是很強的，有這個意願的話，他們便會珍惜這個地方，便會做好。如果他當自己是個過客，賺到錢便走的話，他們又不是IFC〔那些人〕，十年搵夠「幾球」便走，很容易鋌而走險，又有很多很frustrated，流離浪蕩的。但由哪一位做特首都不會集體處理，都不會有意欲去處理這件事，所以便形成學校老師救到多少是多少。

期望教師先重視自己

香港中學非華語中文科教師的夢想，在第四章，我們已透過不少香港中學教學訪談，大抵描述了不同教師的精神面貌。以下我再介紹兩位同樣從事二語教學的教師，她們的工作場域與香港的中學截然不同，一位在泰國的國際學校任教；另一位在香港教育大學教授碩士及本科二語課程。讓大家從另一角度，思考非華語中文教師面對的難題，以及由兩位老師訴說自己從事二語教學的夢想。

邊教中文邊學泰文　期望學生喜歡中國事

鍾曉婧

　　鍾曉婧，廣東佛山人，現時在泰國新加坡國際學校當老師，主要任教小學課程。鍾老師到泰國已踏入第十一個年頭。雖然任教中文，但她自嘲現時講英文和泰文的機會比講中文還要多，而且鍾老師表示自己的英語水平進步了。此外，鍾老師到泰國前，一點泰文也不懂，到泰國之後才開始學習泰文。鍾老師學習英語和泰文的目的是可以多掌握「中介語」，以便協助泰籍學生學習中文。

　　我要先認識泰文的構成，它與漢語拼音有甚麼共通之處。原來它也有類似漢語拼音的聲母、韻母和聲調。另外，我也了解泰文的課文，但我不會閱讀書本，因為我沒有時間。我還會看電視學泰文，因為泰

泰國新加坡國際學校

文電視劇集是附有漢字字幕的，就這樣一點一滴的學。我還會把泰文拼音和漢語拼音共通處在課堂上與學生分享，學生也表現得相當感興趣。

鍾老師見到中國在泰國的影響力與日俱增，不少中國的企業都在泰國設立東南亞總部，所以不少在職人士都希望多學中文，以便職場所用，但小孩子大抵都是父母強逼的，所以自主性不高。鍾老師談到自己的夢想，說：

> 我希望我的小朋友喜歡讀中文，不要在我的第一課便說，I hate Chinese, I don't want to learn with you。我希望學生學得快樂；可以用得到；可以到中國，與當地人聊天談話。現時，我見到不少孩子看中國電視劇，找到自己喜歡中文的東西。令我感到開心的是，現時泰國的小孩子開始不追看韓劇，喜歡看《陳情令》，當我和學生有共同話題都幾開心。

鍾老師的日常工作與香港的非華語教師並無多大分別，由於泰國的漢語語境不多，若果學生有華人血統的話，推動漢語還是較容易的；若家中並無語境，只是家長希望子女多讀中文，方便日後到中國留學，或隨家人到中國做生意，就僅有此一點學習動機而已。不過，由於鍾老師的內地背景，對於教導外國小孩子中文，可能較香港本地教師多了一份熱情。她對於外國學生喜歡中國內地劇集，表現的喜悅遠較香港本地非華語中文教師雀躍。

期望打破「一語優於二語」的錯覺

李葒

李葒博士，曾獲香港中文大學人類學碩士學位、英國劍橋大學第二語言教育哲學碩士學位及香港大學教育學博士學位，現時在香港教育大學任教第二語言本科課程及碩士課程。

李博士期望未來中文教師能突破固有思維。

　　現時，李博士正從事非華語中文教育研究和教師教育。在她對本地教授二語中文的研究中，她發現一些本地學校的中文老師對二語教學的興趣不足，某些教師甚至覺得教一語比教二語高級，因此不願意承擔學校指派的二語教學任務，這情況令她感到很好奇。她指出，在許多香港的國際學校、內地以及海外教育機構，不少中文教師普遍對教授中文二語懷有高度的熱情，認為教授二語是一件極為有趣的工作，並以能傳播中國語言和中華文化而感到自豪。她認為，本地學校的中文二語教師需拓寬視野，多參加相關的教師培訓，跟國際學校及其他地區的二語中文教師多交流教學經驗，多反思教學，才會對二語教學的意義有更深的領悟。

　　我想這群孩子（二語本科生）知道他們就業的路不只有一條，我希望他們能突破固有思維，不再認為一語是一語，二語是二語，二者互不相干。將來的語文老師，一定要有更廣闊的視野，因為未來一語老師需要靈活應對更複雜、多元的教學環境，教授一語的教師可能會變

成同時教授一語和二語，這情況已經在不少本地學校發生。我認為未來的一語老師不必將自己的終身職業限定在一語的範圍內，認為二語跟自己毫無關係。

此外，李蓁博士表示，不少老師以為二語教學僅僅是一個淺化的課程，這也是對二語教育的一個很大的誤解。她認為二語教師需對學生的特點和需求充分了解。若二語教師完全照搬教小學生的教學法，教導非華語專業人士，顯然不妥當。

> 一些老師認為教二語中文就是教簡單的中文，其實這種看法是非常狹隘的。成功的二語教學，需充分掌握學習者的心理特點和認知特點，否則無法達到教學效果。如果你的學生已經15歲了，你卻當他是三歲的小孩子來教，教學效果一定會有問題。

打開思維限制 搞好二語課程

李博士還期望，香港非華語中文教育當務之急是做一個很本地化、很有系統的架構，以及很多學生都可以用的課程。世界上有很多地方都有這個二語學習供求的現象，這是教育發展的新領域。而且香港是一個獨特的地方，不可能沿用內地的課程和教材，不單是繁體字和簡體字不盡相同，粵普語音更是南轅北轍，語法也不盡相同，所以在香港有一個適合本地的系統特別重要。而且現時「對外漢語教育專業」已改稱「國際漢語教育專業」，因為前者的稱呼有排外的感覺。她期望：

> 當然，我不是政策制訂者，我只是教育研究者，我覺得他們要open their mind，現在非華語學生在香港本地中、小學只有20,000多人，但他們也要在香港生活。香港作為一個國際大都會，教育理念也應該要國際化。香港其實有很多資源，可以做一些前沿的二語教學改

革，如果可以教好這20,000多非華語學生，多開發富有創意的課程、教學法、教學理念，可為世界其他地區的二語教學提供成功的經驗和借鑒，為甚麼不可以朝這個目標努力呢？

期望政府重視我們 勿以「人少」而不為

導致少數族裔的教育問題舉步維艱的原因在於他們的人數太少，未能吸引政府相關人士的目光，更沒可能把少數族裔的教育問題，尤其是中國語文的教育問題，提上議事日程。前高特區政府高官，高先生說：

> 我懷疑這課題上不到教育局的core agenda，這又不能怪教育局局長，太多事辦，可能有排都上不到。我做了四十多年公務員，你pay attention或應酬是兩回事，資源可能都是差不多，但一pay attention，是兩回事，完全不同。

作為政府要看長遠的，不可能只看五年，官員只看我自己任內的政績是不行的，起碼要看未來二十年的發展，可是以現時的情況看來，實在是不樂觀。

社會上普遍認為，非華語人士佔香港人口實在太少，而且香港作為國際大都會，容許市民自由進出，如果他們不高興大可離開。可是，對於一個負責任的政府來說，這種說法未免是令政府尷尬的。而且，正如高先生說，這問題雖是一個艱難的課題，但是可以做到的，他說：

> 為何我說這是difficult but possible，因為我親眼見過。在三年內，一些南亞的中學生，年輕人，用了很短時間，縱使升不到港大，都可以升讀珠海，選擇升讀內地大學，〔他們〕出來後三語都好，不過多

數是女孩子。女孩子讀書是好一些，南亞裔都是。有一對姊妹能夠用普通話同我交流，真是很叻。

高先生並不是憑空杜撰，而是有為數不少的非華語學生有傑出表現。他們的表現實在是香港未來社會的新動力。而且，幫助他們的方法也很簡單，從課程入手是一個簡單有效的方法。現時的問題只是非華語學生人數不多而已。

如 EM 學生學中文，做一套他們學到的課程，包括 examination outcome，包括各個關口讀上去，你搞好這套，他們自動會 catch on。而搞好這套的資源也不是太多，到現在也不到三萬同學，完全可以 achievable，這是一個長遠投放，不可以只是有壓力便 pump 一點錢出來。這是不行的。

相信，這除了是高先生的說法外，也是不少從事非華語中文教學的教師心中的夢想。

掌握資源分配大權　懇請「局方」重新思考

多年來，社會上的聲音對非華語學生有各種疑問：是在指定學校就讀？還是融入主流學校？對於非華語學生的未來，以及對香港社會，哪選項較好？當年，融樂會的總幹事王惠芬力主融入主流學校，對非華語學生融入香港社會較為有益。[2]可是，從資源分配角度，我們卻見到另一個局面。

---

2. 見《公義的顏色》一書，有關於王惠芬為少數族裔爭取中國語文教學、以GCSE代替文憑試，以及融入一般主流學校的抗爭經過。

非華語學生中文「學與教」撥款的數目，錄取十位非華語學生，將獲得80萬港幣撥款；但錄取超過200位非華語學生的高濃度學校，會獲得150萬港幣撥款。當然，資源不可能用之不竭，也不可能逐位非華語學生計算而撥款。不過，從教育局撥款的脈絡看來，顯而易見是聘請非華語中文教師所用。我們從不同濃度學校的校長，了解到他們對分配學校資源的想法。

有本地主流學校一向沒有錄取非華語學生，2020至2021年忽然被派一位非華語學生，並獲得15萬港幣。校方完全沒有理會那位學生學習中文的情況，至學年尾，校方四出詢問友校，最終隨意外購了一兩項服務，以免在周年財政報告時交白卷的尷尬。

也有低濃度學校，本來已錄取一兩位非華語學生，同樣沒有申請非華語「學與教」撥款。至2020至2021年度，忽然錄取了七位非華語學生，獲得80萬撥款線的邊緣，於是忽然要照顧被忽視的一群，湊合十位非華語學生，獲得80萬撥款。接下來是要聘請非華語教學助理還是教師？能否外購服務？這完全受制於獲得多少撥款津貼，也是摸住石頭過河的經歷。

至於高濃度學校，非華語中文教學的資源表面上相對較多，但她們面對的資源問題不亞於低濃度學校。

「筏可」的惲福龍校長曾在大學任教輔導，當初也很相信「融合教育」，不希望孩子被標籤，也相信有特別需要的學生宜融入所有學校。可是，多年在前線學校工作後，想法漸漸改變，尤其是從資源分配的角度來看，他認為集中於部分學校後，方便監管，資源反而不容易被浪費。他說：

> 有很多中學，取了政府筆錢，但沒有幫小孩子……非華語〔學校〕也是如此，照樣用了中文上課，所以非華語學生依然在最低 tier 囉。我

覺得政府無做監察，這就慘了⋯⋯其實我覺得指定學校好。我覺得監管的話不用間間學校去監管，只需指定學校去監管，另外投放的資源也可以集中點。現在不是了，不少殺校邊緣的學校搶這些學生⋯⋯現時不是把資源放最好的位置吧，非華語學生愈來愈多，〔學校間的〕差距只會愈來愈大。

「劉金龍」的王庭軒校長更具體談到非華語中文「學與教」撥款津貼多年來沒有增加，這樣對非華語學生的支援其實是下降的。因為撥款無增加，教學人員隨着教學年資增加，變成加薪不足，亦直接影響到其他支援活動，甚至影響非華語學生的生涯規劃。他說：

> 150萬這個數都停了很久，多年無加了⋯⋯我們用這筆錢主要請三位額外老師，我們遇到的困難是老師在這裏教也要加薪的，其他老師跟政府加人工，難道我不加他的人工？可是我要加人工時，那筆錢便愈來愈不足。最初150萬我可以請四位老師，現在只可請三位，就快三位也不足了。

> 這樣你對學生的支援和教學質素一定是下降的。另外，升學就業對於他們也可能有額外支援的。如果我們全是本地學生的話，我們便一次過做，但非華語學生有一定數量的話，我們便要想一些升學就業的活動，做生涯規劃，升學就業輔導有些不同，資源無加，課堂都砌不成，所以課後的生涯規劃支援便愈來愈少。

解決社會不安　還是從教育入手

近年「南亞兵團」一詞常見於香港報章，而且有關南亞人士假借難民之名犯案的數目正持續上升，對於香港治安問題是潛

在的威脅。[3]「筏可」惲福龍校長對非華語人士在香港的現況入
手，於自己在教學專業的範疇上嘗試解決一個香港潛在的社會
治安問題。

　　現時警方都好緊張，為甚麼？你知我第一份工作是警察，那些巴
　　基斯坦，好勇鬥狠。如果他們行古惑一定勝過香港人。又無親無故，
　　所以他們這個世代好厲害，警方都開始驚。怎樣做？怎樣令這班人回
　　正軌？但整個社會（又）無配套。

　　現時，香港非華語人士在香港整體人數的佔比愈來愈高[4]，
所以政府必須正視這個社會問題。惲校長繼續說：

　　〔非華語人士〕人數不斷增加，我想香港政府要面對很多問題，
　　因為非華語人士本身都出了很多問題。我常提出，非華語人士都會病
　　的，咁有無非華語護士？非華語〔護士〕都要訓練一些，還有非華語社
　　工呢？

　　香港特區政府前高官，高先生（化名）受訪時也談到，當年
接觸了融樂會的王惠芬之後，除了被她的效率和魄力感動外，更
開始意識到非華語人士在香港的問題，於是着手協助少數族裔
人士。高先生說：

　　是的，雖然只是10,000左右的人，但清晰地是一個 growing
　　problem，因為你見到南亞人來港有加速的趨勢，就因為巴基斯坦愈

---

3. 據政府統計，2020年本港總體罪案為63,232宗，同期有934名免遣返聲請人士被捕，較2019
　　年的657人上升42%，多涉及店鋪盜竊、雜項盜竊及嚴重毒品等案件，詳見《東方日報》，
　　2021年8月17日。
4. 見《2016年中期人口統計主題性報告：少數族裔人士》，也可見本書第七章「港式多元文化
　　教育」的相關資料。

來愈差，尼泊爾愈來愈差，而我們入境的政策很寬鬆。如果我們不
處理的話，它將由一個很細的，在十年二十年之間變成一個很大的問
題。這個很大的問題不是小孩子讀書不成，做一些很低下的工作，不
是呀！而是當我們積累很多讀書不成，又年青力壯，又 frustrated 的
人，最終 turn into what? Turn into crime！其實現時也出現很多這些
跡象。

共融館的社區幹事，巴基斯坦裔的阿文，受訪時也談到同一
現象。由於非華語人士被香港本地人歧視，就算在黑社會也有同
樣被本地人歧視，所以南亞社團也會走出來，對香港社會必然是
一個危機。阿文說：

> 以往巴基斯坦人的身份，是過來找工作的，是被 invited 過來
> 的，我是會回去的。但這班人〔年輕一輩〕沒有經歷很多事，他們
> 有反社會的心態出現，他們認為不公平。我同警察談到，現時香港
> 有南亞社團，相信遲少少，南亞社團不是跟香港的了，可以自己獨
> 立發展（新字頭），自己殺一條路出來。這在美國也出現了。美國
> 的意大利人的黑手黨正是如此，華人幫派，越南人的幫派。以前跟
> 人搵食，但連在社團都被排斥，都被歧視，我為何不自己出來做？
> 這是最差的情況。

學校教育的功能固然不同警方，不用除暴安良，但學校卻
有對抗黑社會滲入青少年社群的功能。因為教育制度除了篩選
和淘汰的機制，也有社會向上流動的階梯功能。我們期望學校
教育的持分者，可以為學校教育扮演更積極角色，讓每位非華
語學生日後回顧學生時代，都仍感受到正能量的存在。

一位巴基斯坦裔女生成為中文教師
創造未來的生命故事

軒拉（Butt Hina），巴期斯坦裔土生土長香港人，父母在巴基斯坦出生。父親在港工作的經歷並不愉快，由於未能閱讀和書寫中文，以致不能升職。故此，他堅持軒拉入讀本地主流學校，讀好中文，將來過較好的生活。爸爸也身體力行，在家與子女講廣東話，為子女營造一個語言環境。母親雖然不懂廣東話，但她是一位烏都語老師，憑藉任教語

軒拉老師

言的方法，協助軒拉學習中文。另一方面，爸爸雖然是位開明的巴基斯坦人，但不免心繫傳統，在婚姻和家庭的觀念上，與在香港土生土長的女兒曾產生極大的衝突。

筆者將會從軒拉學習中國語文的過程作為一條脈絡，呈現她追求與香港本地文化融合和面對歧視的故事。另一主軸則聚焦於軒拉與父親之間有關婚姻觀念的矛盾與和解，這條脈絡呈現了軒拉面對族裔文化強大力量時，抗衡父權和性別歧視的決心，使她成為一位地道的「巴基斯坦裔香港人」。

從學中文到教中文

軒拉對童年記憶似乎特別清晰，她的幼稚園和初小生活是美麗的：

> 我和他們〔華人同學〕沒有甚麼分別的，在幼稚園時是最開心的。在小一至小三時還是可以的，到小四至小五時，由於少數族裔非華語的學生數目多了，學生分兩班，A班是華裔學生，B班是少數族裔學生，我由小一至小三都是中文課程，用中文授課，中、英、數、常識都是。由於我和華語學生一起長大，所以我的中文好一些，英文較差，自己話〔巴基斯坦語〕更不用説。不過，四年級至六年級便全部用英文上課，將我由A班轉到B班，但這個改變我爸爸是不知情的。
>
> 後來，爸爸發現妹妹的中文程度差了，他有一次出席了家長會，問為何妹妹是非華語學生班，校方便一定安排在B班，即英語班。由於我已是六年班，無得改了，但還可以將妹妹改回A班，所以妹妹的中文比我好。她受的歧視是無的，我倆的經歷很不同。又由於我的哥哥患有自閉症，我同他一起讀書，所以他們又會笑我哥哥。

這番話反映了香港一般學校處理非華語學生的手法，當錄取學生人數少的時候，融入本地學生反而有利。當學校錄取非華語學生較多之後，通常將他們放在同一課室，用英語教學。對校方來説，這是教學方便的做法。可是，對於希望融入本地的非華語學生來説，這可能是一個美麗的誤會。非華語學生接觸中文的機會少了，造成中文無進步、只懂用英文或本國語溝通的「校內舒適圈」。

初中階段，軒拉在充滿歧視和不愉快的環境下度過。然而，她面對的歧視來源竟是「自己人」。她有很多小學同學被派到指定學校，但父親認為香港回歸後，懂得中文將有很大優勢，於是

一定要她入讀主流學校。不過，好的主流中學大多不會錄取非華語學生，軒拉最終入讀了屯門區一所普通的中文中學。她憶述：

> 我去了主流中學，但真的很辛苦，全部課程都是用中文授課的。我連理解都有困難。你用中文教授數學科、歷史科，甚麼懷柔政策、曹操、朝代名稱，當時我連朝代是甚麼意思也不知道，還要我背這些事。第一年真的很辛苦，第一學期，第二學期都是不合格的，除了英文。那時，爸爸很憤怒，説「我在小學是主流學校，中學也是主流學校，怎會差得咁厲害。我語境也提供，電視都是看中文台的。」他很憤怒，説要我自己解決這個問題，否則你無前途了。

軒拉一方面被父親責難，另一方面被「自己人」歧視。她被巴基斯坦裔同鄉歧視的原因，竟然是語言問題。軒拉的中文比英文好，甚至比巴基斯坦語還要好，一位只能操廣東話的巴基斯坦女孩竟不能在巴基斯坦族群立足；另一被歧視的原因是軒拉的女生身份。在巴基斯坦，女孩子的責任是結婚生子，而非讀書求學。故此，軒拉身為巴基斯坦裔女生，只會中文，不懂烏爾都語，中文甚至比班上的同學都好，這些都是她受到同族裔排斥的原因。不過，軒拉一直都很努力，直至中三級為止，她的中文科還是全班第一名的。她説：

> 如果中文是一個原因，我是香港人，我一定要學好中文，證明我是一個香港人。因為那時候我不接受自己是一個巴基斯坦人，身份認同的問題，為甚麼我會咁黑？為何我是巴基斯坦人？我希望自己是華人。所以當時有人問我是甚麼人，我不太想告訴他們，我是巴裔。我要答，但連我自己也不太接受這身份。

高中階段，情況有點轉變。學校錄取了不少國內新移民，這些新同學反而欣賞軒拉。她説：

到中四那年，由於有很多新移民學生，他們來自廣東省的，廣東話非常好。他們很welcome我，一見到我便主動跟我聊天。他們很想認識我的文化，「我們常見到你們的人，見面後會擁抱，會握手，這個文化很好……」他們竟然用一個欣賞的角度看我，原來他們也會留意到我，希望了解我的文化。那一刻我才明白原來我的文化也不差。他們幾個人令我想到用中文解釋我的文化。由此，我對自己的文化愈來愈了解，因為我會回家問媽媽。回校又向同學解釋，得到同學的欣賞，我便愈來愈有自信，中文愈來愈好。

這種既有巴基斯坦文化，又有香港本地文化的「雙重身份」似乎在軒拉的高中階段慢慢形成。雖然如此，軒拉還是過不了新高中文憑試中文科一關。

第一次考試時，我的作文卷不合格；第二次考試閱讀理解是 5*，說話是 4，聆聽是 3，作文是 1，綜合是 1。一看便知道是寫作能力差。但我不服氣，我努力了多年，又考了兩年，但都是這個成績。

雖然軒拉很失望，但她還是回到母校擔任助教。時任香港大學教授的祁永華博士竟主動聯絡她，並邀請她全家到北京師範大學珠海分校參觀。當年，大學開辦一個以中文為主的第二語言教學的學士學位。開班的收生要求是20人，軒拉是其中一位報讀的學生，校方最終只能錄取10位學生，也終能成功開班。軒拉憶述，最終只有8人成功畢業，軒拉是其中一位。畢業後，軒拉回到母校任教中文科，成為正式的中文老師。

母校多年來錄取不少區內非華語學生。她和父親在學校也有職位，父親主要協助校方與非華語學生聯繫，當然也有吸納非華語學生的招牌作用。至於軒拉則是任教全校最差的學生，當然是教非華語學生為主。她說：

軒拉老師參加教育局非華語中文教育分享會。

〔他們〕不只是中文不好，英文也不好，操行也不好，對女性的看法也不好，連自己話也不懂。老師也說你不可能教好他們了，教了很多年也教不好了，不少學生留級多年。

筆者有一次參加由教育局語文教學支援組主辦的非華語教學分享會，當時軒拉分享教學的困難時，表示曾有男學生對她態度惡劣，並問她為甚麼教書，為甚麼不回家？不結婚？因為女子在15至16歲便在家庭安排下結婚，對巴基斯坦家庭來說是天經地義的。

是巴人？還是港人？

任教四年後，軒拉終於離開母校，轉職議員助理，後再轉職到香港大學教育學院。當時，她正處於人生轉捩點，面對轉職、

逼婚、進修、結婚、回歸教職的迷團。不過，也正是多重人生抉擇建構了軒拉對香港人身份認同的看法。

軒拉在母校任教，同時也在香港大學教育學院修讀碩士課程。不過，由於她是巴基斯坦族裔女性，進修高級學位反而為家庭帶來極大壓力，尤其是爸爸。雖然他是一位開明的巴基斯坦男士，但在清真寺裏還是聽到不少同鄉的閒言閒語。同時，爸爸又為軒拉的婚事操心，極力促成軒拉與表哥結婚。這是巴基斯坦近親婚姻的文化習俗，但軒拉反抗不從，父女關係轉趨惡劣。

軒拉對這類現代的「盲婚啞嫁」是抗拒的。她說：

> 我很了解這家人，雖然他是我的表哥，但長大後我未見過他的。小時候見過，其實是盲婚啞嫁，不過我知道他爸爸有婚外情，而且他當太太是工人，很不尊重太太。我憑甚麼把一生交給他？我說我肯見他的，但我爸說，你一見他便要結婚了，我說不可以。

軒拉以個人身份申請公共房屋，由於父親逼婚，她甚至離家出走，再跑到珠海。兩年來，父親與軒拉全無接觸，直至妹妹代替軒拉與表哥結婚的婚姻以失敗告終，證明軒拉的抉擇是明智的。後來，軒拉認識了一位來自摩洛哥的男友，還自由戀愛和結婚。可能因為妹妹的失敗經驗是自己造成的，父親很喜歡這位女婿，也回心轉意接受軒拉和這位女婿。軒拉引述父親終於回心轉意，並對其他家長說：

> 女孩子是應該讀書的。因為到最終發生甚麼事，都要由自己承擔的。日後她要離婚、結婚，都是自己選的。

至於轉職議員助理，可說是人生的另一章小插曲。當時軒拉受到學校同事的白眼，憤而辭職。當時她說：

　　當時我的精神很差，我也常在放學後到圖書館，我想晚一點才回家，加上是我的final year。後來有議員想聘請我，當時同事也說，不相信我可以做到一個中文老師，只有我們這所學校會請你的。就是因為這些講法，「爆」了我，當時我也沒有想過去哪裏，我便離開母校。我想出去看看世界，我去哪裏都無所謂。

　　這句話實際說明了少數族裔面對的困境，在華人社會裏難以出人頭地，只能在次等工作環境中打滾。就算是本地的學校環境，也被同事奚落，是一種「雙重歧視」。本地華語教師歧視自己任教的學生，再歧視非華語老師不能在其他學校立足。對軒拉來說，就是「雙重歧視」。

　　離開母校，轉行議員助理，其實只為證明一句話。父親對軒拉說：「世上是沒有公平的，我們可以在學校工作便要感恩了，萬一被辭退怎辦？」軒拉為了證明世界是有公平的，辭職後便找另一份工作。不過，她擔任議員助理為期不長。完成碩士課程後，她受聘於香港大學教育學院，擔任研究員，支援本地幼稚園的少數族裔中文教育，是她的生命故事的另一個轉捩點。

　　由於本身是巴基斯坦裔，加上她是極少數教授中國語文科的老師，她的教學經驗對於一般本地中文科教師教授非華語學生時遇到的問題，實在彌足珍貴。故此，香港大學教育學院每年的非華語中文教學分享會定必邀請軒拉擔任其中一位主講者，介紹巴基斯坦和伊斯蘭文化，也顯得非常合適。她的求學經驗甚至被電視廣播有限公司的新聞節目《星期日檔案》邀請接受訪問，從此軒拉老師建立了教授非華語少數族裔學生的專業地位。

　　現在，由於她的專業地位，常在不同的教育專業場合分享任教非華語學童的心得。她表示：

星期日檔案

星期日檔案

我要學中文　2019-12-15 19:00

為何到今時今日

軒拉老師於《星期日檔案》接受訪問。

其實我已實現了兒時的夢想，我是成功的。我丈夫也說我是辛苦命，我很感恩，我的工作很好，老闆又看重我，同事也尊重我，在我的事業和專業方面，又認同我，不是噱頭，覺得我是有能力的，可以教好中文的。我做到了，其實我正希望如此。

軒拉憑着自己堅強的決心和毅力，在女權低落的巴基斯坦族裔背景，完成學業，選擇自由婚姻等，都是走出自己的路。當然，開明的父親、香港自由的社會風氣、公平的教育制度都是促使軒拉成功的原因。

我深信自己是香港的一部分，以前我不知道如何表達，現在我想，自己正是少數，所以我要發聲。以前你（巴基斯坦人）説回鄉，現在我會説，我是第三代，我不回鄉了。我想，當我們愈見得多，便知道政府是有問題的。教育是一個很大的問題。

筆者完全同意，要非華語年輕人融入本地文化，教育仍是首要的場域。而透過學習中文和教中文，軒拉終於成為一位地道的香港人。不過，她的故事仍未完結，她希望透過教育，協助更多少數族裔的孩子，更要協助女孩子。

路漫漫其修遠兮　「二語課程」是關鍵

軒拉比較中、港兩地人對少數族裔，尤其對印巴裔的態度很是不同。這種分別可能與香港曾是英國殖民地有關。香港回歸對少數族裔有不同程度的衝擊。在共融館任職的阿文認為英文和中文的水平是社會地位高低的分野，至於軒拉則認為回歸之後，港人似乎更看不起少數族裔人士。她說：

> 我發現內地的華人沒有香港華人歧視非華語人士深。可能這與歷史背景有關。香港人被英國人管治過，回歸後，港人覺得自己是高一級，我們〔巴基斯坦〕便是低一級。但其實被英國人統治時，印巴人士和華人其實是同一水平的。所以爸爸很喜歡香港，希望留在香港，因為他有很多華人朋友，完全沒有歧視這回事。

> 回歸之後，香港有一個地位，全世界甚麼甚麼〔金融中心〕，香港人只是看得起白人，我們〔印巴人士〕便一定是不好的。可是，內地人士因為是個共產的地方，無facebook，他們很好奇外邊的世界是怎樣的，他們是用好奇的目光看我們的，所以他們說不上是歧視，準確地說，應該是「隔膜」。他總是覺得你與我們是不同的，他們做不到融入，但他們不會對你差。香港人是一種驕傲，他們會覺得你比我們差。我不會接受你們，你們永遠都是窮人。

她相信透過苦學中文可變成香港人。最終她成為中文老師，與本地中文科教師分享教學經驗。她曾用「北極熊」形容自己，意指香港極罕見的少數族裔中文科教師。[5]現時她最希望幫助非華語學生，更希望多協助非華語的女孩子。她說：

---

5. 見《星期日檔案》2019年12月15日。

為何我可以堅持？因為我教中學時，曾與幾位女生分享這個話題。她們説，老師，你很好了，你 25，26 歲才被人〔逼〕，我們已結了婚。她 15 歲，〔丈夫〕都是表哥，堂哥。你一定要堅持下去，你能堅持下去，你便可以幫到我們的女性。

知識改變命運，雖然軒拉現時在一所幼稚園任教，但其實她是喜歡教中學生的，因為中學生面對的問題最多，而軒拉最喜歡接受挑戰。不過，現時香港大學支援的幼稚園課程是一個增潤課程，既配合幼稚園的課程，又配合英文課程，她認為自由度較大，自己的聲音容易被聽到，加上自己喜歡小孩子，便從幼稚園入手，協助少數族裔的孩子學習中文。

軒拉更希望協助編寫非華語中文教育的課程，她説現時的第二語言架構並不是完整的課程，充其量只是一個能力分析架構而已。她認為一個完整的課程必須：

> 包括考試，但我們現在的課程，來來去去都是根據現有的中文課程設計的，只是小步子，但完全沒有第二語言元素。反而內地、台灣和新加坡都有為非華語人士設立的課程，當中包括考試。如到某程度便等同華人學生的某水平，可以一起上課的，相等於一個母語者的水平和程度。

她雄心萬丈，希望參考內地和台灣的經驗，建構香港本地的第二語言課程。可是，一日未能引起教育當局想法的轉變，現時局面都未能扭轉。

> 我們可以參考很多國家的例子，雖然她們用普通話、國語。但她們已有第二語言的課程，只是我們香港人肯不肯去做，肯不肯改變，我們要用另一種教學方式去教非華語學生。我認為我們可以參考大陸的二語課程架構，因為她的課程是很合理的，在甚麼時候學甚麼；在甚麼時候考甚麼水平的考試。而到達某水平便可有多少字詞量，亦很

軒拉老師與孩子、丈夫合照。

清晰寫下，如單句、複句。台灣更清楚，寫作、口語全部列明，為何列這程度，而所有部門公司都知道這個程度代表甚麼，但香港沒有。

　　軒拉老師的生命故事既反映了非華語學生學習中文教學的獨特性，也反映了當中的普遍性。她與本地同學的關係不錯，高中時與國內新移民同學關係更是密切，反而初中時被同族裔的男生歧視，原因竟是自己身為一名女生中文成績比同族裔的男生好。經歷轉折，在國內完成大學課程後，回到母校任教，又受到校內同事歧視，只好離開舒適圈。碩士畢業後，到香港大學教育學院參加非華語中文教學的支援工作，後來到幼稚園教導非華語小孩子至今。

　　軒拉老師學習香港中學文憑試課程時遇到的困難，與一般非華語學生無異。至於她被同族裔男生歧視，畢業後爭取自由戀

愛的經歷則是獨特的。然而，無盡的互動、衝突、妥協，循環往復，就是真實的生活。

後記

軒拉老師的孩子在2020年出生了，之後她帶同孩子隨丈夫到摩洛哥，但遇上新冠肺炎疫情嚴重，輾轉多個月後才能回港。筆者探訪軒拉老師全家，她說馬上要回香港大學報到。雖然她笑說自己是辛苦命，但筆者相信對這位「說到做到」的硬女子而言，上天已送了最佳的賞報給她。

　　回顧這次非華語中文教育探索之旅，發現「共融」和「歧視」兩條脈絡相互交織，而且這兩條脈絡都很有香港的地道特色，我們甚至稱它們都有一種港式味道。

　　香港情境的歧視有其獨特的現象，我們姑且稱之為「港式歧視」，香港人用自己的母語「粵語」歧視「他者」。然而，這種「港式歧視」並不是標誌香港人自視為優越民族，筆者只能說這是一種「比上不足，比下有餘」的夾縫心態。然而這種夾縫心態，也可說是在香港獨特的「兩文三語」環境中，粵語處於與英語和普通話鼎立的張力和互動的具體呈現。

　　至於「共融」這條脈絡，筆者將會以「多元文化教育」（Multi-Cultural Education）的框架，檢視在香港的學校場域裏，這種嶄新的思維模式呈現的一種獨特的「港式多元文化教育」面貌。

　　要成功推動任何嶄新的意念，豐富的人脈關係不可或缺。「社會資本」（Social Capital）在本書多次被提出和引用。這是一種多維度、多層次的關係脈絡，而且不同形式的資本都可以相互交換，資本的形式也可以隨時地人的關係而轉變，變成對自己或所屬機構更有利的資本形式。這種資本的投資和轉變，對教育工作者以及機構領導人實在有重要的參考價值。

　　「社區」除了有一種「地區」的意義外，更重要的是有一種「社群」的關係。社群的密切關係使在群體的個體有一種認同感。對於在港的少數族裔來說，其社區建立在本地華人社區之上。故此，少數族裔一方面有其傳統文化認同，同時又要面對香港本地文化的認同，所以在少數族裔聚居的社區，一種「有層次的香港人」身份認同正在形成中。

「港式歧視」

所謂「港式」，是指七十年代以後，香港成功建立的自己的港式文化，特點是：「沒有原味，只有混雜」（陳冠中，2005：47-48）。那麼，歧視在香港這個混雜的環境裏，以一種怎樣的形式出現？

在香港這個國際大都會，不可能沒有《防止歧視條例》。平等機會委員會的設立是為了執行四條反歧視條例，包括：《性別歧視條例》、《殘疾歧視條例》、《家庭崗位歧視條例》及《種族歧視條例》。總結而言，我們訪談的非華語學生遇到的歧視主要是涉及「種族歧視」和「性別歧視」的範疇。

與其討論何謂種族歧視，倒不如檢討生活中我們因種族而產生的差異對待與感受（陳婉蓉、趙雲，2020）。在香港，直接種族歧視的情況並不明顯，我們不常聽見本地人在公眾地方出口中傷南亞族裔人士。不過，我們仍然在不少生活環節裏，尤其在教育場域感受到香港人對南亞人士的歧視。

與教育場域相關的歧視個案中，我們發現種族歧視以非華語學生操「粵語」的流利程度為核心，而在「粵語」的核心之外，我們又見到由粵語幅射到集體利益和膚色。以下，筆者將總結幾個有代表性而又有血有肉的故事，呈現歧視在香港的面貌，以及面對「港式歧視」時的解藥。

「譚仔阿姐」式的「語言歧視」

潮語「譚仔阿姐」指的是國內新移民，在香港連鎖食肆「譚仔」工作的女侍應，她們滿口鄉音，但努力工作，薪金比不少本

地的年輕人有過之而無不及。不過，我們時常聽見很多香港本地年輕人模仿「譚仔阿姐」的鄉音，以求一笑。香港人喜以「粵音」為衡量「自己友」的準則，而粵語也成了歧視「外人」或「他者」的利刃。

有論者謂「粵語」在香港是「強勢語言」（田小琳，2012），然而香港號稱國際金融大都會，其實「粵語」只是在「普通話」和「英語」兩大「霸權語言」下的夾縫裏悠然自得。不過，香港人一般對未能操流利粵語的人，都以「外人」或「他者」視之，取笑之。

為何「阿差」是「歧視」？「阿星」不是？

其實，「阿差」或「阿星」，都是對印度不同族裔的粵語音譯而已，本身並無歧視之意，意思和英語的「guy」差不多。不過，香港人對印、巴人士既定的看法，才是導致歧視的根源。

我們發現還有不少本地人隨意叫印、巴人士「差仔」、「差妹」，在種族歧視條例下，這個稱呼可能已觸犯了法例。當然，還要視乎說話人的語氣和態度。兩個個案的說話者都是長者，反而聽者的回應值得我們反思。

其中一位印巴人士的回應激烈，還說「隊冧你間鋪」。麵包小店老闆很醒目，以後都稱印、巴人士為「朋友」，大家相安無事，不過河水不犯井水，老死不相往來。（詳見第二章〈社區〉「葵涌屏麗徑共融館　巴基斯坦人在小區的生活脈絡」）另一巴基斯坦女孩子回家時，有位婆婆叫她「差妹」，女孩子連「阿差」的意思也不明白，也不知道自己被婆婆歧視，老師解釋後她只能忍氣吞聲，努力融合。（詳見第三章〈學校〉「新界西北女子英中」）

我們期望雙方都要學習，長者可能連香港已經立了種族歧視條例，自己誤觸法網也懵然不知，長期習慣了，一時間改不了口。至於聽者表達不滿絕對正確，不過聽者可否反思，以「恐嚇」回應「歧視」，其實是另一種「以暴易暴」，只會引來更大的暴力或疏離。

「累街坊」也遭「歧視」

學校是一個群體生活的地方，學生分組上課，把相同興趣或能力相當的學生安排同一課室，方便教學。可是，非華語學生還是因未能跟上主流的進度而遭歧視，甚至排斥。「劉金龍」每年都有成績好的非華語女生嘗試進入主流中文班，但不到半年便離開，主要原因還是非華語女生跟不上主流班的進度，她們也常因粵語發音不準確而遭本地學生取笑，非華語學生又不可能要求老師以英文講解，所以她們只好回到非華語中文班裏。

「伍少梅」是一所中文中學，該校以中文教授選修科，尤其理科。每當某選修科有太多本地學生選修時，非華語學生通常會被勸退，主要原因還是語言問題。教師的教材和教學語言都是粵語，當只有一兩位非華語學生在課室裏，教師心中也明白，就算口裏說「共融」，但實際上也會擔心非華語學生因中文程度不足，拖慢了全班的整體進度而被歧視。（兩個個案可詳見第三章〈學校〉「葵涌男校」和「新界西北女子英中」）

總結上述的個案，粵語都是歧視非華語學生的主因。掌握粵語是讓他們融入本地社會的鑰匙。不過，當你進入本地社區，生活還是困難重重。

「膚色」愈淺，「着數」愈多？

Gordon Mathews（2013）不止一次提到在香港，非洲人和南亞裔人士被「歧視」的經歷，他們因「膚色」而被香港人歧視，而非他們做了甚麼犯法的勾當。

在香港，膚色較淺的族裔普遍較受歡迎，港人對膚色較深的族裔是心存戒心的。這種間接歧視的心態似乎是一個全球現象，並非香港獨有。不過，膚色較深的族裔能操粵語和不能操流利粵語，會有明顯差異的對待。

尤其在學校的環境，泰裔學生念恩和國泰都不能操流利粵語，加上兩位同學的學業成績都不理想，深感被本地學生歧視。念恩幾經艱辛，入讀香港城市大學，由於在大學讀書可以說英語，加上她的膚色較淺，所以不作聲時，她常被人誤認為香港人。

國泰由於膚色較深，較一般泰國人深得多，加上他不喜歡說中文，多說英文，所以當他升讀區內一所中文男子中學，在初中時已被同學歧視。後來，他勉強升讀職業訓練局，學習修理汽車，但也常被街坊和警察投訴。而國泰也自嘲，由於膚色很深，連自己的鄉人也不認同，令他彷如無根的人球。（有關兩位泰裔年輕人的遭遇，可詳見第六章〈未來〉「我唔係香港人」）

「女子無才便是德」的世代矛盾

香港的性別歧視問題，相對於南亞族裔而言，並不算太嚴重。在香港這個金融大都會，性別歧視已是相對輕微。但我們還

是常聽見有巴基斯坦裔家庭強迫女孩子回鄉結婚，又有女孩因家庭需要被迫退學，這些傳統習俗對女性確是有歧視成分。

巴基斯坦裔中文教師軒拉的故事值得再三玩味。她回顧初中時，歧視自己的竟是「自己人」，巴基斯坦裔男生，他們取笑軒拉：「為何咁中國化？為何讀好中文？為何讀書成績咁好？」當被父母強迫結婚時，軒拉竟然選擇離家出走，後來找尋到自己理想的對象，結婚生子，組織自己的家庭。軒拉把自己的經歷視為女子被歧視、被壓迫而作出的奮鬥。有女學生曾告訴她，自己中二時已被家人強迫回鄉結婚。軒拉的故事告訴我們，巴裔女生被歧視同時來自內外兩面，一是來自族裔的傳統，另一是來自香港本地對印巴人士的歧視。（詳見第六章〈未來〉「一位巴基斯坦裔女生成為中文教師 創造未來的生命故事」）

劉金龍中學的羅耀華副校長和林啟耀老師同樣表示，該校曾有學生回鄉幾個月，聽說是回鄉結婚了，這樣對於學業和前途都有極大影響。巴基斯坦裔女生受到種族歧視和性別歧視的雙重折磨，在香港能夠出人頭地的確是鳳毛麟角，難能可貴。

港式歧視的「層遞法」

我們發現港式歧視的形式主要是循「語言」和「膚色」兩大元素作為指標衡量陌生人的社經地位。

在香港，能操流利英語的人常被視為高人一等，膚色較淺的又是被視為文化較高尚的，兩個元素的化學作用，其合成品便是該陌生人的社經地位，普遍香港人便是憑這條簡單方程式衡量陌生人。

　　表7.1是筆者與多位受訪者談到港式歧視時，大家都表示或直接或間接受到不同程度的歧視。由於香港曾是英國殖民地，操英語的白人是前宗主國民的化身，自然高人一等。自1997年香港回歸後，港人治港，加上香港二十年來成為亞洲金融大都會，港人地位提升，但英語水平反而下降，對於能操流利英語的內地人，既羨慕又妒忌。

　　另一階梯是操普通話的內地人和「譚仔阿姐」式的內地人，港人視他們的地位較地道港人低，因為他們大多是每天150個單程證到港的內地人士，到港的大抵是工人階層或草根階層，時有報導他們到港後便申領綜援，這些報導都是導致內地人受到本地港人歧視的原因之一。

　　至於有色人種在香港的際遇也是不同的，膚色較淺的泰國人和越南人，由於與華人膚色相近，加上不少能操流利粵語，受到的待遇與本地華人無異。可是，印、巴、尼泊爾裔由於膚色較深，明顯受到的待遇與白人和內地華人不同。更令印、巴人士氣憤的是港人對待膚色相對較淺的尼泊爾人，態度還較好，對待膚色較深的印巴人士，態度最差。

表7.1　不同人種在香港受到的歧視程度

被歧視程度

不少印、巴人士都談到與華人交流的不快經驗。在電話上與本地華人用粵語談妥了聘用條件、房屋租賃條件，但當見面時，已決定的合約變得諸多留難，甚至被取消。最令人摸不着頭腦的是同樣是印、巴人士，若用流利的英語與本地華人洽談，受到的對待態度明顯較友善。

最糟的是不懂英語、粵語，只懂本國語的有色人種，尤其是巴基斯坦裔婦女，受到的歧視最為嚴重。身為巴基斯坦裔的中文教師，軒拉老師也歎息，也難怪非華語學生對學習中文既愛又恨。他們既知道學習中文的重要，同時也深明英語的地位在一般華人心目中仍是較中文高的事實。這樣只會對非華語學生學習中文造成障礙。

「兼通中英」 融入「群體生活」，打破「港式歧視」

「港式歧視」其實是一種以本地語言為準則，對膚色較深的族裔的對待與感受。當你能夠與本地人以流利粵語交談時，這種被歧視的對待和感覺無疑是大大減少的，正如印度裔社工安德里（Jeffery Andrews）說，當我們的人與本地人用中文溝通，大家都感到輕鬆了。

膚色是無可能改變的，非華語學生若要融入香港社會，學好粵語只是消除「港式歧視」的鑰匙，進入香港社會後還有漫漫長路。我們仍常聽見一些真實個案，有本地業主不肯把物業租給印巴裔人士；也有大學生找兼職時，在電話上談得好好的，但面試時見到是巴基斯坦裔女生，便諸多留難，讓人感到不安。

融入香港的群體生活，實在可圈可點。書中多位非華語人士都稱自己是香港人。「共融館」的巴基斯坦裔社區幹事阿文

（Minhas Rashad）擔當港人和印巴人士的橋樑；印度裔社工安德里協助留港難民，並協助港人認識重慶大廈、曾任區議員助理的尼泊爾裔黃蕊（Judy）協助同鄉在港生活事務、巴基斯坦裔中文女教師軒拉（Butt Hina）奮鬥成為中文科教師，協助少數族裔學習中文有關他們的故事，可詳見第二章和第六章）。（

他們都能同時操一口流利的粵語和英語，與本地人溝通全無問題，而且他們不約而同認為學好中文是在香港生活的首要條件。當然，能否通過中文科文憑考試與一位少數族裔學好中文並不一定劃上等號。我們相信持續學習才是語言教育的不二法門。不過，前線學校也宜因應校本情況推動「多元文化教育」，讓非華語學生充分發展自身的優勢，日後為香港社會出力。

「港式多元文化教育」

據《2016年中期人口統計》，居住在香港的少數族裔人士共有584,383人，佔全港人口約8.0%。居港少數族裔人士中，相當大的比例是外籍家庭傭工。撇除外籍家庭傭工後，共有263,593名少數族裔人士，佔全港人口3.6%。所以有論者認為「香港只是一個描述性術語中的多元文化社會」（李劍明、羅金義，2013）。

甚至我們未能在整個《2016年中期人口統計》找到在校的非華語學生的確切數目，只能靠坊間的估計，推斷全港現時大約有20,000位左右的非華語學生在學，大約佔全港適齡學童的3至5%。這個數量是否足以讓教育當局的官員把非華語中文教育的議題放進議程，甚至制訂政策？還是教育局以最簡單的方法，以撥款為慣例，讓前線學校以校本的形式解決自身問題，便功

德圓滿?至於前線學校可否以一種更廣寬的視野,提供更具靈
活的課程,則全要視乎前線學校的「教育專業資本」(Teaching
Professional Capital)。

「多元文化教育」(Multi-Cultural Education)的意義廣泛,
它被視為教育改革的過程,反對學生因族群、宗教、語言、性別
影響其學習機會。其支持者認為「多樣性」(Diversity)對學生
和整個社會都有益處,而且「多元交織」(Intersectionality)的框
架將有助對學生行為的理解(Bank, 2019)。在我們走訪過的學
校裏,有不少都見到「多元文化教育」改革的軌跡。以下,讓我
們再一次從「多元交織」的框架,析述她們的發展。

圖7.1 多樣性變量的交集

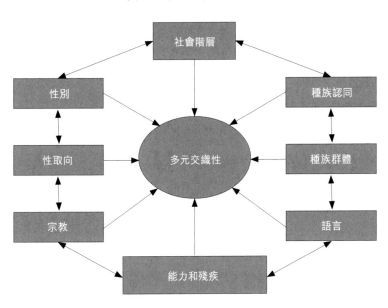

「多元交織框架」,見 James A. Banks, *Multi-Cultural Education*, 2019。

實際上，非華語「高濃度學校」或「中濃度學校」大抵都是「弱勢學校」，以往的「指定學校」，現在都成為「高濃度學校」，而「高濃度學校」大抵同時都要面對收生不足的壓力。這類弱勢學校通常也要錄取為數不少「有特殊學習需要」（SEN）的學生、國內的新移民、貧窮戶等。學校就在這種混雜各種問題下疲於奔命，而校方就在兼顧各類學生的需求之餘，發展出一套求生之道。以下，是幾種學校的政策及措施，呈現獨有的原始的「港式多元文化教育」模式。

教學語言 中英兼融

在香港，所謂弱勢學校大都是以中文為教學語言。自1998年推行母語教學政策以來，政策制訂者的理念就是希望學生以母語上課，這會對教學更有裨益。相信當年制訂政策者是以香港為華人社會的視角考慮問題，加上香港回歸，在政治上和語文運用上都顯得無可非議。可是，近年當非華語學生入讀中文中學時，母語教學的概念便受到衝擊。

非華語學生的母語並非中文，如前文的論述，中文對於非華語學生來説可能已是「第三語言」。此外，校方也通常錄取國內新移民，此時學校便可能出現多元語言溝通的現象。當然，校方有強大的理由，既然大家的母語都不盡相同，以中文作為學校共通的語言，加上學校是學習之地，以中文為教學語言，學習中文自然成為應有之義。

可是，學生在學校並非只為學習中文，還有數之不盡的學科、教學活動和課外活動必須參與。對非華語學生來説，採用一種陌生的語言進行任何教學活動，只是滿足了官方教學語言政

策的意志，決非為了學生的利益。所以有學校因應校本情況，對
教學語言政策作了大膽的修改。

「筏可」的校本教學語言政策發展正好為多元文化教育作
一註腳。該校由非華語「指定學校」，轉制為「直資學校」，反而
令「筏可」能自行決定教學語言。加上該校的辦學團體有穩定的
財政資助，所以「筏可」運用資源在高中聘請更多教師，在選修
科同時提供中文或英文授課，雖然資源是加倍了，但就令非華語
學生得到公平的學習機會，選讀心儀的科目，甚至升上大學。

「筏可」在校園也是推行雙語溝通的，在學校只會聽見中文
和英文。校方鼓勵不同族裔的學生以中文或英語溝通。就筆者所
見，非華語同學之間的溝通，以及非華語學生與本地學生溝通，
仍以英語為主；只有本地學生之間的溝通，才以粵語為主。

一語二語　「一體多元」[1]

在高或中高濃度的學校裏，一語教學和二語教學的關係也
可以呈現「港式多元文化教育」的特點。

香港主流中文課程與非華語中文課程之間的關係，現時給
人一種主次從屬的關係。主流中文課程給人的印象是一個較深
的、高人一等的課程，至於非華語中文課程則是較淺的課程。
就連教育局的官方文件和公開發言也多次提及「不會搞中文二
語課程，因為這是一些次等的課程」。然而，我們要反思的是一

1.　語見費孝通1988年提的「中華民族多元一體」理論。

語中文與二語中文是否只是深淺的問題，還是有更深刻的「目的論」。

對於本地或國內新移民華裔學生而言，一語中文除了語文運用的技能訓練外，更有一種文化元素和品德性情薰陶的使命。至於二語中文則是偏向語文表達技能為主；前者有一種兼具語文表達能力和中國傳統文化承傳的使命，後者偏向一種表情達意工具的訓練。兩者的使命和功能是各有偏重的，但兩者截然二分似乎實不可能。我們常見到非華語中文課程選取的教材都是來自主流中文的教材，當中也蘊藏豐富的文化元素，不過對於非華語學生來說，這些文化元素正是難以逾越的關卡。

在同一所學校裏，既有華語為母語的學生，也有非華語學生，不同族裔學生的文化背景、家庭支援、個人志向各有不同，若以單一中文課程要求所有同學適應，這個看似倡議共融的課程，實質上變成了對少數族裔的一種強行篩選的機制。

在人力資源方面，也見到一語教學和二語教學的偏重。不少低濃度學校，由於錄取的非華語學生人數不多，加上教育局撥款有限，只聘請一位非華語合約教師或教學助理協助學生的中文教學。通常這些非華語的教學人員並不接觸主流中文課程，直至學校出現人手流動，非華語教學助理才有機會轉任教師，非華語合約教師才有機會轉任「常額教師」。這種不穩定態度也說明教育界從來不重視非華語中文教學的穩定性。反而，高濃度學校的多元文化教育風氣已成，通常校方都要求中文教學團隊共同承擔全校的中文教學工作，讓所有教師都明白非華語學生的特質，起碼在教師層面達到共融意識。

有學校的校本課程也呈現一種多元文化教育的視野，在中六級編訂「校本職業中文課程」。這種校本職業中文課程也與校

情相關，有學校與大學共同研發，教授學生辦公室文書和「職場普通話」；「伍少梅」則以工業中學的背景，開創「攝影學習」、「健身訓練」、「汽車維修」、「山藝實踐」等，目的是為學生提供認證，讓學生在中學畢業後若投身社會，都有一技旁身，而中文科則是配合這些職業導向單元而提供合適的語文支援。

體藝表演　多元參與

除了語文教學外，另一條呈現多元文化共融的脈絡是學校的課外活動，而這些課外活動正是學生最雀躍參與的活動，我們也見到本地華語學生非常樂意與非華語學生一同參與其中的活動。

對於推動體育活動而言，並不是新鮮事物，然而校方推動在香港較為冷門，反而在非華語族裔社群喜愛的球類活動和表演活動，這些都是從一種軟性的層面推動多元文化共融。

我們在「筏可」和「嘉道理」同樣見到學生熱衷參與體育活動和表演藝術。「嘉道理」的體育科推動「中一中二計劃」，推動所有初中同學，不分族裔，都要參與板球、曲棍球、欖球三項在香港較為冷門，但在非華語族裔中很熱門的體育項目。

此外，在「筏可」、「嘉道理」、「劉金龍」，我們不約而同看見同學都熱衷於啦啦隊和舞蹈活動，尤其「嘉道理」設「東方舞班」和「旁遮普舞班」，這些都是為南亞學生而設，而且歡迎任何族裔的同學參與，而同學在周年匯演的出色表現亦可讓學生在學校生產生榮譽感和認同感。

啦啦隊表演，近年才在香港體育界漸漸興起，它的作用是可以讓不喜歡體育運動的同學用另一種形式參與，以一種較輕鬆

的形式融合不同族裔。而且，我們可明顯見到不同族裔的同學都樂意參與啦啦隊活動，大家暫時忘卻任何背景的差異，努力完成指定和自創的動作，不分彼此，這便是多元文化共融的契機。

在「筏可」每年的大型表演「一畝心田音樂會」中，我們甚至可見非華語學生獻唱粵曲，或各類中國戲曲小調，其投入程度和中文咬字的準確程度，較本地華人有過之而無不及。透過體藝表演項目，讓不同族裔共融，在受訪學校是見到明顯的成功軌跡的。

學校設施　社區共享

我們也見到有學校投入大量資源在學校硬件設施，為學校建立革新的形象。當校方建立了簇新的設施後，招攬的家長也是區內的弱勢家庭，尤其能讓學生感到自己被尊重，同時營造學生對學校的歸屬感。

「伍少梅」主要錄取葵青區內的巴基斯坦裔和尼泊爾裔非華語學生，甚至錄取中四級才「空運到港」的新移民。該校經過一系列的改革後，尤其是對學校設施硬件水平的提升，讓區內坊眾以及教育界人士耳目一新。校方提出「取之於社會，用之於社會」概念，在學校假期，把校內設施開放，讓社區人士借用，令學校與社區建立更密切的關係，也讓公眾對「伍少梅」的辦學理念及學生有更多的認識，這其實也是期望增加區內坊眾對非華語學生認識的渠道。

「伍少梅」更加得到「滙豐香港社區夥伴計劃」資助，推動非華語學生學習中文輸入法，讓初接觸中文的非華語學生儘快

圖7.2　港式多元文化教育簡圖

語言

族裔

習俗

一語教育
與
二語教育

語文教育
與
溝通語言

職業中文
與
校本中文

港式多元
文化教育

社區聯繫

體藝發展

學校設備

宗教

性別

社會階層

拆解漢字，也儘快融入香港的新生活。而且這計劃更進一步把學校與所屬社區，甚至跨出葵芳區，只要是有需要的人士，學校也會協助大家學習中文，融入香港社會。（以上故事可詳見第三章〈學校〉）

圖7.2是我們把受訪學校推動各類多元文化教育的元素，整理的脈絡簡圖。不過，我們必須承認，現時我們的所謂「港式多元文化教育」還是草創階段，尚待從事非華語教育的持分者參與和指正。

「社會資本」再檢視

「社會資本」（Social Capital）是一種政治學和社會學研究的常用術語。任何人都擁有社會資本，而人物的互動都涉及社會

資本交換。在非華語學生中文教學業界，我們可以在不同層面的互動脈絡，總結「社會資本」運作的幾個特點。

社會資本「點只人脈關係咁簡單」[2]

「社會資本」的基本概念是「關係」（Field, 2008），而「社會資本」發揮作用的場地，社會學稱之為「場域」（fields），或者我們可以用較貼近生活的詞語「業界」理解。「場域是一種競爭的場所，所有行動者互相遭遇並為自己在『場域』內創設最有利的位置。」（Bourdieu, 1994）

教育界作為一個場域，有其獨特的文化、潛規則和利益，都是由競爭得到的，最具體的是獲得學位和文憑，這是「文化資本的具體形式」，甚至是一種社會「煉金術」（Social Alchemy）。而且對文化資本的競爭，更涉及不同類型的資本連合，形成更高層次的文化資本累積，形成「文化再生產」（Cultural Reproduction）（Bourdieu, 1977, 1980, 1984, 1989, 1997）。

社會資本在不同層面，包括：「個人」、「家庭」、「機構」、「社會」都呈現複雜的糾纏和利益關係，而且不同層面的社會資本更可以變成跨層面的利益（吳偉強，2018）。有調查發現，香港的少數族裔學生擁有的支援網絡甚至比本地學生還高，他們擁有的「家庭社會資本」和「朋輩支援」較華裔學生更高（平等機會委員會，2020）。

---

2. 見筆者另一作品《逆轉力——兩所學校掙扎求存的真實故事》有關「社會資本」的論述。

在香港，我們也見到巴基斯坦族裔的家庭和族群的關係是
極密切的，相信這是巴裔的「種姓制度」（Caste）、「兄弟情」
（Biradaris）、婚姻（Marriage）、宗教（Religion）的傳統文化習
俗交織形成的一種具有伊斯蘭價值的「保庇系統」（Patronage）
（Shaw, 1988）。相信任教過巴基斯坦裔學生的教師都深深體會
到，巴基斯坦族裔學生都較喜歡自成一角。若要打入他們的文化
圈子，必須了解他們的宗教文化、社會習俗，這是互動和共融的
第一步。

在非華語教育界，我們常見報章報導有非華語學生成功考
上大學，前景一片光明。也有非華語人士在所屬行業出人頭地，
在香港創出一片天。他們的起步都是接受教育，努力取得學位文
憑，接着在行業繼續努力，甚至成為族裔的楷模，都是「文化資
本」和「社會資本」相互交織和累積而成。

社會資本的「變變變生命力」

社會資本由人脈關係始發，但關鍵在於利用個人和家庭的
人脈關係，將社會資本拓展為更高層次、更有價值的社會資本或
經濟資本。當社會資本轉變成另一種資本形式後，其資本價值也
會隨之增加。不過，人脈關係網絡互動雙方必須互惠互利，社會
資本轉型和累積才得以持續。

從機構層面，我們可以見到機構利用本身的地位和特點，
與其他機構互動，創造一連串活動，使自己在場域佔有更有利
的位置。「筏可」與「全球華人基金」合作多年，製作「一畝心
田音樂會」，並得到本地多位知名音樂創作人協助。在教育界，
「筏可」的非華語學生用流利的中文獻唱粵語和普通話歌曲，得
到社會一致讚賞。除了校譽得以提升外，該校的學生也令人另眼

相看。惲福龍校長「校長爸爸」的名聲不逕而走，連帶該校教師也由於「筏可」的品牌而受惠。至於，「全球華人基金」則與「筏可」合作，讓弱勢社群學生得到發展機會，也讓他們在香港的名聲更為突出。

從資本脈絡互動的視角，「筏可」的惲福龍校長靠其人脈與基金合作，這是「社會資本」發揮作用的第一步。「筏可」本身的「人力資本」：學生、教職員也投放能量。當然「筏可」有為數不少學生具音樂天賦，這種「文化資本」吸引基金會和香港的音樂創作人樂意合作。而全球華人基金會本身是一條經濟資本脈絡。這樣，一屆又一屆的「一畝心田音樂會」便由這幾條資本交織而成。

圖7.3　社會資本的變變變生命力——以「一畝心田音樂會」為例

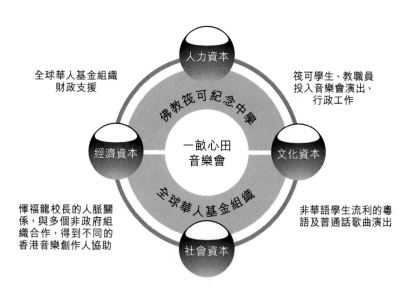

「靜態」社會資本　與「動態」社會資本

社會資本的形態必須持續變化，以維持其活力，當機構面臨極大危機時在極短時間內激起全體成員的能量，最終化險為夷。我們將以「伍少梅」面對的危機為個案，説明社會資本由「靜態」變為「動態」的過程。

社會資本，可以是「靜態」（Static）的，也可以是「動態」（Dynamic）的。所謂靜態和動態之別，常是形式上的比較，並非憑數據統計。筆者只能回顧學校的事例個案，透過比較説明其中「動態」或「靜態」之別。而且，建基於Bourdieu有關社會資本可轉換性（1983／1986）的論述，社會資本的「靜態」與「動態」，也將隨着學校面對不同的情境而調節。

在校園裏，我們日常見到的是一種靜態社會資本的形成和累積。老師、學生、家長、校長、職員、校董會、辦學團體各司其職，一切恆常工作和校園生活均屬靜態社會資本。所有持分者的説話模式、行為模式、人際關係，都是日復日，年復年建立起來。

「靜態社會資本」自然也蘊藏較具體的「結構性社會資本」（Structural Social Capital）和較抽象的「認知性社會資本」（Cognitive Social Capital）（Uphoff, 2000）。「靜態社會資本」的特點是「習以為常」，不論是具體的資訊、網絡、制度或規則，或是抽象的待人態度、行為規範、價值，互惠、互信等，都是在「習以為常」的模式內進行。

「動態社會資本」是當機構和群體面對危機時，群體的應變便是社會資本動態化的能量，即是一種群體「決策能量」（Decisional Capital），加上整個群體向心式的「應變力」（Confronting Reality）和「執行力」（Execution）（Bossidy and

Charan, 2002, 2004），便是從「靜態社會資本」轉化為「動態社會資本」的軌跡。

當學校面對危急存亡，整個機構的「靜態社會資本」勢必轉化為「動態社會資本」，因為學校的救亡行動必須啟動全體持分者的支持，涉及的社會資本必然較廣泛和深刻，甚至是多形式和多層面的社會網絡和社會資本的啟動，例如：與外界機構合作、重整學校宣傳策略、重整教職員的教學範式、重新策劃校本課程等。

「伍少梅」多年來面對收生不足的壓力，自2019年李建文校長上任後，展開了一連串改革措施，為學校創造了全新形象。該校設立了鮑思高咖啡室，在香港教育界可謂獨一無二。李校長又籌謀為老舊的校園重新裝修，使環境變得優雅、時尚。此外，校方還與多個企業合作，提供機會讓學校可以服務所屬的社區，更讓社區人士共享校園設施，務求學校在社區，甚至在整個教育界建立其獨特的地位。該校終於在兩年的中一級都可以開設三班，暫時紓緩了學校收生不足的危機。（有關伍少梅的校本情況及校本課程，可詳見第三章及第五章）

圖7.4 「靜態社會資本」與「動態社會資本」的關係

「教育專業資本」（Teaching Professional Capital）常態化

無論社會資本以甚麼形態出現，若它能改變我們對日常教學工作的態度，細水長流下，我們對教育的功能以及未來社會才可能出現根本的改變。

所謂「教育專業資本」（Teaching Professional Capital），是「人力資本」（Human Capital）、「社會資本」（Social Capital）、「決策資本」（Decisional Capital）的有機組合。教師面對日新月異的社會環境，要改變教育日常教學工作和對教學的態度才能應對問題。此外，面對變幻無常的社會，教師的個人能力有限，但若志同道合者集合群體的意見和力量，形成「專業學習社群」（Professional Learning Community），對現況反思檢視及付諸行動，並把反思和改變放到日常教學生活，甚至影響其他教育工者，這才是教育工作者的「專業資本」（Teaching Professional Capital）（Hargreaves and Fullan, 2012）。

「專業學習社群」（Professional Learning Community）的形成，可讓學校內及學校間的聯繫增強，群體中的教師可透過分享教學心得和經驗，尤其是前線的實戰經驗，讓加入教育行列的教師得到可靠的資訊，這總比靠個人慢慢摸索來得有效率。而且專業學習社群強調不同專長的人物聚首，併發出新的意念和新的行動。

筆者將對兩種對非華語中文教育的誤解加以評述，並嘗試檢視教師群體如何透過日常教學工作，建構「教育專業社群」的能量，回應這些誤解。一是教育界本身對二語中文教學自我矮化的傾向；二是將「高濃學校」等同「弱學校、壞學生」的既有定型。

有關對二語中文教學的自我矮化的看法，始作俑者可謂香港教育局。局方一直強調無意在現有的中國語文課程之外，另編製一套較淺的課程。也有教師認為教授非華語學生是低人一等。前文我們已分析過，教師有這種誤解是出於任教非華語學生中文科的教師大多是中國語言文學本科出身，現時教的是二語中文科，學生文化背景不同、學生的學習目標不同，落差自然很大。

至於「高濃學校」都是差學校的既有定型看法。我們認同「高濃學校」大都是弱勢學校，甚至長年面對收生不足的壓力，這是不爭之實，而且「高濃學校」不可能在短期內變成名校，但從不少例子都可見「高濃學校」的教學團隊對教學工作的創意和用心。（相關例子可詳見第三章及第五章）

「嘉道理」的中文教學團隊近年銳意革新，對整個非華語的校本課程大幅修訂，以應付該校的非華語學生族裔轉變，由以往的印、巴族裔為主，轉變為尼泊爾、菲律賓裔為主。中文教學團隊也因應非華語學生的學習特點，加入繪本教材，並多次在不同的專業教學團體分享教學成果。該校也憑藉多年的非華語教學經驗，期望為業界多作貢獻，並希望為非華語教育工作者及非華語學生的困境向公眾發聲。

「伍少梅」的中文教學團隊開發的校本課程和教材（點讀筆）更進一步，除了本校學生外，更惠及其他有錄取非華語學生的學校和社區組織，讓非華語家長也能透過點讀筆自學中文。當然，「伍少梅」的教學團隊同樣在不同場合分享其非華語教學心得，讓教育界和公眾了解這所弱勢學校為區內孩子的貢獻。（有關兩所學校的情況和校本課程，可詳見第三章和第五章）

　　兩所學校的中文教學團隊都是優秀的，但外界所知不多。此外，六所受訪中學的中文教學團隊都有共同特色，就是非華語中文教師同時要兼教主流中文班別，讓整個教學團隊明白教導非華語學生和本地華語學生同樣重要，只是學生背景不同，教法不同，甚至二語中文教學本身也是一門專業學問，可惜，外界所知同樣不多。

　　最後，我們可以見到，社會資本由人脈關係發展成教育專業資本，主要還是回應在推動「多元文化教育」下，學校必須擁有更多支援和聯繫，與家長、社區、外間機構的關係必須更緊密，所以「社會資本」在推動「多元文化教育」上更形重要。學校的內在社會資本可發展成教師群體的教育專業資本；外在社會則是與家長、社區組織和外界機構的聯繫，形成人力資本和經濟資本。

圖7.5　推動多元文化教育的持分者

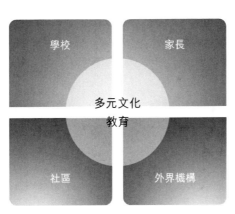

「社會資本」作為一種人脈關係，可聯繫多條脈絡，協助推動「香港的多元文化教育」

「社區」共融 重新認識

"Community" 的中文翻譯有「社區」、「群體」、「社團」、「團體」、「界別」、「共同體」[3]，當中蘊含地理學的「地區」和社會人類學的「社群」兩種意思。

本書的第二章，筆者描述了少數族裔聚居的社區特色及社區領袖的現身說法；第三章，講述學校作為一個團體，如何發展自己的特色，以及在所屬社區的定位；第四章，筆者帶出不同的人物群體，嘗試從人物互動解構非華語少數族裔身份認同的元素。在此，讓我們總結「社區」對建構在香港生活的非華語學生身份認同的意義。

對於任何人來說，建構身份認同都是複雜的，它涉及家庭、習俗、社交、宗教、教育、語言、職業、人生目標等等。至於在香港生活的非華語少數族裔，他們的社區是建立在香港本土社區之上。據我們的觀察所得，非華語少數族裔既要認同香港本土文化，也對自身族裔的文化有所承傳，情況更是複雜。

圖7.6　個人身份認同的元素

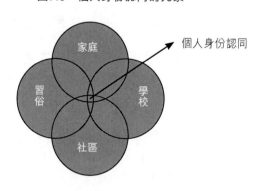

3. 把「Community」翻譯為「共同體」是台灣學者吳叡人翻譯Benedict Anderson的著作 *Imagined Community* 為《想像的共同體》。

香港本地文化認同

少數族裔認同香港本地的文化，核心還是語言問題，具體行動便是說中文，操流利粵語，甚至能夠明白地道的港式中文更容易成為「自己友」。走進社區，港式中文或粵語還是香港人的日常生活用語，也是香港人身份認同的首要條件。除了孩子在學校學習中文外，專門服務少數族裔的社區組織也為少數族裔家長提供教育，尤其是學習中文、介紹工作、推動社交活動，以儘快融入香港的生活。「家長教育」對子女教育也是良好榜樣，甚至比學校教育，效果有過之而無不及。

要成為香港人，還要對香港社會有貢獻，學校與社區組織關係緊密是常態，也是少數族裔認同本地文化的契機。「筏可」與寶蓮寺及大澳社區的關係密切，每逢寶蓮寺舉辦任何活動，必然見到「筏可」學生的身影，學生也服務大澳社區，甚至棚屋區發生火災時，筏可的學生也曾協助消防員救災。[4]該校服務社區的行動，都是為了讓學生了解社區需要和參與更多社區事務。（相關內容可詳見第三章）

本國族裔文化認同

反過來說，少數族裔的食物、節日、宗教、語言同樣是本族的文化特色，在香港任何一個少數族裔社區裏都是常見的。可

---

4. 2013年5月2日，大澳棚屋發生火災，筏可共有45位學生跑到吉慶街火災現場協助救火，主要協助疏散年老居民及移走50罐石油氣，將災情減至最低。見5月3日各大報章報導。

是，這些文化特色在香港卻未必受到平等的對待。在這種情況下，少數族裔該如何自處？

食物和節日是較容易引起本地人與少數族裔互動的元素。香港人喜好各地美食，也喜好旅遊，所以也樂意參與少數族裔的節日活動，伊斯蘭教的開齋節、泰國新年的潑水節，每年都吸引不少港人參與。可是，一談到少數族裔的宗教和語言等較深層的文化價值時，香港人卻表現得異常冷淡，甚至漠視的態度。

少數族裔的本國語言在香港沒有語境，只能淪為家用常用語言，在學校也不被鼓勵使用。這情況可能有兩條發展的路向，第一是非華語學生仍然懂得其本國語言，尤其是南亞族裔為主的高濃度學校，學生仍會講本國語言，但這樣只會對南亞裔學生與本地的華語師生的交融形成更大障礙。「嘉道理」和「伯特利」的南亞裔學生佔大多數，而且學生常在校園講本國語言。這情況只會讓非華語學生群體內生成「語言舒適圈」，使他們更難融入本地社群。

另一條發展的路向可能是少數族裔的第二代或第三代，或在香港土生土長的年輕一代，他們善用英語多於本國語，而且年輕一代深明英語在香港的地位較本國語，甚至比粵語也高，所以寧願用英語也不講本國語，造成本國語隨着移居香港第二代或第三代而消失，以致文化斷層。

少數族裔的本國習俗與語言在香港不斷被淡化似乎屬同一命運，或可能發展為一種以推動本地旅遊為目的的少數族裔節慶。泰籍人士慶祝新年本是依據每年的泰國曆法，但在香港則不可能如此，反而必須遷就在香港的假日，所以每年的泰國新年潑水節必定是星期日在大埔或九龍城舉行。反而，印巴族裔則仍堅持在「伊斯蘭曆」、「閃瓦魯月」的第一天（10月1日）舉行，也有

學校由於錄取南亞族裔學生的傳統，所以在校曆表遷就，在開齋節都以特別假期的形式行事。

作為少數族裔學生，在香港有多種文化認同的脈絡同時進行，時而感受到共融的溫度，時而感受到遭排拒的冷待。非華語少數族裔在香港，就在兩股、甚至多股力量交織之間「匍匐前進」（mudding through），建構個人在香港的身份認同。

「有層次的香港人」身份認同

2015年一張有趣的海報似乎道盡了少數族裔在香港的角色，以及香港人的身份認同。當年中國足球隊和香港足球隊在世界盃外圍賽碰頭。中國足協一張宣傳海報，標題為：「不輕視任何對手，這支球隊有黑皮膚，有黃皮膚，有白皮膚，這麼『有層次』[5]的球隊，得防着點。」

香港足球總會回應中國足協的宣傳海報，也製作一張海報，文案更是有趣：「唔好比人睇死，我哋呢支球隊，有黑皮膚，有黃皮膚，有白皮膚，目標都係要為香港出一口氣，你係香港人點都要撐！」

從語言、膚色、目標來說，完全道出香港人的身份認同，語文是地道的「港式中文」；各類膚色的人都會接受；面對艱難的任務，眾志成城，目標一致。最終，當年這場中、港足球大戰，主客兩場都是零比零，和氣收場。

---

5. 「有層次」這形容詞在中國足協的海報出現，有報導指這形容詞帶有種族歧視成份，見香港獨立媒體，2015年9月4日www.inmediahk.net，node，1037182。

2015年世界盃外圍賽中國足協（左）和香港足總（右）的宣傳海報

所謂「有層次的香港隊」是否涉及種族歧視，從來只是受事人的感覺。不過，這個「有層次」形容詞出現後，激起了香港足球隊的士氣，完成了艱巨的任務，讓任何對手都不能小覷。更讓人津津樂道的是，這支香港隊其實也是「社群」（Community）的一種，打出了水準和風格，可能這次香港足球運動歷史的特例，正可作為本書的主題「共融」、「歧視」關係的註腳。

結語

香港弱勢社群教育　困難重重

非華語中文教育問題方興未艾，我們見到非華語學生的數目在十年間增加一倍，現時據推算大約有20,000位在校學生，而且這類學生的人數不斷上升，雖然佔全港適齡學童總人數不多，

表 7.2　適齡入學人數的估算

年份	2022	2023	2024	2025	2026	2027	2028	2029
6歲學齡入學	58,500	57,300	53,300	52,000	48,700	48,500	51,700	50,000
12歲學齡入	63,100	71,600	69,500	60,000	57,800	62,700	61,000	60,100

但實在是一個正在浮現的教育和社會問題，而且非華語學生來自弱勢社群家庭的比例較高，故問題更形複雜。

另一個弱勢社群教育是有特殊學習需要的學生（SEN），當兩者佔全校學生的大部分時，學校該如何處理？對於特殊學習需要的學生，教育局還有接受培訓教師的要求，反而對於教授非華語學生卻沒有同樣的要求，會否導致社會上有厚此薄彼的錯覺？

縮班殺校　魅影危機

2021年10月，教育局向立法局提交文件，指出香港未來八年的適齡入學人數出現結構性下跌（表7.2），並指出教育局將會與辦學團體商討停辦個別長期有大量剩餘學位地區的學校。[6]

不過，教育局和辦學團體似乎應該汲取二十多年前「小學殺校潮」[7]的教訓，抓緊人口下降的契機，進一步提升教學質素，而非以市場運作的形式淘汰學校，重演二十年前在小學殺校潮的震盪（表7.3）。

---

6. 見教育局提交立法局文件，轉見12/10/2021各大報章報導。

7. 見無綫電視節目《拾年》（28 / 6 / 2007）。

表 7.3　《拾年》統計的殺校情況

年度	殺校數目（間）
2002–2003	51
2003–2004	31
2004–2005	22
2005–2006	9
2006–2007	13
總計	126

　　深陷縮班殺校危機的自然是「弱勢學校」，所謂「弱勢學校」通常又是錄取上述學生（非華語學生、有特殊學習需要的學生、國內新移民學生、貧窮戶學生）的學校，學生整體學業成績未必如理想，也不是一般家長心儀的學校，但這樣就等同縮班殺校的對象？通過這次非華語中文教育探索之旅，希望大家對所謂弱勢學校及其貢獻有更深切的理解。

給教育場域持分者的建議

政策制訂者

　　筆者將從「資源分配」及「積極考慮製訂中國語文第二語言課程」作出建議。

　　2021年，教育局對非華語學生每年的支援撥款由五年前的2.445億增至今（2021年）4.563億。可是，教育局對撥款的形式已呈僵化，純粹計算學校錄取非華語學生人數而撥款，撥款上限僅至91位非華語學生，款額為150萬。至於錄取超過150位非華語學生的高濃度學校的撥款是被封頂的，加上這個撥款額多年無增

加，對於領取最高撥款的學校來說，在通貨膨脹下，聘請的非華語中文教學人員數目自然不斷縮減，所以對高濃學校來說，重新考慮撥款機制刻不容緩。

另一項重點是籲請政策制訂者重新思考制訂「中國語文第二語言課程」。教育局聲稱二語課程將是一個較淺的中文課程，局方並不接納。然而，中國內地、台灣、新加坡等，都有完善的以中國語文為第二學習語言的課程。筆者建議政策制訂者取長補短，讓香港的非華語學生獲得適切的中文教育，這至關重要。加上，香港中學文憑課程中國語文科於2021年提出更新課程內容的建議，考核的內容增加了學生對古文閱讀能力的要求，明顯對非華語學生更為不利。有鑑於非華語學生對中國語文學習的目的大多以實用為主，故此制訂中國語文第二語言課程也是回應教界的訴求。

校長

筆者將從推動「多元文化教育」及營造「專業學習社群」作出建議。

「多元文化教育」是一項學校改革的過程，錄取非華語學生只是多元文化的其中一項，它是關乎對差異的包容，包括：社經地位、族裔、語言、宗教、性別等。校長必須在學校建構「真正的多元文化教育」，在政策、考核、氛圍、對外關係等方面都具包容性，否則推動多元文化教育只會流於口號，而包容的起步是互相認識。

學校是每位非華語學生在香港必然接觸的機構，真正的多元文化教育，除了讓非華語學生認識香港本地文化，更要讓本地

學生認識非華語人士的文化，例如：伊斯蘭文化、節日等，以免本也師生因缺乏認識而疏離，因疏離而歧視。

至於營造「專業學習社群」，固然教育局、大學，都有類似的專業支援，支援範圍主要集中於課程設計和教學支援，每年的工作成果總是周年教學成果分享，公開課或專業講座。無疑，這類教學研究和實踐對於提升學校聲譽和提升教師的專業能量的作用是明顯的。然而，把這種專業能量轉化到教學團隊的日常教學工作，還是得依靠校長和學校領導自發。此外，這類專業支援對於一般的教學行政工作付之如闕，可是，教學行政工作，尤其非華語中文教學的行政工作，正是令教師最困擾的。所以，校長也宜重新思考專業學習社群的重點是同儕間的聲譽，還是教學團隊的真正需要。

教師

筆者將從「轉變對二語中文自我矮化」和「一語中文與二語中文教學互通」作出建議。

二語中文的教學內容，比一語中文淺易，這是無容置疑的。可是，作為教育專業，二語中文的教學對象、教學目標和教學方法，與一語中文的分歧頗大，甚至是兩個不同的教學專業範疇。以為二語中文較一語中文為低的想法，其實無疑於歧視非華語學生，甚至自我歧視。

反而，一語中文和二語中文都是以中國語文為媒介教學，不少高濃度和中濃度學校已改變策略，要求中文教學團隊兼教一語中文和二語中文，這是很好的嘗試。筆者期望中學可以分享寶貴的前線教學經驗，更期望大學就一語和二語中文教學的互通，

進行更深、更廣的研究，相信這將是中國語文教學的嶄新發展方向。

社區領袖

筆者也從營建「社會資本」的角度，建議社區領袖多與學校結成聯盟，為少數族裔提供更多資訊，製造更多生活機會。

學校是政府為學生提供最多資源的處所，也是聯繫數以百計家庭的機構，當中的社會資本極為豐富。社區領袖若能聯繫學校、家庭、宗教團體等，必然為對象提供更貼心的服務。尤其巴基斯坦裔家庭較少與本地社區接觸，巴裔的社區領袖更宜擔當社區橋樑的角色。

社區領袖的使命除了服務所屬的少數族裔外，更重要是讓本地華人對少數族裔加深認識，增加溝通互動的機會，否則多個族群只是生活在「平行時空」，河水不犯井水，老死不相往來。

家長

筆者建議非華語家長，更積極投入學校或社區機構的中文學習課程。「家長教育」對個人、家庭、學校、社區都極具意義。非華語家長投入學習中文，除了能增加個人知識，更容易融入本地社會外，更重要的是家長也讀書，不但可以加強家庭與學校的聯繫，還可以作為子女努力向上的榜樣；家長參與社區組織的活動更可認識不同族裔的朋友，增加人脈關係，這也是一種個人的社會資本增值。

學生

最後，筆者希望從「兼通中、英」的視角提一點建議。

中文與英文在香港的地位，孰輕孰重，對於學生來說最容易造成錯覺，以為搞好其中一種語文便可。其實，在香港，少數族裔要擺脫被歧視，在語文學習要比本地學生加倍努力才可脫困。可是，印、巴族裔的民族性較為輕鬆，與香港事事追求績效的生活節奏背道而馳。所以，非華語學生要在香港爭取一席之地，必須比本地華語學生加倍努力。正如香港人移民外地，也必須較外國人加倍努力，才有機會出人頭地。

參考書目

原始資料

1. 香港特別行政區政府（1997）。《教育統籌委員會第七號報告書：優質學校教育》。

2. 香港特別行政區政府（1999）。《廿一世紀教育藍圖 教育制度檢討：教育目標諮詢文件》。

3. 香港特別行政區政府（2000）。《教育制度檢討：改革方案 諮詢文件》。

4. 香港特別行政區政府教育局課程發展議會（2002）。《中國語文教育 學習領域課程指引（小一至中三）》。

5. 香港特別行政區政府（2003）。《人口政策專責小組報告書》。

6. 香港特別行政區政府民政事務局（2006）。《種族歧視條例草案簡介》。

7. 香港特別行政區政府（2010）。《小學中國語文調適學校教材（非華語學生適用）》。

8. 香港平等機會委員會（2012）。《有關南亞裔人士對種族之間接觸及歧視經驗的研究報告》。

9. 香港平等機會委員會（2012）。《融合教育制度下殘疾學生的平等學習機會研究報告》。

10. 香港平等機會委員會（2013）。《平等機會意識公眾意見調查2012報告》。

11. 香港平等機會委員會（2020）。《香港少數族裔青年教育和就業路徑的研究》。

12. 香港特別行政區政府統計處（2013）。《2011年人口普查 主題性報告：少數族裔人士》。

13. 香港特別行政區政府統計處（2018）。《2016年人口普查 主題性報告：少數族裔人士》。

14. 香港特別行政區政府。《教育局通函 50 / 2013：加強非華語學生的支援》。

15. 香港特別行政區政府。《教育局通函 8／2014：改善非華語學生的中文學與教》。

16. 香港特別行政區政府教育局（2014）。《全校參與模式融合教育運作指南（第三版）》。

17. 香港樂施會、香港大學（2020）。《香港主流學校教育少數族裔學生所面對的挑戰之研究》。

英文部分

1. Anirudh, K. and Uphoff, N. (1999). *Mapping and Measuring Social Capital: A Conceptual and Empirical Study of Collective Action for Conserving and Developing Watersheds in Rajasthan, India.* Social Capital Initiative Working Paper 13. Washington, D.C: World Bank, Social Development.

2. Ball, S. J. (2003). *Class Strategies and the Education Market.* London: Routledge .

3. Bank, J. A. (2019). *An Introduction to Multcultuaal Education.* Pearson.

4. Berger, P. and Luckmann, T. (1991). *Social Construction of Reality.* England: Penguin Books.

5. Bourdieu, P. (1993). *The Field of Cultural Production.* US: Columbia University Press.

6. Bourdieu, P. and Claude, J. P. (1997). *Reproduction in Education, Society and Culture.* US: Sage Publication Ltd.

7. Chubb, J. E. and Moe, T. M. (1997). "Politics, markets, and the organization of schools," In *Education: Culture, Economy, and Society*, A. H. Halsey, (eds.) Oxford: Oxford University Press.

8. Coleman, J. S. (1994). *Foundations of Social Theory.* US: Harvard University Press.

9. Field, J. (2008). *Social Capital.* US: Routledge.

10. Furman G. (Ed). (2002). *School as Community.* US: State University of New York Press.

11. Goodstadf, L. F. (2013). *Poverty in the Midst of Affluence how Hong Kong*

Mismanaged its Prosperity. Hong Kong: HKU Press.

12. Gordon C. (1997). *Islamophobia: A Challenge for us all*. Runnymede Trust.

13. Granovetter, M. S. (1973). "The stength of weak ties." *American Journal of Sociology*, 73(6): 1360–1380.

14. Granovetter, M. S. (1983). "The stength of weak ties: The network theory revisited.", *Sociological Theory*, 1: 201–233.

15. Grootaert, C., Narayan, D., Nyhan, V. J. and Woolcock, M. (2013). *Measuring Social Capital: An integrated Questionnaire*. Washington, D.C: The World Bank.

16. Hargreaves, A. and Fullan, M. (2012). *Professional Capital, Tranforming Teaching in Every School*. NY: Teachers College Press.

17. Haveman, H. A. (1992). "Between a rock and a hard place: Organizational change and performance under conitions of fundamental environmental transformation", *Administrative Science Quarterly*, 37(1) 48–75.

18. Layder, D. (1996). *New Strategies in Social Research: An Introduction and Guide*. UK: Polity Press.

19. Lin, N. (2001). *Social Capital:A Theory of Social Structure and Action*. UK: Cambridge University Press.

20. Merz. C. and Furman, G. (1997). *Community and Schools: Promise and Paradox*. NY: Teachers College Press.

21. Meyers, K. (eds). (1997). *School Improvement in Practice: Schools Make a Difference Project*. London: Falmer Press.

22. Moore. E. H., Gallagher D. R. and Bagin. D. (2012). *The School and Community Relations*. US: Pearson Education Inc.

23. Murphy, J. and Lou K. S. (eds). (1994). *Handbook of Reasearch on Educational Administration*. US: Jossey-Bass.

24. Ng, S. H., Cheung, Y. L.and Prakash, B. (eds). (2010). *Social Capital in Hong Kong, Connectives and Social Enterprise*. Hong Kong: City University of Hong Kong Press.

25. Paxton, P. (1999). "Is social capital declining in the United States? A multiple indicator assessment", *America Journal of Sociology*,105(1): 88-127.

26. Rhomda, P. and Pittman, R. H. (eds). (2009). *An Introduction to Community Development*. New York: Routledge.

27. Saegert, S. J., Thompson, P. and Warren, M. R. (eds). (2001). *Social Capital and Poor Community*. New York: Russell Sage Foundation.

28. Sergiovanni, T. J. (1992). *Building Community in Schools*. U.S: Jossey-Bass.

29. Shaw, A. (1988). *A Pakistani Community in Britain*. US: Basil Blackwell.

30. Taylor, C. (2004). *Modern Social Imaginaries*. U.S: Duke University Press.

31. Teeple, G. (1995). *Globalization and the Decline of Social Policy*. Toronto: Garamons.

32. Tsang, W. K. (1992). *The Class in Hong Kong*. Hong Kong: The Chinese University Press.

33. Uphoff, N. (2000). *Understanding Social Capital: Learning from the Analysis and Experience of Participation*. New York: Cornell University Press.

34. Walford G. (eds). (1996). *School Choice and the Quasi-market*.Wallingford, Oxfordshire: Triangle.

35. Warde, A. and Tampulbon, C. (2010). "Social capital, networks and leisure consumption," *Sociological Review*, 50(2), 155—180.

36. Wilson, W. J. (1987). *The Truly Disadvantaged: The inner City and Public Policy*. U.S: The University of Chicago Press.

37. Woolcock, M. (1998). "Social capital & economic development: toward a theoretical synthesis and policy framework", *Theory and Society*, 27, 151-208.

38. Woods, P. A., Bogley, C. and Glotter, R. (1998). *School Choice and Competition: Markets in the Public Interest*. UK: Routledge.

39. Zygmunt, B. (1998). *Globalization: The Human Consequences*. UK: Polity.

中文部分

1. 丁新豹、盧淑櫻（2015）。《非我族裔──戰前香港的外籍族》。三聯書店（香港）有限公司。

2. 文潔華主編（2015）。《香港嘅廣東文化》。商務印書館（香港）有限公司。

3. 文潔華主編（2014）。《粵語的政治：香港語言文化的異質與多元》。香港中文大學出版社。

4. 王賡武（1997）。《香港史新編 上下冊》。三聯書店（香港）有限公司。

5. 田小琳（2012）。《香港語言生活研究論集》。人民教育出版社。

6. 卡飛（2008）。〈弱勢社群 無處不在〉，《文匯報》。2008年4月10日。

7. 古永信（2012）。《旺角價值──香港我主場》。香港生活書房。

8. 古永信（2014）。《我係香港人的101個理由》。香港生活書房。

9. 古鼎儀等編著（2004）。《教育課程改革：珠三角地區的適應與發展》。港澳兒童教育國際協會。

10. 包亞明譯（1997）。《布爾迪厄訪談錄──文化資本與社會煉金術》。上海人民出版社。

11. 任建峰（2020）。〈移民後會遇到嚴重種族歧視嗎？〉，《明報》。2020年8月5日。

12. 朱耀偉（2012）。《繾綣香港：大國崛起與香港文化》。香港匯智出版有限公司。

13. 江明修、陳欽春（2005）。《充實社會資本之研究：新世紀第二期國家建設計劃研擬專題研究系列III社會.法政篇》。台北行政院經濟建設委員會綜合計劃處，頁177–251。

14. 呂大樂（2015）。《香港模式──從現在式到過去式》。香港中華書局。

15. 李子健、黃顯華（2020）。《課程範式、取向和設計》。香港中文大學出版社。

16. 李劍明、羅金義（2013）。〈「多元共融」之下的社會排斥：曾蔭權年代的香港少數族裔〉。https://www.researchgate.net/profile/Kim-Ming-Lee/publication/249010924_duoyuangongrongzhixiadeshehuipaichi/links/02e7e51e2eb6172482000000/duoyuangongrongzhixiadeshehuipaichi.pdf。

17. 吳迅榮（2011）。《家庭、學校及社區協作：理論、模式與實踐（增訂版）》。香港學術專業圖書中心。

18. 吳偉平、李兆麟編著（2009）。《語言學與華語二語教學》。香港大學出版社。

19. 吳偉強（2018）。《逆轉力——兩所學校掙扎求存的真實故事》。香港城市大學出版社。

20. 何三、范夏娃（2013）。〈筏可中學校長惲福龍用感動教育孩子〉，《溫暖人間》，第365期。

21. 何瑞珠（2010）。《家庭學校與社區協作：從理念研究到實踐》。香港中文大學出版社。

22. 余繩武、劉存寬主編（1994）。《十九世紀的香港》。北京中華書局。

23. 周永新（2016）。《香港人的身份認同和價值觀》。香港中華書局。

24. 邱天助（2002）。《布迪厄文化再製理論》。台北桂冠出版社。

25. 林勝義（2011）。《社區工作》。台北五南圖書出版公司。

26. 高華強編（1999）。《學校變遷與學校革新》。台灣國立台灣師範大學。

27. 高宣揚（2002）。《布爾迪厄》。台北生智文化事業有限公司。

28. 馬國明（2007）。《全面都市化的社會》。香港進一步多媒體有限公司。

29. 陳冠中（2005）。《我這一代香港人》。香港牛津大學出版社。

30. 陳婉蓉、趙雲（2020）。〈認識種族——國際線更好打〉，《明報》。2020年4月19日。

31. 梁慧敏、李楚成（2020）。《兩文三語：香港語文教育政策研究》。香港城市大學出版社。

32. 曾榮光等編著（2000）。《廿一世紀教育藍圖？香港特區教育改革議論》。香港中文大學出版社。

33. 曾榮光（2003）。《香港教育政策分析：社會學的視域》。三聯書店（香港）有限公司。

34. 曾榮光（2011）。《香港特區教育政策分析》。三聯書店（香港）有限公司。

35. 奧斯曼‧楊興本（2020）。《了解伊斯蘭》。三聯書店（香港）有限公司。

36. 黃洪（2013）。《無窮的盼望——香港貧窮問題探析》。香港中華書局。

37. 黃政傑（1991）。《課程設計》。台灣東華書局股份有限公司。

38. 楊弘任（2009）。《社區如何動起來？黑珍珠之鄉的派系、在地師傅與社區總體營造》。台灣成陽印制股份有限公司。

39. 趙金婷（2000）。〈學習社群理念在教學上的應用〉，《教育資料研究》。第35期，60至66頁。

40. 蔡寶琼、黃家鳴編（2002）。《姨媽姑爹論盡教改》。香港進一步多媒體有限公司。

41. 黎苑珊（2017）。《公義的顏色——王惠芬與少數族裔的平權路》。三聯書店（香港）有限公司。

42. 謝錫金、祁永華、岑紹基（2012）。《非華語學生的中文學與教：課程、教材、教法與評估》。香港大學出版社。

43. 叢華、岑紹基、祁永華、張群英 (2012)。《香港少數族裔學生學習中文的研究——理念、挑戰與實踐》。香港大學出版社。

44. 羅嘉怡、巢偉儀、岑紹基、祁永華編著（2018）。《多語言、多文化環境下的中國語文教育——理論與實踐》。香港大學出版社。

翻譯作品部分

1. 台三浦展，吳忠恩（譯）（2006）。《下流社會：新社會階級的出現》。台北高寶書版集團。

2. Alexander S. N.，王克難（譯）（2003）。《夏山學校：實踐自由發展 見證愛的教育》。台灣遠流出版公司。

3. Annette, L.，李怡慧（譯）（2016）。《家庭優勢》。台灣群學出版有限公司。

4. Bossidy, L. and Charan, R.，李明（譯）（2003）。《執行力》。台北市天下遠見。

5. Benedict, A.，吳叡人（譯）（2010）。《想像的共同體：民族主義的起源與散布》。台灣時報文化出版企業股份有限公司。

6. Dewey, J.，林寶山、康春枝（譯）（2001）。《學校與社會——兒童與課程》。台灣五南圖書出版股份有限公司。

7. Fukuyama, F.，洪世民（譯）（2020）。《身份政治：民粹崛起、民主倒退，認同與尊嚴的鬥爭為何席捲當代世界？》。台灣時報文化出版企業股份有限公司。

8. Hendry, J., 林日輝、戴靖惠（譯）（2016）。《社會人類學：他們的世界》。台灣弘智文化事業有限公司。

9. Jelloun, T. B., 黃聖閎（譯）（2019）。《甚麼是種族歧視？在日常生活中又如何被複製？》。台灣城邦出版集團。

10. Kim, W. C. and Mauborgne, R., 黃秀媛（譯）（2005）。《藍海策略：開創無人競爭的全新市場》。台灣天下文化。

11. Mattew, G., 楊瑒（譯）（2013）。《世界中心的貧民窟：重慶大廈》。香港青森文化出版社。

12. Oscar, L., 丘延亮（譯）（2004）。《貧窮文化——墨西哥五個家庭一日生活的實錄》。台灣巨流圖書公司。

13. Robert, D. P., 李宗義、許雅淑（譯）（2017）。《階級世代——窮小孩與富小孩的機會不平等》。台灣衛城出版社。

14. 馬克・奧尼爾、安妮瑪莉・埃文斯，陳曼欣（譯）（2018）。《香港的顏色 南亞裔》。三聯書店（香港）有限公司。

15. 陳錦榮、梁旭明、張彩雲、梁慧玲、戴秀慧（譯）（2016）。《認識香港 南亞少數族裔》。中華書局（香港）有限公司。